宋代史研究会
研究報告第八集

宋代の長江流域

――社会経済史の視点から――

汲古書院

宋代の長江流域——社会経済史の視点から——　目次　宋代史研究会研究報告第八集

一〇～一四世紀の長江流域――社会経済史の視点から――

久保田和男・須江　隆・青木　敦

はじめに

戦後の中国史研究の主流は、階級分析という手法による中国史理解であった。とりわけ「唐宋変革」期の理解をめぐっては、中世から近世への移行と捉える学説と、古代から中世への移行と捉える学説との間で、激しい時代区分論争が展開され、中でも、地主－佃戸の身分的関係や主戸・客戸制については、宋代史研究の中心的研究課題ともなった。かかる「社会経済史」の枠組みの中での研究が一躍注目され、多くの成果が蓄積されたが、一九八〇年度以降になると顕著に、マルキシズムの影響による歴史把握に限界性が説かれるようになり、宋代史研究の視点や方法、その対象についても多様化していった。特に宋代史研究会のメンバーの中でも、森正夫氏が提唱した「地域社会」論や欧米の地域エリート研究からのインパクトを受けた世代は、次第に思想・文学の研究者をも巻き込んで、知識人や地域社会に目を向けた成果を公表にするに至った(1)。

宋代史研究会研究報告集は、すでに第七集までを刊行してきたが、特に第四集以降は、特集主義が重視され、第四集『宋代の知識人』、第五集『宋代の規範と習俗』、第六集『宋代社会のネットワーク』、第七集『宋代人の認識』が順次出版された。これらの書名を一瞥しただけでも分かるように、編集に携わった主として現四〇代の歴代編集委員たちが、上記で示したような背景から、社会経済史研究に拒絶反応を示したとはいわないまでも、本報告集で社会経済史離れが進行していったことは明らかである。勿論、宋代における知識人の思想・文化・社会活動、社会的つながりや秩序の諸側面、多様なネットワークの諸相、時人の目線で捉えられた相互性と日常空間が解明されたという点では、一定の成果を上げてきたことは言うまでもない。しかし、こうした視点の研究では常に、社会や経済の実態が見えにくいという批判がつきものであることも否めまい。

第八集の編集委員が、青木敦、久保田和男、須江隆の三名で正式に組織されたのは、第七集刊行後の二〇〇一年八月のことであった。その際即座に、嘗ての枠組みとは異なる、現在の社会経済史研究の成果を世に問うべき必要性や、社会経済史の視点から宋代の歴史性を捉えられるような報告集にしたいという方向性が、各編集委員の間で共通に了解されたのは、以上のような背景・経緯によるものである。第八集は正しく、この時点から出発することになったが、本稿では、本書の意図をより分かり易く読者に伝えるためにも、ここから一〇~一四世紀の長江流域に着目するに至った経緯や、その後の編集のプロセス、本書の構成・内容について明確に呈示しておきたい。

一　一〇~一四世紀の長江流域——本書の趣旨——

我々編集委員の間で先ず、漠然と社会経済史といっても、その何を論じるのかということが先決の課題となったのはいうまでもない。そこで本節では、時代的、地域的な問題意識も含めて、本書の趣旨について論じることにしたい。

最初にもたれた編集委員会の場では、ある程度、これまでの報告集との関連性を意識しつつも、内容的には特色のあるものをという共通認識がえられた。そこで、第五集以降、強く意識されてきた「地域社会」を念頭に置きつつも、前節で言及した背景・経緯を考慮し、すべての人々が生きてきた社会や経済の実態を考察対象とすべく、経済史、社会経済史の視点から論じることにした。その際、対象とする地域については、多様な意見が出されたが、最近の経済史研究の地域的動向や当該時代の経済的発展地域という点を考慮し、「長江流域」を広く扱うこととした。また内容的にも、従来の狭義的意味での所謂「社会経済史」ではなく、人口・都市・農村・流通など、人々の生活の実態をより具体的かつ多角的に捉えられるように工夫することになった。なお、時代的な問題については、本報告集の性格からして勿論「宋代」であることは動かし難いのだが、経済的な動向を長期的に把握したり、「宋代」の時代性をより明確に呈示するためには、前後の時代をも含めた考察が必要不可欠であるとの見解に達した。本書において、特に「一〇～一四世紀」という時期的設定がなされているのは、かかる理由によるのである。

さて、このような議論を重ねた結果が集約されたものが、以下に示した「宋代史研究会研究報告第八集編集企画案」である。若干、前節での叙述と重複する部分もあるが、本書成立の経緯がより克明になるように、以下に、各執筆者に送付した趣意書の内容をそのまま掲載することにした。

宋代史研究会研究報告第八集編集企画案

仮題『長江流域の宋代――社会経済史の視点から――』

編集のコンセプト

宋代史研究会では、これまで、様々なコンセプトのもとに研究報告集を編集・出版してきた。その中には斯界に大きな影響を与えた幾つかの論文も含まれている。特に近年は、「ネットワーク」「地域」など、各巻のトピックが具体化する方向に来ており、中でもその周到な序文は一定の評価を得てきている。今回編集に入る第八集の仮題は上記に掲げたものであるが、ここで社会経済史をテーマとしたのは、第五集以降、時として「地域」が強く意識されつつも、主として思想・文化、そして知識人に比重が置かれてきたのに対して、第八集の編集委員が、「地域社会」を考えるのであれば、思想・知識人といった「中国」社会の特定の層の人々が構築した「社会像」のみならず、むしろ全ての人々が生きてゆく社会そのものを考察対象とすべきであり、そのためには経済史、社会経済史の視点が不可欠だと考えたからである。しかも、かつて日本の「宋代史」研究の核であった所謂「社会経済史」は、近年では活発な議論がなされているとは言いがたく、その伝統を維持する上でも、共通の議論の場を作ることは急務といいうる。

本企画の仮題は、あくまで仮題に過ぎない。議論の過程では、「長江流域」の他にも、「長江中下流域」「南中国」などの案も出た。社会経済史的にアプローチしようとするのであれば、スキナー流の地域枠組みは意識せざるを得ないが、それにしても「長江流域」よりももう少し範囲を狭めたほうが良いという意見も強かった。だが、現実には、集まってくれる執筆者の研究内容にも左右される部分が少なくないために、敢えて広めに――しかもそれすらも変更の余地のあるという前提で――「長江流域」とし、また、地域研究である以上、王朝史・断代史的な意識を前提にはせず、しかしながら一〇～一四世紀あたりの漢文史料が中心となることから、「の宋代」がついたという構成になっている。

以上のようなコンセプトにもとづき、一〇世紀から一四世紀ごろまでの「長江流域」の社会像を人口・都市・農村・流通などの視点から明らかにしようというのが第八集のねらいである。

以上により、本書の書名やコンセプト、それらを設定するに至った経緯が明らかになったはずである。

二　座談会「長江流域史の可能性」

本書の趣旨は、前節で述べたとおりであるが、その趣旨にかなった著書を編集するにあたり、一〇世紀から一四世紀にかけての長江流域に関する最新の個別研究成果の提供を、編集委員会で精選した各執筆者に依頼することになった。しかし同時に、個別の成果を総合化するだけではなく、一方で、当該流域の研究の現状と課題を明らかにしておくことの必要性も痛感され、そのために、座談会を企画し、本書に採録するとともに、理論的な論考の掲載も視野に入れることとした。かくして本書は、次節で述べるように二部構成となったのである。

さて、座談会「長江流域史の可能性」は、このように、本書編集委員会の企画によるものであったが、中央大学文学部の妹尾達彦氏のご尽力も得、二〇〇四年八月二八日、中央大学後楽園キャンパスにて開催された。座談会開催の趣旨は、次の通りである。

現在中国経済において、日本・台湾を始めとする外資の直接投資先は、上海から蘇州、杭州などの長江デルタ地帯に集中している。しかし、この地域が経済的に大きく発展したのは、近年のことではなく、歴史的にはすでに、唐末~宋代に農業生産や商業流通面で大きな成長が見られた。さらに長江は、下流域のデルタ地帯だけではなく、すでに先秦から都市文化の発展した上流の四川盆地、清代には一大穀倉地帯となった荊湖地域（湖南など）、鄱陽湖を中心とする鉱工業も著しかった江西地域といった諸地域を流れて、デルタから東シナ海に流れる。とすれば、長江を中心として史的考察を試みた場合、如何なる経済発展の歴史が考えられるのか。長江という人・財の動脈を軸として、どの程度の空間的な範囲を関連づけて考えることができるのか。経済発展として、農業生産における要素生産性、技術、商業流通における市場規模、その他どのような指標を考えるべきなのか。長江流域の人々は、如何なる「社会」を形成していたのか。長江流域各地域を、東南アジア、嶺南、河北などと比較した場合、どのような特質を指摘できるのか。この座談会では、長江を取り巻くこれらの経済・社会環境に関する諸問題を、発展著しかった宋~元代を舞台に、主に農業生産の面を専門にする Joseph P. McDermott 氏（ケンブリッジ大学）、商業流通に通じた斯波義信氏（東洋文庫）らを中心として再検討していく。

上記の趣旨のもと、一一名の出席者を得、座談会が執り行われた。以下に出席者と所属を列記しておく（敬称略）。斯波義信（東洋文庫）、Joseph P. McDermott（ケンブリッジ大学）、陳弱水（台湾中央研究院歴史言語研究所）、妹尾達彦（中央大学）、小島毅（東京大学）、小川快之（埼玉大学）、前島佳孝（日本学術振興会特別研究員）、高倉祐輔（中央大学大学院M1）、星川覚（中央大学大学院M1）、青木敦（大阪大学）、須江隆（日本大学）、以上一一名（編集委員の久保田和男（長野工業高等専門学校）は、都合で紙上参加となった）。

この座談会では、先ず編集委員を代表して青木敦から、話題提供として、「土地人口比率と長江流域社会」と題する基調報告がなされ、引き続き、その話題を踏まえた、Joseph P. McDermott、斯波義信両氏の報告とコメントを中心に展開された。McDermott 氏の報告までの前半の司会は、編集委員の須江が担当した。その後しばらくの休憩をはさみ、斯波氏の報告の後、出席者によるフリーの質疑応答がなされ、議論が深められた。後半の司会は、青木が担当した。座談会での議論は、経済成績、都市化の問題、交通の重要性、人々の生活、中央政府と地域社会の問題、史料の問題、「勤勉革命」の普遍性、健訟の地域性、少数民族の漢化の問題、勧農文の歴史性など多岐にわたったが、最後に、下記の五つの問題点も抽出された。①多様な史・資料を総合する方法で、史料の偏りを客観化できる方法を模索すべき。②土地の生産性・労働形態・社会関係を分析する際に、人口という要素を、変化の決定的要因として重視してよいのか。③長江流域という空間を、ブローデルが地中海を特権化したようなかたちで取り上げることが可能なのか。④人口の問題を考えるに際しては、人間の歴史・動物の歴史・自然の歴史という問題設定をし、動物数の増減の問題などとも関連づけることが必要。⑤歴史研究と理論研究の中間にたつ場合、分析の枠組みを明示すべきである。

夏期休暇中という時期であったにもかかわらず、ご協力・出席していただいた各位のおかげをもって、四時間余りにおよぶ有意義な座談会となった。関係各位には、厚く御礼申し上げる次第である。この座談会の顚末は、次節でも言及しているように、本書の第Ⅰ部に掲載した。

三　長江流域研究の視点・課題・諸相――本書の構成――

本書は、第Ⅰ部「長江流域研究の視点と課題」、および第Ⅱ部「長江流域の諸相」の二部からなっている。第Ⅰ部では、当該地域研究の社会経済史における現在の到達点と理論的な枠組みを呈示するために、宋代史研究会研究報告集では、初めての試みとなる座談会を収録するとともに、解題付きの翻訳論文一篇を収める。

先ず、前節で具体的に言及した、座談会「長江流域史の可能性」の模様を、そのまま採録した。本座談会で抽出された研究の視点や課題については、今後の長江流域史研究を進展させていく上でも、是非とも熟読の上、参照していただければ幸いである。

次に、中国経済史研究のプロパーであるスキナー氏の、「中国史の構造」と題する論文の邦訳版を収めた。この論文には翻訳者である中島楽章氏の解題が付されているので、本書において邦訳して広く紹介する意義についての詳細は、そちらを参照していただくとして、ここでは論旨を簡潔に呈示しておきたい。本論文「中国史の構造」は、Association for Asian Studies の一九八四年年次大会における、口頭での会長演説を文章化したもので、筆者が長年暖めてきた理論的問題提起を中心としている。各大地域固有の発展サイクルという構想を、華北・東南沿海の両地域について具体的に検証し、こうした地域発展サイクルの、王朝サイクルや気候変動との関連を考察する。さらに、下位の地域システムも独自の周期的発展サイクルをもち、それらの相互関係によって大地域全体の発展システムにも影響が及ぼされ、独自の発展サイクルが形成されたことを示す。そして階層化した空間構造（地域システム）と、それに対応する階層的な時間構造（地域的発展サイクル）からなる時空間システムを唐宋変革期以降の中国史の大枠をなす、長期持続的な「構造」として提示するのである。

引き続き、第Ⅱ部においては、一〇世紀から一四世紀にかけての長江流域という空間に関する最新の研究成果として、個別の歴史事象を掘り下げた論考六篇が収められている。

山根論文は、従来あまり注意されていなかった江蘇省の南通市における唐宋時代の海上勢力に注目する。彼らは海上交通や塩業・漁業を掌握し、時には海賊としても活動していた。特に、その中心である姚氏は、五代の末、南唐国の滅亡の直前に両浙呉越国へと亡命し、その際その集団は一万人にも達していたという。この姚氏について、新出の出土史料を駆使して、①唐宋間における同族結合の事例、②海上勢力の事例などを考察している。山根の分析によると、原来姚氏は「海民」の指導者だったのではなく、狼山周辺への政権の監視役であり、南唐国宗室と姻戚関係を有していた。その集団は三層の構造で、中心となる第一・第二の層は三百前後の姚氏の同族と一千程度の独自の将士であり、残る数千の第三層が狼山周辺の「海民」であった。しかしながら、宋朝の支配が開始されると、同地には行政・財政機関が置かれ、禁軍も駐屯した。この土地にもどってきた姚氏は官僚を輩出したが、かつての同族結合は失われた。このことから、彼らの大規模な同族結合は実は自律的なものではなく、他の構成員を必要とするものだったのではないかと推論されている。

小川論文は、従来の日本における長江中下流域の社会経済に関する研究が、地主・佃戸を中心に生産関係を論じたものが大部分であり、農業生産の状況についてはあまり考慮されなかったという反省のうえにたって、宋代長江中下流域における農業生産のあり方とそれに関連した社会状況を検証しながら、長江中下流域における地域社会の形成と特質について考えたものである。特に地域的な差違に注目して考察が進められる。具体的には、江西デルタ地域・江西河谷平野地域などで、集約的な農業と粗放な農業がどのような割合で存在し、それが社会にどのような影響を与えたのかが述べられる。その上で社会的な不安定要因から発生する紛争を追うことによって、地域の農業に関連した社会状況の不安定さを確認する。以上の点を踏まえて、宋代長江中下流域の地域社会における農業生産に関連した社会状況は不安定かつ流動的であり、こうしたことが、長江中下流域を「健訟」の地と見なす宋代人の認識に大きな影響を与えていたと結論する。

高橋論文は、南宋の国都臨安が国都としての機能を充実し、南宋の領域すなわち長江下流域の社会経済の中心地としての役割を担うに至った過程を論じる。臨安の建設事業は、高宗が臨安に一時的に滞在した一一三二年正月～一一三六年九月、及び南宋と金との和議が確立する一一四二年前後の二つの時期に集中的に行われた。南宋初期に政治上絶えず問題となったのは、抗金主戦論と和平論である。このように和議の確立と前後して、宮殿や祭祀施設等、臨安が国都であることを決定づける重要な建物の造営が一挙に行われたことは、建康を国都とすることを主張する主戦派を抑え込むとともに、南宋が金に対して武力行使する意志のないことを周知せしめ、和議をより確固たるものにしようとする行為に他ならなかったと論じる。

南宋の銅銭をめぐる諸問題を経済学のプロパーから論じたのが井上論文である。南宋の銅銭流通量は不足しており、さらに、銅の産出が激減したため、銅銭鋳造量が激減し、また銅銭の地金価値が額面価値を超過していたために、そのため銅銭の鋳潰しが発生して、銅銭流通量の不足を激化させたというのが従来の南宋の銅銭流通に関する説明である。しかしながら、南宋時代の物価上昇はこの説明からは理解することはできないと井上は疑念を呈する。そのうえで、以下のように考察する。まず、銅銭を鋳潰して利潤を獲得するという行為は、銅器保有の制限の影響で、銅材が極度に不足していたため、銅材が不足する範囲において、発生した行動に過ぎない。つまり、銅銭鋳潰しの発生は、銅材一般の地金価値が高いという根拠にはならないのである。また、発掘された銅銭の数量から検討すれば、南宋時代初期には大量の北宋銭流通があったことがわかるのである。すなわち、南宋時代の銅銭は不足していたのではなく、過剰であり、そのため物価が上昇した結果、銅銭鋳造を阻害して、一方で銅銭の鋳潰しも多発したと説く。

榎本論文は、元寇前後の日元間の貿易関係と人的交流について考察する。まず、一三世紀後半の日元関係に言及し、元寇期に日元間の往来が激減すると、日元両国とも、警備を厳重にし日元貿易はしばらく途絶したようであったが、一二八〇年代後半に、日元貿易の復活が確認され、一二九四年にクビライが死去すると、日元貿易は盛況を迎えるようになるという。榎本論文は、さらに、そのような不安定な日元関係のなかで、従来活発であった僧侶の往来にどのような影響があったかを検討し、クビライ没後から、僧侶の往来は本格的に復活したことを明らかにする。また、この時期、日本各地で中国人が出版活動に携わっていた形跡があったことにも言及し、かれらは、元寇の際に捕虜となった宋人と考えられ、その後日元交流に活躍したという。

呉論文は、一〇世紀から一四世紀の中国における、南方と北方の人口増加速度の不均衡とその原因やそれぞれの地域における経済成長率に対する影響などについて論じている。呉は、この四百年あまりを通じて、南方の人口増加速度は、絶えず北方のそれを超えており、一方で、南方の人口が二倍になったのに対し、北方は減少しているが、それは、北方では戦乱時期に人口が激減したからであるとする。南方の沿海部では、人口密度が増したため、人口密度が少ない山地への移住が発生し、開発が促進されることになったという。

おわりに

以上のように本書は、宋代を中心とした長江流域史研究の視点や枠組み、課題を抽出する一方で、一〇～一四世紀の長江流域を、海上勢力の人的結合・交通と産業・農業生産・都市・貨幣・貿易・人口といった個々の視点から把握しようと試みたものである。本書を通じて、当該期のいかなる長江流域像が見えるのか、そして将来的な新たな研究の可能性を探し出すことができるのか、是非とも読者諸氏に吟味していただければ幸いである。

ただ、本書においては、これまでの内外の長江流域史研究に関する回顧や整理ついては、ほとんど言及することができなかった。また、座談会での成果やスキナー氏が提示した理論的枠組みと、各執筆者の個別の研究成果とを十二分にリンクさせることができなかったなどの課題は多々残る。これらについては、今後の課題として、本報告第九集以降に継承発展されることを願う次第である。

註

（1）この点については、岡元司・勝山稔・小島毅・須江隆・早坂俊廣（二〇〇一）において詳しく論じた。

参考文献

岡元司・勝山稔・小島毅・須江隆・早坂俊廣（二〇〇一）「相互性と日常空間――地域という起点から――」（宋代史研究会研究報告第七集『宋代人の認識――相互性と日常空間――』汲古書院）

Ⅰ　長江流域研究の視点と課題

座談会「長江流域史の可能性」

出席者：斯波義信、Joseph P. McDermott、陳弱水、妹尾達彦、
小島毅、小川快之、前島佳孝、高倉祐輔、星川覚、
青木敦、須江隆、久保田和男（紙上参加）、豊島悠果
（二〇〇四年八月二八日、於：中央大学後楽園キャンパス）

須江：本日の座談会前半の司会を担当いたします日本大学の須江でございます。夏休み中のこの時期に多数の方々にお集まりいただき、有り難うございます。また、本日は、中央大学の妹尾さん、ならびに大学院生の皆様には、会場の提供や準備などで、大変お世話になっております。謹んで御礼申し上げます。

さて、私ども、宋代史研究会研究報告第八集編集員会では、この度、社会経済史の視点から長江流域の宋代を捉えようという報告集の刊行を予定しており、発刊に向けて編集作業を進めてまいりました。その過程で、長江流域史研究の現状と課題を明らかにしておくことの必要性が痛感され、そのために、座談会を企画し、報告集に採録することと致しました。本日の「長江流域史の可能性」と題する座談会が催された経緯は、以上の通りです。それでは先ず、編集委員の一員でもある、大阪大学の青木さんの方から、討論のための話題提供として、「土地人口比率と長江社会」と題する基調報告をしていただけるとのことですので、青木さん、宜しくお願い致します。

青木：須江さん、ありがとうございます。また会場等のセッティングをしてくださった妹尾先生にもお礼申し上げます。それからここまでいろいろお手伝いいただいた久保田さんには、私の不手際によって日程を合わせられず、参加

していただけなかったこと、非常に申し訳なく、残念に思っています。

さて、今回の企画は、宋代史研究会研究報告集第八集において、長江流域の宋代という共通テーマの下に諸論文を編纂するにあたり、そもそもこの編集委員会で決定した「長江流域」という地域的なテーマに、研究上如何なる意味を付与し得るのか、という点を主眼に、話し合っていただこうという企画です。まず本書の編纂意図は、「総説」において最大公約数的に記す予定ですが、報告集の「長江流域の宋代」というタイトルを編集委員の間で議論し、決定する過程で、私には私なりの意図がございました。その点を編集委員全体の意志としてではなく、私自身の考えとして一歩二歩踏み込んでお話させていただきつつ、残りの時間で地域経済を具体的に考えるための話題提供を簡単にさせていただきたいと思います。

まず、この『宋代史研究会研究報告』は、最近の第四集から第七集まで、確かに思想史、文化史、エリート研究が主流となってきました。そこでそろそろ社会経済史分野の論考を集めようということになったわけです。そこに至る学説史的な流れを私なりに大雑把に申しますと、七〇年代ころまでは、あらゆる分野でマルクス主義が強かった。ところが八〇年代以降――実際に強く意識され始めたのは九〇年代に入ってからですが――明清史では地域社会論が隆盛します。確かに宋代史研究者も地域を扱ってはきましたが、地域社会論として研究意図を明確化したのは、明清史研究者です。その過程で発展段階論とは違った、中国社会の本質を問う方法がクローズアップされてきました。しかし、ここからが私個人の考えですが、そこで積み残された問題がいくつかある。まず、史料の目線に立った社会研究を重視したことから、史料の書き手である士大夫の言説の世界に研究対象が限定されてしまった。九〇年代に優勢を得たポストモダニズムからの挑戦に譲歩したものと言えるかもしれません。その結果、例えば地域社会の秩序像は士大夫の伝統的な言語によって描かれた秩序観を出るものではなくなってしまった。とくに宋代史では上記第四集から第七集で顕著ですが、むしろマルクス主義優勢の時代に重視された農民人口は研究対象から退き、エリート研究が主流になったように思われます。残されたもう一つの問題点は、単系的発展段階論が退けられた結果、類型的・原理的把握が目標とされ、「伝統中国」「中国社会」なる語が広く使われるようになり、さらに付随的に「漢族」へも興味が向けられてきました。しかし「中国社会」という一つの実体が帝政時代を通じて存在してきたわけではなく、これは陶希聖に代表されるいわゆる中国社会史論争以来本格的に創り出されてきた概念に過ぎません。経済史では柏祐賢、村松祐次両教授の古典的作品も、中国国民経済という意識を中核にしています。これが停滞論批判の戦後を跨いで、近年再論されているという状況でしょう。中国社会の原理を探求目標とした文部省新プログラム方式のイスラーム地域研究（一九九七～〇一年度）の中の第五班Cグループ「比較史研究会」はこの動向の典型であったと思います。同様に、「中国文化」もまた近代、特に五四運動以降創り出されてきたに過ぎず、伝統的な儒教・中国文化は現実に存在した多彩な文化の一つに過ぎないという点は、譚其驤教授が明確に論じておられるところです（「中国文化的時代差異和地区差異」『長水集　続編』北京人民出版社、一九九四）。こうした中で、中国社会文化学会が「中国とは何か」といった自覚的な論議を折に触れて特集し（『中国―社会と文化』一二号、一九九七年、一九号、二〇〇四年所載諸論文など）、また明清社会経済史研究者の多くが、江南デルタの農業・手工業先端地域よりも、四川や嶺南、雲南など「漢化」の最前線たるマージナルな地域に注目している、というのが、現在の学界状況であると、私は認識しています。

『宋代史研究会研究報告集』が今回社会経済史を特集したのは、このような状況の中で、「中国社会」研究ではなく、とりあえずエリート以外をも含めた歴史を扱おう。その場合には文学や思想研究より経済史が適している。また対象地域として設定したのは長江流域です。その理由ですが、当初から上述のような理由で「中国」を単位とするという考えはありませんでした。ところで時期的に本書が対象とするのは宋代であり、宋代社会史料が充実しているのは南宋です。南宋には華北は史料の埒外で、華南もまだかなり未開発で研究も多くありません。すると宋代を対象とする以上、四川から華中、華東、つまり長江流域、ないし福建を扱わざるを得ません。さらに、企画の出発時点から念頭にあったのは、ブローデルの『地中海』（フェルナン・ブローデル（浜名優美訳）『地中海』I～V、藤原書店、一九九一～一九九五）です。ブローデルは地中海に特別な思い入れがあったわけですが、それを歴史上の登場人物のように多方面から叙述しました。

さて以下、私は今回の『第八集』に集められる予定の諸論文をまだ通読してはおりませんが、宋代の経済活動を考える際の基礎的な知識の一面として、当時の資源賦存に話を絞って、話題提供をさせていただきたいと存じます。私は今年の五月、社会経済史学会全国大会の共通論題「土地希少化と勤勉革命の比較史――経済史上の近世」で、「「地狭人稠」の表象――長江中下流域の土地稀少化と勧農文」と題する報告を行いました。そこで意図したことは、宋代の史料から人口土地比率に関する史料を集めてみること。たとえば「地狭人稠」「地曠人稀」といった、地と人の量に関する四字成語があります。そこから、こうした人口と土地という二つの本源的生産要素について、当時の華中・華南の経済の全体像が見えてくるのではないか期待できます。特に四字成語は、調べていくうちにある一定のヴァリエーションに限られていることが分かってきましたが、これらの語がどのようなコンテクストで使われていたのかを整理してみました。お配りした資料は、それに多少の増補をしたものです。文集の残存量などから、主に南宋史料が多くなりますが、そこから見えてくることは、まずおおよそ路のレベルで、四川・福建が「地狭人稠」であるとのイメージが非常に強い。両浙諸州も「地狭人稠」との記述が少なからず見出されます。また逆に、「地曠人稀」のイメージが非常に強いのは、淮南、湖北・湖南、嶺南。これが、概ね当時描かれていた、南宋版図における、人口土地比率のイメージです。ところが、これはあくまでラフな広域的なイメージであって、いうまでもなく局地的には異なるイメージも存在します。例えば四川といっても東部、荊湖地方に近い夔州路は「地曠人稀」です。この付近は、地主佃戸関係について一九五〇年代以来紹介されてきた諸史料の中でも湖北とともに、人口が希薄で、地主の佃戸争奪戦が強かったとされている地域です。一方、江東、江西、京西路などは、ほとんどこうした人口土地比率についての記述が見られません。探せば、江西は土地が不足している四川とは異なって土地ではなく人が不足している、などの記述（張耒『柯山集』巻五〇「呉天常墓誌銘」）が見られますが、一般的に江南東路、西路について「地狭人稠」あるいは「地曠人稀」のイメージが定着していたとはいえません。同時に、京西路についても同様です。察するに、当時江東、江西へは下流域からの移民が入り込むと同時に、江東・江西内部でも人口稠密地域から未開発地域へ、そしてさらに江西から湖南南部、湖北、南方の広東へと移民が動いていた時期であり、これは古来文明が栄えてきた成都付近、宋代にはすでにかなり開発が進んだ両浙、あるいはもともと山がちで、可耕地に対して人口稠密たらざるを得ない福建とは異なり、人口土地比率のイメージが定着していなかったからではないかと思われます。

さらにこうした人口土地比率イメージと明らかに結び付けられた経済・社会現象がいくつか指摘できます。例えば人口稠密と関連づけて休耕地がない、あるいは多毛作が行われ（四川、長江淮河の境など）、また施肥・灌漑が熱心に行われている（福建など）のに対して、人口稀少地域では「漫撒」と呼ばれる粗放的な農法が行われている（湖北など）といった記述が見られます。また農業経営については人口稠密な四川から耕作人口が希薄な京西などへ人を移動せしめ、牛具種糧などの資本を官が貸与すべしとの記述もあります。さらに、これはしばしば指摘されるところですが、火葬という文化的現象の背後にも、土地不足が指摘される事例が複数見られます。これについては、詳しくはミネルヴァ書房から近刊の土地稀少化をテーマとした共著に寄稿する論文において論じる予定ですが、興味深い点を一点だけ強調すれば、これら宋代史料中の中に見える農地利用と人口の間には、おおむね、エスター・ボズラップ教授が指摘されてきたことと同様の認識が見られる、この点では現代の農業経済で一般に前提とされていることと、宋代史料の記述が共通しているということです。またもう一つ、宋代とくに南宋特有のジャンルである「勧農文」をざっと見てみますと、おおむね人口土地比率が高いということと、農民が勤勉であるということは、セットになって認識されている。これも速水融教授の勤勉革命論を思い出させる、興味深い記述ではないかと思います。

話がはなはだ雑駁となりましたが、宋代史研究会の今回の研究報告集で、長江流域という枠組みで特集を組んだ私たちなりの意図、そして、史料の残る南宋版図について、最も本源的な生産資源である土地と労働人口という二大要素に限って、私見をのべさせていただきました。

須江：青木さん、ありがとうございました。史料の書き手である当時の宋元時代の知識人たちが、土地と人口との比率というものを軸にして、長江流域社会をどんな風にイメージしていたのかといった点を中心とした話題の提供であったかと思います、長江流域社会を捉える上で重要なキーワードもたくさん出てきました。話題提供としては、すばらしい基調報告だったのではないかと思います。では引き続いて、ケンブリッジ大学のマクデモットさんの方からコメント及びご報告をいただけるということですので、よろしくお願いいたします。

マクデモット：長江流域の土地と人口分布の関係についての青木さんのお話は、宋の経済の地域較差（偏差）を考える上で、格好の導入になったと思います。これに私が加えたいのは、中国農業史、農村史研究であまりにもしばしば見過ごされてきた三つの面です。商業史の面からは、後ほど斯波先生にお願いしたいと思います。

第一に、現存する宋代史料からはちょっとした詳細も得られないのですが、私たちは、経済史の核心テーマである生産力の変化、に取り組むべきでしょう。宋朝三世紀のどの時点をとっても、帝国のどの地域をとっても、明確な生産力の指標は驚くほど少なく、まして何らかの意味をなす時系列統計を描こうとすれば、史料はまったくもって足りません。しかも、これらの指標はたいていが、どの年のことか明記もしてなく、ある州の土地を一括した一畝あたりの概算値であったりするので、これまでにも、特定の土地について定額年租が五〇％なら、その二倍の数値が実際の生産レベルであると見積もった研究さえ出ています。蘇州呉県の范氏義荘の水田については、一〇五〇年頃から一四三二年頃の間に、一畝あたりの定額年租が六〇％増加していることがわかります。ですが、なぜこの六〇％の増加が起こったのか、地主の搾取の強化のせいか、米の生産力の増大なのか、はっきりしません。確かにありそうなこととして、定額年租の増加がある程度はこの土地の実際の生産増加に起因しているとしても、生産増加が宋代に起こったということは確認できません。

となると、私たちは、穀物生産量の地域レベルについて、時間的変動を含まない量的数値の記述で満足しなくてはならないのかもしれません。これまでぼくが見た史料から言えば、北宋期の畝あたり穀物生産の査定値は、華北では、渭河流域と陝西の最西部一帯が最高で二〜三石、ずっと低いのが河北・河東、京西路の一部で、一石以下から一・五石です。華南の査定は高い傾向にあり、浙西の水田は何回か最高額を記録して畝あたり米三石。これに次ぐ上質の田として、南宋期には渭南で二石、浙東は二石ですが、浙東でも沿海域の紹興府では二石以上、福建は福州で二石、江南東路で一・五から二石、荊湖北路で二から三石。どん尻が、荊湖南、広南西、広南東、夔州路です。

ですが、これらの数字が与えてくれる統計的基盤は、宋代の間に生産レベルがどのように変化したのか、とか、青木さんの土地人口比率がどの程度まで生産レベルについても同様の地域偏差を反映しているかを考えるには、あまりに頼りになりません。私が范氏の族田で試みたように、明清史料を調べれば、ある程度はこうした問題を克服し、宋代における実態の理解を深めることができます。しかしながら、明清でもやはり、（定額年祖を倍にしたような信頼できない数値を除けば）、信頼できる統計的情報は少ないのです。史料が乏しいということは、地主が自分の土地の生産レベルの実際について知識や関心がなかったことを示しているのかもしれませんが、十世紀から一三世紀にいたる長江経済がいかに発展してきたかを理解するのに肝心な経済史的問題点については、情報が伝わってきません。文献史料に専ら、というか第一義的に頼っている限り、現時点では、この問題を解決するのは容易でないと考えます。しかし、思うのですが、この生産レベルの課題とか、さらにほかの色々な経済史の課題に対して、もしかしたら、自然科学者から、特に土壌学者・植物学者で、土壌や植物の分析により過去の気候や生産レベルまで読み取ることができ、この二〇年ほどの間にめざましい進歩を遂げた分野の研究者から教示をえることができないでしょうか。こうしたアプローチからは、年輪の解読から年毎の気候の変化まで推測するといったハイレベルの発見までは望めないでしょうし、宋代経済の大幅な進展は生産よりむしろ流通の改善によるものだ、といった結論にいたるかも知れません。にもかかわらず、とりわけ特定の地点については、他のどんな方法より明確な生産レベル変化の証拠と年代判定が得られるかもしれません。つまり、我々宋代経済史研究者は、自然科学、とくに生物学や統計学についてもっと勉強すべきであり、こうした分野の自然科学者で中国に興味を持っている人たちと、どうしたら共同研究が出来るかを考える必要があるでしょう。中国でも最近この類の専門家が出てきているので、十年前と比べて見ても、こうした研究戦略がずっとやりやすくなってきています。特に中国の政界・学界が中国の環境史に鋭い関心を持ちはじめましたし。そうすれば、中国のいろいろな地点での生産レベルの数値の体系を、もしかしたら宋代にまで遡って、作り上げることができるだろうと私は思うのです。

しかし当面は、こうした生産面への関心を追求していきながらも、現存の文献史料にもっと幅広く目を向けるなら、宋代の農作物収穫の歴史が書けます。経済史面での第二の方法視点として、これを青木さんの宋代農村経済の議論に加える必要があるでしょう。文献史料は、我々が望むほどには具体的でも詳しくなくても、特定の生産レベルより、収穫結果の変化・大勢を概観をするのに役に立ちます。文献資料から、一〇〇〇年頃から一二三〇年代までの間で、どの年が豊作であったか、どの年の収穫が低かったとか、といった年表を、帝国領土内のさまざまな路や地域について作成できます。北宋期には、記録は華北のほうが詳細であり、南宋期には華南、特に長江下流から中流域にかけてが詳細です。この期間中の生産レベルの量的変遷が示されてなくとも、少なくともある地域において、どの年、どの十年に余裕があり、あるいは危機感があったのかを教えてくれます。地域というのは路のように大きい場合もあり、小さくて県か州だったりするのですが。経済パーフォマンスの実態がわかってくると、エリートから非エリートにいたる宋の様々な経済活動従事者が如何にチャレンジしたり危機を乗り切ってきたのか、そのダイナミズムが見えてきます。このようにして、時とともに余剰生産程度がいろいろ変化したことだけなく、様々な地域の地主と耕作者が、特に一二世紀の最後の三分の一の期間に、自分たちの地域の経済構造変化にいかに対応したのかが、より理解できるでしょう。こうした収穫についての報告を用いると、一二世紀中葉の平和の回復の後に、いかに農業生産の拡大が予想を超えて広まったかが分かります。一二世紀の最後の三〇余年間になると、この拡大を覆し、東南部全域の中唐以来の人口増加をも狂わせたであろう深刻な米不足の報告が、長江沿岸・東南沿海部の諸路から多くなります。鄱陽湖盆地では一一六八年～一一八一年、浙東では一一八〇年代初頭、福建では一一八〇年代、浙西では一一九四年から一三世紀最初の二〇年間に、問題は先鋭化していました。各地域では、広がる飢饉に様々な対応をしました。米麦二毛作、チャンパ米早熟種の使用の拡大、可耕地の増大、それに農産物以外の遠隔市場向け商品の生産拡大への転換などです。こうして東南経済の構造が変化していったのです。モンゴルの華南侵入前夜までに、長江中流・下流全域を含む帝国の東南四半分では、より大規模で洗練された地域的分業とか、所によっては農業労働の集約化とか、総じて商業交易の進歩を達成しました。農業・商業経済の拡大は「自然な」発展であり、その確たる基盤は、明初の皇帝たちが内陸・北方の優遇策に転じたときも存続して崩れ去ることはありませんでした。そして、東南の経済が明代中期に復活したとき、南宋期の経済達成が、明代後半における東南の長期・安定成長の基盤となったのです。単に土地人口比率にとどまらず、少なくとも華南の諸地域で経済発展にどんな違いがあったのか、相互利益のためにどのようにお互いの関係を見図りながら行動することが多くなったのかを、より具体的かつダイナミックに分析していけば、こうした歴史的理解も可能になります。

宋代長江史で忘れてはならない最後の視点は、その河谷と後背地で漢族の入植が進みつつあったという歴史です。

残された漢文史料でも、この問題は取り上げられないことが多いのですが。特に、非漢族エスニックグループが県で少数派に過ぎなかったり、他所から離れて、県衙門の徴税吏の目にやっととまるほどの小さな居住コミュニティを形成している場合には、特にそうです。漢文史料にこうした記述が見られないのは、王朝の支配が誰を対象としていたか、中華帝国の姿勢をたしかによく示してはいるのですが、一方では、人口の中にエスニックで文化的な大きな差異があることを覆い隠しつつ、青木さんのやった土地人口比率の戸口数となっているのです。今日中国を旅して、大きな都市の中心からたいして遠くもない所にそうしたエスニックのコミュニティがあり、昔からそこに住んでいるのだと聞いて、びっくりした人が何人もあります。宋代史料にそれを確認する詳細が見当たらなくとも、そうした集団が宋時代にも存在したかもしれないという可能性には、気を配っておくべきでしょう。彼らは、国家（課税、科挙制度へのお誘い）や市場（商人・取引）との交渉を通じて、次第に中国文明の文化圏の中に引きずり込まれてきたと考えられるわけですが、かれらの間では正統的な中国文化の「礼」が行われてなかったのか、それとも逆に広がっていたのか、という点については、宋代にすら、漢文史料がとても役に立ちます。事実、華南のどこに非漢族集団が住んでいたのか探ってみると、漢族集団についての理解も進むでしょう。漢族自身の社会のありかたが、様々な儒家、特に朱子学者たちが提唱した漢族の目標や風俗・慣行にほとんど合致していなかったということも、分かります。正統的な社会機関について新儒家の学者が書いた見解は、後続世代の、特に明清の郷紳や官僚には、ある種、社会問題の課題としては役に立ちました。しかしそれは、宋・元・明三朝にわたる実に様々な地域的風俗や社会組織、あるいは中国の宗族や家族といったごくあたりまえの組織についてすら、現実にどう機能・運営されていたかを反映したものではないのです。長江流域の歴史をこうした視点から見てみるなら、宋と明（と清）の間の違いの鍵となる部分を、もっとよく理解することができるのではないでしょうか。

須江：青木さんは、長江流域社会を土地と人口比率の相関から見るための方法論を提示して下さったわけですけれども、マクデモットさんの方からは、長江流域をとらえるにあたり、青木さんとは異なる二つの観点でお話をしていただきました。お話自体は、経済と社会文化という二つの側面でとらえるにあたって、どういった方法論があるのか、といった内容でした。

経済の側面の方についていては、二つの視点を指摘していただきました。第一には経済成績に関してでして、毎年の各地域の収穫年表の作成が、まず何よりも必要ではないかというご指摘でした。ついで第二には土地そのものを資料として調査して用いるやり方についてで、自然科学的な視点からいろいろな研究者と協同して、土壌の生物学的調査や路上調査等のようなことを行なって研究を進めていくという、新しいやり方が可能ではないかというお話でした。

また、社会文化の側面につきましては、漢民族は未開発の土地、乃至は少数民族の住んでいる土地をどう漢化していったのかという問題があって、それについては商業交通、特に客商に注目するのが重要ではないかということ。あるいは「礼」というものが非常に重要であって、それが宋代から明清時代にかけて徐々に民衆レベルにまで浸透していくという現実に注目することが、一つの方法論として重要ではないだろうか、というご指摘であったかと思います。

マクデモット：おかげさまで。

須江：以上、お二人からご報告をいただきました。では、しばらくの休憩をはさみまして、次に東洋文庫の斯波さんの方からお話をいただき、出席者全員で討論するということにしたいと思います。ありがとうございました。

（休憩）

青木：では、後半をはじめます。司会者を須江さんからバトンタッチしていただきまして、まず斯波先生・マクデモット先生から方からコメントをいただいて、後に適宜発言していただきたいと思います。では斯波先生お願いいたします。

斯波：〈長江流域史研究〉というプロジェクトの構想やその効用については、私もかねてから、これまでの研究のほとんどで為されていたような、全土を一枚岩として説く大そうな議論ではなく、一方で緻密さを、その一方で全体と部分の有機的な統合関係を同時に兼ね備えた研究や議論が出そろってこないと、唐宋変革といった問題にしても足の引っ張り合いか、水掛け論のくりかえしであったり、過大や過小な評価の間で実体が杳として見えてこないままで終わることになり、着実な一歩前進、いいかえればブレイクスルー（突破）が期待できないのではないかと考えていましたから、方向性にはもちろん賛成です。問題は、どういう方法で臨み、史料操作をするか、これまでの研究の長所部分をどういう形で生かし、ひきついでいくか、だろうと思います。

ところで、《土地・人口比率》と《社会文化》という、この座談会のために用意された二つの切り口のなかの前者について、先ほどマクデモット先生がいわれましたが、実状としては地域偏差や時代偏差がおおいに目立つ農業成長の水準とか土地・人口比率など、経済要素の関係性を見定める指標から問題を見ていくのなら、それぞれの要素について〈時系列表〉を綿密に地方別につくっていく基本作業がさしあたって必要だという点は、私も同感です。またその実践のやり方として、たとえば江西などの手頃な広さの地域をとりあげて、そこでの発見をたとえば長江の下流域と比べてみる、ということも勧めたいと思います。さて第一の切り口にかかわらせて、私がコメントを求められている分野は、流通や市場の拡大が長江流域で具体的にどのていどに、どう生じ、各地の土地・人口比率にどんなインパクトを与えていたのか、という部分だと思います。けれども、その前に、さきほどのプレゼンテーションのなかで、二つの切り口を接合させて、《土地・人口比率》の分析を、《社会文化》、たとえば士大夫の農業観とか資源危機への対処を説く論議と絡めていくんだ、とうかがったわけですが、少し気になることがありますので、ひとこと触れたいと思います。

この接合というねらいはそれなりに理解できますが、煎じ詰めれば、計量史にまで掘り下げた形の社会経済史と、考証史学流の歴史という、いくつかの面で肌合いも史料操作も史料対象もだいぶ違う二つを、そのまま接合しようとするおそれがあって、それなりの工夫を凝らさないと〈綺麗事〉におわる、つまり〈突破〉まで至るのかどうか、と懸念します。余計なことかもしれませんが、いくつか心の隅にでもとめておいていただければと思う点があります。それはけっきょく広い意味の〝方法〟と史料自身の問題です。

唐宋変革のなかの経済・社会を考える際に、その当初に先輩たちがメタファーとして使ったのは、先ほども出ましたが国民経済学派（歴史派経済学のドイツ語称呼）の想定でして、〈変化〉を説くにしても一国経済というスケールを単位にしているし、また、ヨーロッパの中世経済史での歴史経験から抽出された概念を使うわけなので、中国についての分析でも〈都市成長〉とか〈農業革命〉とかについて、そのアナロジーで見ていくので、ズレも生じかねないわけです。この点では、後智恵になりますが、古典派のアダム・スミスあたりまで遡った方法枠組みで出発したほうが、今から考えればもっと普遍妥当性があっただろうと思います（R. Bin Wong. *China Transformed*. Stanford University Press, 1997, pp. 27-31)。なにしろ日本・中国での中国経済史研究は誕生して間もない頃でしたから、とりあえず関係史料を大量に観察した上で、主だった現象についてその概略を見定める、こうした方向では自他ともに誇りうる成果を挙げたことは間違いありません。第一世代の先輩たちの偉業だと思います。問題は次世代がこの成果をどう受け止め、展開していくか、というバトンタッチの苦心にかかわります。

今いった〈大量観察〉をすればするほど、空間偏差も時間偏差も次第次第に見えてくるわけでして、その一方で明や清の状況との比較とか、同時代の日本や西欧との比較をやるというふうに問題をふくらませていくためには、当然に研究の〈精度〉を上げていくことになります。先輩がまだやらなかった部分の空白をこつこつと埋めることも〈精度〉の改善につながりますが、なにがしかの〈突破〉を頭におくのであれば、〈大量観察〉にプラスアルファーするもの、つまり史料自身や、史料操作にまつわる〈精度〉の改善についても、もう一度立ち返って考えるべき時期にさしかかっているのではないかと考えます。西欧経済史の歴史経験からのメタファーを鵜呑みにするのにも問題はあるでしょうが、研究の実行の上でもっと考えなければいけないのは、漢籍史料自体やその奥に横たわっているシナリオから無意識のうちに伝わってくる先入観、思いこみ、レトリックの落とし穴にも十分に気をつけて議論を組み立てるということです。われわれ、すくなくとも日本の中国史家は、伝統的な漢籍史料を読解する工具としての〈考証学〉と、現代的な歴史意識や感性という二本の足場の上にバランスよく立たなければならないという、ジレンマをはらむ立脚点を自分自身で処理しなければならないわけです。ここを考えないと、〈精度〉云々にも響きます。もっと端的にいうと、制度や行政の歴史は考証学で一応処理できますが、社会経済と行政上の問題をブリッジするためには、史料の吟味とか、史料をして本来の真相を語らせるようなひと工夫が要るような気がします。

さて、私の役割のコメントに戻りますと、申し上げたいことの要点はおよそ三点ほどあります。その（一）は、〈長江流域史〉において、唐末から元・明にかけて生じた長期変動を駆動させた「技術変数」がけっきょくは何だったのかという問題です。結論からいいますと、私の考えでは交通技術の変化、そのなかでは陸運よりも水運、水運のなかでは海運のインパクトの影響が、中国社会では大きかったと見るわけです。ふつうの議論では生産技術の変化から説き起こします。一般的にいわれているのは、唐宋の間に農地面積が一挙にして拡大して、余剰も確実にふえたということですが、これを導いたものとして耕具における改良、また畜力の頻用があったでしょうか。私の史料の読みからいえることは、華中、華南の全体において中唐以前よりもたしかに農地がふえた。ただし、まだ開発に余裕のある地方と相対的に土地資源の不足を訴える地方とが、文字通りのパッチワークになっている。史料は文化面でも経済面でも、つねに洗練された中央に対する未開な辺境という二分法で説きますから、これに沿った形でコアとペリフェリーとして展望すれば、つまりは長江下流プラス福建・浙江を合わせた「東南」がコアで、それ以外の華中・華南はペリフェリーとなります。ところが、この華中・華南における広大な農地化のテコとなったのは、農業水利の土木に大量の資本・労働が投入され、稲の多毛作、晩稲と占城稲を含む早稲の二毛作、稲麦の二毛作が生じたことがその主力ですが、面白いことにこの変化は華中・華南で、程度の差はあったとしても普遍的に生じている。ではそのなかで、なぜ「東南」が生産力でも、集約度でも突出していた、あるいはそう推論できるのか。史料から直接に答えを引き出すことはできません。

ここにエスター・ボズラップの『農業成長の諸条件』（安澤秀一、安澤みね訳『人口圧と農業―農業成長の諸条件』ミネルヴァ書房、一九九一）の仮説、つまり資源危機への対応が農具技術の改良というよりもむしろ、作付け頻度の増加（集約と勤勉の是認）によるものであったと仮定すると、その周辺整備として、都市や商工業が同時的におこって過剰気味の人口や、作物ごとに違う労働ピークで生み出される失業人口を吸収し、また私有財産権の保証のような制度取り決めが、まだ不安定要素をはらむ農業を後支えすること、などと一体になって生ずることが同書で指摘されています（一〇七―一一九頁、また一一七頁注一）。宋代における「東南」の成長というものは、農業単独で作り出したとか、あるいは農業の余剰がストレートに「東南」の都市・商業の繁栄を作り出した、という因果説明よりも、むしろ人口密度の増加→より複雑な分業→都市化→行政・教育の整備→農業の増進（一一六頁）と置き換えて見たほうが考えやすいのではないでしょうか。そうなると、交通の改善が広域の経済空間という全体像を作りだし、そのなかで社会的・地理的な分業がおこり、「比較有利」の考え方がひろく共有されるようになった、と説明することができます。

交通というと、日本や西洋の中世史では今ひとつピンとこないでしょう。しかし中国では古代から一貫して〈生産、交換、定住〉が集約的に行われてきた場は、つねに水際の大小の盆地であったわけで、この「場」の利用がいっそう効率的に行われるためには、水陸交通の発達が直接的に威力をもちます。そもそも本土全体でみれば高地が¾を占めていて、しかも高い山脈が南北と東西に各々三本ずつ交差しています。残る¼の低地に対して交通革命が及べば、〈生産、交換、定住〉について画期的な変化が起こる道理です。この交通革命は大運河の完成（六一〇年）をきっかけにして生じたわけですが、ここに黄河と長江が南北に結ばれただけでなく、杭州とその外港の寧波を通じて「東南海岸」の諸港にいたる海運までもがひとつに結合したと考えてよいでしょう。ちょうどアルファペットの「T」の字を右横に倒した形の交通の基幹線ができて、長江は「T」の長い足に当たります。長江は三大河川のなかでも最も支流が発達していて、その集水域の広さが絶大ですから、経済活動の活力が奥地に及びました。コストからいうと、控えめにみても水運は陸運の三～四倍、海運はさらに七～八倍も安いといいます。この費用効率の意味合いで、水運でサービスされる地域と海運でサービスされる地域とでは、とても同一に論ずることはできない。そこに地域差が自覚される。

ところで、周振鶴氏によると、『史記』のなかで司馬遷が江南の農業は中原に比べれば粗放で未開だ、と酷評しているけれども、この当時は後世の湖広（湖北、湖南）のことを江南と呼んでいました。後漢～南北朝では、南京あたりの北方向の流路を軸にして江左、江右という呼び方が広がり、唐になって長江の下流域を中心にして「江南」という新しい呼称が定着しはじめた、と指摘しています（「釈江南」『随無涯之旅』三聯書店、一九九六）。唐の江南道、宋の江南東西路、あるいは東南六路、元をとばして明の南直隷、清初の江南省といった地域称呼の変遷を考えると、交通が軸となって地域統合の力学が進んでいったのだ、と読めるわけです。そうだとすると、〈長江流域史〉を想定するにしても、部分的には長江の大きな支流の一つ一つが統合の軸になっているわけなので、各支流域つまり後世の省域ごとにまとまりの進み具合を、唐、五代、宋と追っていくことが必要です（福建の例、Billy K.L. So. *Prosperity, Region, and Institutions in Maritime China: The South Fukien Pattern, 949-1368*. Harvard University Press, 2000）。このメリットは、地域を限るとこによって有機的な統合の様子を説明し易い、ということです。

次ぎに（二）市場の拡大の具体状況について考えます。まず、宋代について市場拡大を云々するとき、都市から発信する需要と、農村から発信する需要とを複眼的に見てほしいという点、つぎに、女真族が淮河より北を一一二七年から抑えてしまったという政治事件、そして海運や海外貿易のインパクトを過小に評価しないでほしいという二点がいえます。はじめのほうの都市需要でいいますと、宋代ではこれはたしかに大きなインパクトをもっていましたが、「都市」という用語で何を語っているのかをあいまいにしておくと、話もぼやけてしまいます。二つの先入観があります。一つは西洋史の底流にある都市対農村の二分対置法（近代化のルーツ論）で、そのままでは中国の歴史にはあてはまらない。同じように、中国人の通念としての「城市」および城市対郷村の二分対置法（文化、政治論）があって、どちらも厄介です。むしろ肩の力を抜いて、社会学で唱えているような都市や都市化についてのごく一般的な定義から出発して、その上で歴史的な個性や文化的な意味づけを考慮していったほうが建設的ではないかと思っています。

この意味では、一〇七七年度の商税統計の考察が貴重な尺度を提供します。なぜかというと、この統計は首都から下へ路治、府治、県治、鎮、市にいたる、商税の課額を徴した中心地（集落単位）を全国的に網羅していて、期せずして全土中心地のランクサイズ表の役をなすからです。全体で二〇六〇ケ所ありますが、参考として一〇八〇年次にこれら中心地のさらに下位にあって坊場銭・河渡銭を徴していた小市が二〇，六〇六ケ所もあったことを付け加えておきましょう。はじめの方の二，〇六〇ケ所の課額の数字を素直に読んでいくと、首都の開封がダントツに巨大な政治・経済都市であったことは明瞭です。つぎに路分以下を見ますと、路の治所および府州の治所（計二五〇ほど）は、ほぼ予想した通り各地域や地方の政治・経済の中心をなす中級以上の都市です。宋代になって起こった大きな変化は、県治のポジションが政治上はともかく経済上で曖昧となり、かなりの程度まで新興の鎮、時には市の大きなものに圧倒されてきた、ということです。長江流域について、この角度を煮詰めれば、一つの展望が得られます。なぜかというと、商税の税率は全国一律だったから比較の材料になるからです。

以上の発見の意味するところは三つあります。（イ）首都の市場が巨大化したことは、杭州も含めてまぎれもありません。これが行政や財政の消費、京畿指定という優遇措置のなせるわざであったかどうか、裏返せば地域経済をそのまま反映していたかどうかは、首都でなくなった後の運命を見れば分かります。開封は一地方都市に没落し、杭州は地域の都市としてのこりました。ここに地域経済の成長の程度が読みとれます。（ロ）開封をその経済実力以上に巨大化した都市とみて別枠に位置づけたとき、路治、府州治の大半はその都市化の上でのポジションは、地域・地方の中心的な都市とみなせます。（ハ）仮に路の範囲を「地域」単位と考えたとき、路のなかで府州治、県治ないしは鎮や市の商税額のランクサイズが、大、中、小の順序でほぼ整然と分布していれば、その路内の「都市化」は、そうでない路のそれよりも順当に進んでいるとみなせます（長江下流がトップ）。

つぎに都市需要の状況を穀物から見ましょう。穀物の大都市での需要の一例として、開封や杭州で年間に五〇〇万石（二七・五万トン）、六〇〇万石（三三万トン）を消費しますが、これは官僚や軍隊の消費のことです。このうち六～七割は租税で、あとは民間からの購入ですから、商販部分は一〇万トンくらいでしょう。地主や寺院が所領から運ばせた穀物の量はわかりません。杭州では商工業者や労働者などの年間の米の日常消費は一〇〇～一四五万石（五・五～八万トン）くらいで、ほかの地方都市でこれに相当する年間の日常の商販米は、建康で七三万石（四万トン）、湖南の常徳府武陵県で三六・五万石（二万トン）です。開封や杭州の全体の穀物の消費が、かなり広い範囲からの商品輸送で満たされていたことも大事ですが、平準的に考えたときにむしろ参考になるのは建康や武陵などの例です。米の流通のついでにいいますと、長江流域では軍用米の補給の一半が商船による和糴で満たされていたことが重要ですし、一方、福建や浙江などの、土地・人口比率のせいや、商品作物とか商工業への依存のせいで、慢性的に食料危機にあった地域に対して、江蘇方面よりする海上からの補給が、恒常的に行われていたことも見逃せません。はじめの方の、長江流域一帯での和糴の年間規模は、武昌で九〇万石（五万トン）、建康で七〇万石（三・八万トン）、鎮江で六〇万石（三・三万トン）、蘇州と杭州合わせて七〇万石（三・八万トン）です。その一方、江蘇の大小の港から浙江、福建沿岸の食糧の不足する地方に輸出された米は、公認された性質のもので、密輸ではありません。毎年、一隻に数百石（三〇トン前後）から千石（五五トン）の米を積んだ商船が一〇隻あまり船団をなして南下しました。最大の見積もりで一回に一万石（五五〇トン）を運んだわけです。また温州をへて処州に運ばれた海運の米は一回に一五万余桶＝一，五〇〇万斤（八，〇〇〇トン）でした。

この福建や浙江は、商業、手工業、鉱業、商品作物によって生計を立てる人口の比率が格別に高い地域ですが、この動きは交通の発達とこれに附随する「比較有利」の物の見方の普及にかかわっています。手工業のうちの生糸、絹についていいますと、杭州、湖州、金華では農村に家族労働によって養蚕→桑栽培→糸繰り→織布を一貫して営み、食糧を外部から買う「機戸」が存在しました。一〇個の「まぶし」で蚕を飼えば、製品の絹を売って一家の年間分の米を買ってまだ余裕がある、という風に計算を立てています。同じ湖州では数一〇〇個の「まぶし」を営む大規模な専業の機戸がかなりいましたが、南宋から元にかけて、南潯鎮や濮院鎮（嘉興）などはすでに織物の町として成長し始めていました。陶磁器についても同じようなことがいえます。景徳鎮は三〇〇余の窯場がありましたが、一窯で合算して一〇〇戸が生計を立てている、という常識上の推計を使いますと三万戸（一五万人）になります。福建の泉州では輸出用を中心にして一三〇の窯場がありましたから、一三，〇〇〇戸の専業の陶匠や労働者がいた勘定です。興化軍（福建）で砂糖、酒、茘枝に特化して内外に輸出していたのは有名ですが、太湖（江蘇）の洞庭山という島で全島が柑橘園と化して米などの必需品を輸入していたり、四川の遂寧の糖業地では農民の四割が蔗糖の栽培者でした。

建州（福建）の抹茶を製造する工房は一，三三六ありましたが，そのほとんどは民営です。その他のふつうのお茶の生産者は平地の場合は農家の副業でしょうが，山麓地の場合は政府へ引き渡している茶葉の量から推せば，専業戸の比率が高いと見られます。鉱山でも中小規模のものもやはり民営でした。こうした例は運船業，造船業，漁業，交通労働，製紙業など挙げれば限りないほどあります。

その（三）は，さきほどマクデモット先生がいわれましたが，〈客商〉の活動による市場の拡大です。中国史で商人を分別するとき，ふつう坐賈，客商，牙人としますが，この三つのなかで，唐宋以後に大いに目立つのは客商の活動とその機能の分化です。唐の七八〇年に商税が施行されてから以後，商税が各王朝の重要な財源になっていくことは，客商層の活動の拡大とうらはらの関係です。十大商幇として後世にいわれる地方ごとの客商グループのうち，すくなくとも福建と四川の商幇は確実に宋代から知られています。杭州の呉山に「江商海賈」が集居して，福祉事業にも乗り出していたというのは，たぶん四川と福建の集団のことでしょう。客商のなかには，陸路を遍歴するタイプもありますが，「船戸」も当然に含まれます。また「行銭」のように出資者から資本を預かって，遍歴しながらこれを増殖して，契約によって謝礼を手にする経営者もいます。海上貿易でも，後世の「出海」に当たる「行銭」，つまり船上の経営責任者が登場しています。

このほか，大きな都市には房廊（坊廊）とか邸店などの倉庫業が生じて，客商の活動を支えていました。もっと面白いのは，地方農村のなかで，商業の路線に沿うところや市場町では，「村店」とか単に「店」とよばれる宿泊兼倉庫業が無数に現れ，その主人はたいていが「店主牙人」と呼ばれるように，牙人でもあったということです。この村店では客商を応接して，委託販売や委託購入そして信用取引「かけ」の授受がありました。都市だけでなく，県より以下の鎮，市，店などで客商のための設備が普及してきたことは宋代の特色です。北宋の半ばすぎ，農村部での〈家業物力〉の算定の対象として，「坊廊」「停場」「店鋪」などの倉庫業が，「質庫」「租牛」「賃船」「酒坊」と並んで指定されたことなどは、普及の程を物語っているといえます。市場の拡大というときには、こうした現象もぜひ注目していただきたいと思います。ついでにちょっと付け加えますと、中国経済史は西欧のそれに比べると、まだまだ若い学問でして、混沌としていて不十分なデータをどうして整理していくか、という仕事につねに直面しています。その際に、科学的なイマジネーションが必要で、つまりメタファーを用いるわけですが、これは精選されたものであるに越したことはありません。宋代の都市の〈行〉をギルドと解するのもその一つですが、明末の〈会館〉とどうちがうのかとなったとき、〈行〉はプロトギルドで〈会館〉はより本格的なギルドに近いものだ、と一応されるわけですが、どうもギルド・メタファー自体に少し無理がある。ではむしろ中国語で行業だ、行会だといっても、中国語圏では通用しますが、それ以外には結局説明のしようがないわけです。コマーシャル・アソシエーションとかフラタニティーを使った方がより融通がきくしニュートラルでもあります。メタファーもテストしながら使うのがベストだと思います。これは一つの例にすぎません。ほかにも、宋代の農業社会は広くいえば小農経済範疇だとされる論は頷かれますが、そこから演繹的に考えて、さきほど述べたような分業とか特化の現象をできるだけミニマムに考えようとする場合には、それはすでに一種の拘束服（ストレート・ジャケット）だし、議論の逆立ちにほかならない、といえそうです。

仮に私がここにいる皆さんの立場だったら、と考えますと、じぶんの直前の世代や同世代の論点に当然に目がいくわけで、この世代を手がかりとして、それよりずっと前の世代の短所や不透明なところを何とか改善しないと前へ進めない、という話に落ち着きがちなわけです。でも、いままで私がいってきたところの意味合いは、この際、むしろ加藤繁先生や宮崎市定先生の時点にまでも含めて、どういう問題をどういうメタファーや史料根拠や手続きで扱って、成果が積まれてきたのか、という長期のパースペクティブを掲げて考えたほうが、師弟相伝の桎梏から抜けて目標がたてやすいし、全てについて相対化ができて発想にゆとりがでてくる、ということなんです。あまり身内の中に閉じこもると、抜本的な発想や仕事が無意識的に出にくくなるのではないか、という懸念なんです。

マクデモット：斯波先生の宋代の商業発展についてのコメントは、先生がそうした史料を長年にわたって研究され精通された結果に基づいたもので、啓発的で、大いに教えられることがたくさんあります。ぼくからは、卑見ながら、二つ付け加えさせて下さい。中唐以降の中国経済を語るとき、「中国商人」を明確な社会的集団として扱うことは恐らく避けられないでしょう。ただ、このアプローチには、商業取引をしていたのは商人だけとみなしてしまうリスクが伴います。私が見る限り、宋代のあらゆる社会層の家が、上は宗室に属する家から下は佃戸（耕作する小作人）まで、投資・配送・販売など、商業行為に関わっていたことが分かっています。その中で専門業として通常的に業務を行い、それゆえ商人として知られるものがでてきます。たいていは、利益の出る機会にパートでやっていただけですが、重要なのは、彼らもそれをやっていたという事実です。本の出版・売買の歴史は、こうした現実についておそらく最も明確な指標を提供してくれます。一一世紀には、「鬻書者往々皆士」であったとされていますし、また一二世紀には朱熹までが自ら自作を、家人の助けを得ながら印刷・販売していたのです。言い換えれば、斯波先生が長江流域について詳しく述べられた商業化の展開とは、地理空間的のみならず、ヒエラルキーの上から下まで社会的にも考察されなければならないのです。商人と称される人々というのは、商業取引に関わった宋の人口のうち、ほんの少しの割合でしかないでしょう。

第二に、宋代の市場が唐代の市場とどう違っていたかに焦点を当てるとき、当然のこととはいえ、宋代の都市商業取引、とくに客商にとって、空間的・一時的可動性が増大したことを、これまでの研究では強調する傾向にあります。この構図に欠けていること、また明清の史料から明らかに見えてくるのは、客商が、自分のホームグラウンド以外の地域で豊かな市場に参入する許可を得ようとするときの難しさです。ブローカー、および、市場がたつ土地の実所有者の両者にお金を払わねばならないだけでなく、利益を売るための関係を土着商人と外来商人の双方と交渉してゆかねばならぬのです。客商が商業拡大が参入するには、コストとリスクを背負っていたわけで、これが何らかの商業拡大をある意味阻害したに違いありません。王朝の商業空間は、帝国の領土と同じく、必ずしも自由でなく安全でもなかったのです。

斯波：それはいい指摘ですね。

マクデモット：例えば、宋代にも、少なくとも幾つかの郷村市場や渡し場で、こうした慣行が実際どう行われていたかについての史料があります。明清代になれば、特に蘇州、杭州、南京など長江下流域の大都市での史料がずっと豊富になります。これらの都市では、どこでも、その地方のポーターと船頭が流通システムを握り、暴力団の手先になったり、自分たちでもそうした集団を作ったりして、船が橋をくぐるとき、特定の波止場につけて荷を下ろすときなどは、礼金を要求しました。ですから、ポーターも、決められた圏内だけで荷を運ぶか、あるいは他のポーターのテリトリーに入って仕事をしようとすれば、許可を得るためにお金を払わなければなりませんでした。事実、棺桶を運ぶにも、亡くなった人の家から墓地へ行く間に通過する通りで通行料金を徴収されてしまうのです。宋代の経済拡大が、流通の改善に負う部分が大きいというのなら、この類の慣習がいつ発生し、いつ横行するようになったのでしょうか。すでに宋代にあったのでしょうか。明清の史料ではずっと記述が増えて、商人がある鎮から逃れて別の鎮で生き延びた事例もでてきます。宋代に史料がほとんどないのは、市場へのアクセスが当時はより容易であったことを示しているのか、それとも単に、たまたま残った史料が宋代ではなく明清代の史料であった結果に過ぎないのか、どちらかといえば、私は後者であると考えます。とはいえ、後の時代になるほど、こうした「巻き上げ料」を当てにすることが、商業慣行としていっそう浸透したように思われます。

斯波：市場税または入市税のことですか？

マクデモット：衙門スタッフの一部の間では税と呼ぶ必要があったかもしれませんし、その集金人は地方衙門で正式に雇われて働いていたのかもしれません。つまりは、政府とのコネを乱用して、こうした料金を徴収していたわけです。しかし、少なくとも明清時代には、これらの料金はお上の賦課するものではないと認識されており、税ではなく、通常、船頭などの民間労働者やポーターのアルバイトで稼ぐ兵士たちの保護料とされていました。

斯波：中村治兵衛先生の論文にありますが、宋代には唐までのような〈市制〉は崩壊したけれど、都市の城門は夕方には閉じられるので、門外に旅館があって、のちの清代でもそうですけど、その主人が牙人を兼ね、客商など宿泊者の動静や取引などを監視してお上に報告をしていて、完全に統制がなくなったのではないわけです。もうひとつ、マクデモット先生がいわれたことですが、外来商人（外幇）と土着商人（本幇）が都市でどういう関係だったのか、これは本格的には研究されていない。日野先生によると、唐代の都市の〈市〉にはたいてい邸店があって、これが双方の接点になっていますが、お上が客商をどう統制したのか、牙人によってか、はっきりしていない。宋代の都市の〈行〉の場合、行役や免行銭などでお上の統制が及んだのは、資産の査定にもとづくのだからたぶん本幇を通じてで、客商は城門や城内の商税務そして旅館で統制されたと思いますが、にもかかわらず客商の活動が盛んになっていたのだから、実際的に都市内の取引に影響力をもったにちがいないけれど、このあたりが史料でははっきりしない。明清になると、南方の大小の都市の会館をみると、ほとんどが客幇の会館なんですね。ただし例外もあるようで、広東の仏山鎮などでは本幇のほうが優勢だった。それは、外幇は埠頭とか、倉庫とかを建てる場所がほしいけれども、土地は本幇のものだからこれをテコにして土着の商工業者が結束して優勢を保っていたわけです。宋代の史料には客商が都市の取引を直接に牛耳ったという証言があまりないのですが、杭州の宮殿に近い呉山の一帯は、客山とも呼ばれる一等地で、江商・海賈（四川・福建商人でしょう）が住み着いて、都市民に対して福祉サービスまでしていたし、このあたりは明や清になると会館が林立していたところです。客商は商税を納めることでお上も重視していたにちがいないし、都市の取引の上でも、杭州に香薬など高価な商品をたらしていた福建の楊某という海商の話のように、卸し商にこの商品を寄託して流通を制する力を発揮していたわけです。これもさっきいった〈行〉という制度の解釈にかかわる問題で、外幇が果たして当該の都市の〈行〉にたいしてどういう関係をもっていたのか、今後の課題でしょう。

マクデモット：大型商業都市の外来人口に着目するなら、中国都市人口に見る「帝国要素」、つまり駐屯軍、についても目を向けたいと思います。開封や杭州、南京や北京といった王朝の首都は、本質的には政治経済の中心地であると見て、都市の政治経済活動の公私両面に対する軍事的インパクトについてはほとんど考察がないのですが、軍隊の存在が強大であっても驚くことではないでしょう。でも、地方の都市における軍隊の存在は、しばしば相当なものだったに違いありません。宋代では、泉州や浙江に海軍・水軍の大隊と陸軍の両方がいました。また明清代には、例えば漢口鎮は純粋な商業都市と普通考えられているのですが、その商業秩序とは武昌・漢陽など近隣城市に駐屯していた大軍隊の強力な存在に支えられていたのです（たしかに侵害される面もあったのですが）。南宋代には長江流域とその諸都市の駐屯軍が増大しますが、商業取引や労働市場にその存在がどんなインパクトを与えたのか、分からないものでしょうか。

斯波：軍人と都市生活との関係ということは、たしかにあまり研究されていないけれども、川上恭司さん、長井千秋さん、小岩井弘さんによる杭州、鎮江、建康、武昌などの総領所の運営についてや、兵制についての克明な研究があるので、ぜひ参照してください。南宋の場合、禁軍の中に就糧禁軍というのがあって、杭州や総領所の置かれた大都市に赴いて給養をうけて、休んでは交代で前線に出陣することになっていて、これをくりかえしていたわけです。杭州では兵営の所在地は宮城のまわり、城内の北東部、それに東郊、北郊、西湖の辺と皆わかっています。もともとかれらのための娯楽場として瓦子が設けられて、それが庶民の集まる盛り場になっていったことは有名な話です。

マクデモット：確かに。ですが、彼らが盛り場の成立ちに関わったくらいなら、そうした場所へ出入りするために給料以外に稼いでいたはずでしょう。司令官からの支払いがちゃんとなかったことが多かったために、彼らの非熟練労働力に進んで労賃を払おうとする公私の関係業者に雇われたようです。つまり、都市の軍事的防衛力のほかに、労働者階級の重要な一翼をも構成していたのかもしれませんね。

斯波：軍人のなかでも、廂軍は水利土木や、紙幣製造や、銅、鉄、兵器などをつくる官営工場、馬の放牧や養育、そして築城や造船で働き、また広く知られているところでは、酒の醸造販売があります。そのほか、彼らは特別給与として支給された絹を売って換金していたという事例はよく出会います。

青木：ありがとうございました。皆さんのほうから質問がありましたら適宜出して欲しいのですが、その前にちょっと、さきほど先生が言われたミクロな計量史まで掘り下げた地域研究を行わないと「綺麗事」に終わってしまうという点、これは真摯に受け止めざるを得ません。正直に申しまして、私先ほどの史料を整理して、何か力によるブレイクスルーを遂げたという実感はまったくないのです。予想通りで安心した、という程度が正直なところです。ところで自分の興味から斯波先生にお伺いしたいのですけれども、占城稲の話が先ほど出てきました。占城稲というと中国江南稲作シンポで議論があって（渡部忠世、桜井由躬雄編『中国江南の稲作文化―その学際的研究』日本放送出版協会、一九八四）、開墾されていない低湿地に適合的な、粗放なものだったという意見も当時出されたと思います。宋代に占城稲が導入されたということは、人口扶養という面が大きかったとお考えですか。

斯波：人口扶養でしょうね。占城稲は早く成熟するので、旱魃や台風をさけて安全に収穫できます。味はよくなくて腐りやすいのは欠点ですが、単位収量は悪くないし、海岸の干拓地の塩分のある田や山際の冷水の田でも育つし、肥料もあまり要らない。要するに拓殖の前線地帯には適している品種です。だからおもに小作人とか都市の下層の人々とか、軍隊に消費されました。宋代では地租や租税米や備蓄米からは、腐りやすいしまずいので外されました。

青木：それで導入された背景は。

斯波：一一世紀のはじめに、淮浙が日照りで悩んでいたので、政府の手で福建を経由して種籾を運んで、作付けを奨励したのがはじまりとされていますが、開封の宮中で実験をしていたらしいし、もともと早稲の系列なので、それからいうと南朝や唐の南方で早稲は水利田などでさかんに使われていたわけです。いまいいましたように、占城稲は土地の条件を余り選ばずにつくれるという汎用性が売り物で、先端的な稲だったようです。

マクデモット：生産と流通の面についてここまで討論してきましたが、消費の実態とそのレベルについてはまだ話が少ないですね。いつかは、宋代を通じて明にいたる流れの中で消費の実際がいかに変化したか、特定の都市について詳細に検討できることを希望したいところです。今のところ私は、明末社会の消費の上限部分は、宋代よりもレベルが高かったと確かに感じているのですが、根拠としては、まったくの状況証拠（使用人の数、一戸から没収された家財品の量と内容、輸出用品の製造量が多いことなど）であったり、『宋氏家規部』など貴重な文献が残っていることくらいです。しかし、もう少しはっきり分かるのは、華南の諸鎮・都市に定住した都会の乞食集団が明代に拡大したことです。その存在や動向が史料に表れる頻度は、一六世紀以降は確実に増加しますが、それ以前、たとえば宋代には、どのくらいふつうだったのでしょうね（確かに〝無頼〟は宋の史料に出てくるのですが、乞食集団にはまだお目にかかりません）。どうしてこの問題に興味があるのか、色々な理由があるのですが、なかでも、「都市貧民問題」への意識の成長が清代の郷紳の意識と社会活動の形成に果たした役割です。清代とするのは、ちょっと遅く考えすぎかな。

妹尾：唐代長安にも、城内の乞食の話があります。街路で寝泊まりし、昼間は物乞いをしながら城内をめぐる乞食や（白行簡『李娃伝』）、歌を流しながら街衢をめぐる父と娘の乞食の話です（段安節『楽府雑録』）。これらは、九世紀に作られた小説の中にでてきます。八世紀前半の状況を示す史料に、長安城の城内西側部分（街西）では、戸籍に登録されていない浮浪者や流寓者が、数え切れないほど生活しているとあります（宋敏求『長安志』巻一〇、西市）。浮浪者・流寓者のすべてが乞食とはいえませんが、八世紀以後、相当数の乞食が長安城内にいたことは確かです。

斯波：南宋の淳熙のころ、湖北一帯が数年間の旱魃に見舞われたとき、大量の飢民が乞食になって各都市に向けて流動をつづけて、漢陽軍などの城門外にも一時は住み着いたことがあります。朱子の弟子の黄幹が詳しく書いていて、その数や一人当たりにいくらの銭を渡したとか、予備米をどう支給したかなどがわかります。こうした乞食の発生は、この地方で作柄がつねに安定していないことと、その一方で流通の便があるので、農民が蓄積をしない。ためにふだんはむしろ米が余っている地方でも、少し天災が襲うと、簡単に流民になるんだと彼は説いています。この例は都市をめざして来る乞食のことです。都市内に住む乞食や日雇稼ぎはまた別の範疇でして、開封や杭州についてはその史料はかなりあります。

青木：賃金、消費水準については、R・B・ウォン、K・ポメランツ、李中清・王豊、李伯重ら近年研究が多く、とくに所謂「リヴィジョニスト」たちは一八世紀までの中国の消費水準の高さを強調しますが、極めて厳しい論争があり、私などなかなか口を出しにくい状況だと感じます。

斯波：中華民国時代の華中方面で、「大口小口一月三斗」という諺があったと天野元之助先生がいっておられました。一日で一人平均一升、一人で一年で三石六斗がぎりぎりの日常の食糧です。方回の文集にでてくる嘉興の魏塘鎮一帯の農家も、また湖州のさきほどいった農村の専業機戸も、一家の年間の生計の計算は一日一人一升をもとにしています。さらに救荒米も監獄の支給も一日一升が相場です。だから米の専業にしても、養蚕はじめ換金作物や果樹、また手工業への専業にしても、ともかく年間に一人当たりが消費する三石×家人数の米が買えるほどの収入が得られれば、地方の状況に応じて、色々な就業を考えたにちがいありません。一方、一日何文あれば最低で足りるかというと、宋代の筆記に一人一〇〇文がまずまずのところだとあるのを読んだことがありますが、これはましな方だと思います。

青木：マクデモットさんの予測は。

マクデモット：ここでは、東アジア以外のアングルからお邪魔させてください。現代日本・中国の観点からすれば、消費レベルの問題を、一日あるいは年間の米の消費量に焦点を当てて考えることは、まったく自然なことでしょう。ですが、華南で低地・高地両方を米作が征したのは、中国史の長い時間の中では比較的遅い時期、チャンパ米の変種が導入された一一世紀です。中国の文献は、きまって、米作のこうした拡大を、農民の生計がくまなく改善に向った証拠であると語っています。しかし、この米の生産は、どのような食料に取って代わったのでしょう。それ以前の食料とは、タロイモであったり、山地に生育する根菜類だったかもしれませんし、野生動物の肉だったかもしれません。紀元八〇〇年以前、いや一〇〇〇年以前には東南部丘陵地帯の住人にたんぱく質を供給していた野生動物は、森林が後退するにつれ消滅していったのですが。つまり、消費を毎日の米の消費量だけから推測算定するのでないならば、米、豆腐、野菜に時々魚を添えるといった宋代長江流域農民の典型的食生活は、より多種多様でよりリッチな自然環境からそれ以前の農民が享受していたかもしれない食事よりも、栄養的にはそうとう劣っていた可能性もでてくるのです。

斯波：ボズラップ流の、作付け頻度の増加（集約）による資源危機の打開ということに立ち返っていいますと、このやり方の下では一人当たりの産出高はかえって減少するんだけれども、一定の臨界水準まで人口が伸び続けていれば（一定の人口密度があれば）、産出の低減を承知で集約にふみきり、総体として経済成長につながっていく、という説明です。福建や長江下流はこうした状況下にあり、一方、江西や淮南や湖南の農民は何年か置きに訪れる大豊作をあてにしていて、集約には中途半端な態度、広南は江西や湖南に比べればもっとのんきな状態、といった見取り図が記録に時々でてきます。ただし、こういう集約で遅れをとっている地域の農民が、牧歌的な〈武陵桃源の境地〉を楽しんでいたかというと、そういうレトリックは額面どおりとはいかない。水運の通じている地方には、客商やその手足となっている船戸が入り込んでいて、農民にとって必要なものを運んでくる代わりに、米を集荷して持ち去っていく。

要するに集約のインセンティブに農民が直接に触れるよりも先に、商業が先手を制してしまう状況があります。方回の文章や陳氏『農書』には、田んぼで汗水垂らしたり、旱や洪水を年中心配しているよりも、養蚕や空き地に麻をつくる智恵を出せば、むしろ楽な生活が送れると説いているのですが、農民側がこれをすんなり受け入れるかどうかは、彼らによるその地方の環境の認識いかんだともいえるのではないでしょうか。だから勤勉を受け入れずに、低生産の農業に安住したままの地方も結構多かったでしょう。

マクデモット：斯波先生が、人口過剰や経済的繁栄の較差に対して様々な地域的対応があったことを話されましたが、これは、家の財産を査定するのに長江流域と華南の諸地域でそれぞれ異なる基準が用いられたことにも反映されています。少なくとも初期王朝時代から、「某某は田何百畝の富戸であった」といったように、ある家が金持ちか貧乏かを決めるのに最も重要な資産の形とは、普通その土地所有の大きさでした。が、遅くとも一二世紀後半には、長江流域と東南沿岸部で、この画一的な基準が崩れて興味深い地域差の出現を見て取ることができます。例えば、夔州、荊湖南、荊湖北の諸路では、一戸の富は、その戸に何家族が従事していたか（通常、従属的労働力として）の数によって計算するのがしばしばでした。江南西・江南東路では、依然、土地所有のサイズが一番ふつうの基準でした。しかし浙西では、米石高に換算した小作料総収入高とか、所有地の金銭価値も、並行して用いられました。一方また、沿岸地帯の浙東や福建の一部では、現金財産の多少が決め手でした。使用人をたくさん抱えていることが社会的地位の象徴であり、財産でもあるという考え方は、東南部の多くの富家の間で引きつがれていくのですが、こうした史料は、市場化と貨幣経済化に地域偏差があったことを明確に描き出しています。人間の労働力から可耕地面積へ、さらに市場向け生産へ、最終的には現金（銭貫）と基準が変遷したわけですが、これは、宋の文献に、華南の沿海部に近いほど市場化・貨幣経済化が進んでいる、と出てくる当時の広い見方を裏づけするものです。地域により、金持ちが最も高価だと考えたものは何か、また何を売り何を求めるのに最も一生懸命だったかも、こうして分かるわけです。

青木：時代的に大雑把に見てみると？

マクデモット：もし私の記憶が正しければ、周代に遡って、時には北朝においても、北部での財産は馬とロバの保有数で決まったようです。華南でも馬はとても貴重だったので（馬は唐代には福建でも飼育され、宋代には江南西や夔州路で飼育してます）、宋代以前には華南諸路でも所により評価基準として通っていた可能性があります。

青木：政治学で必ずと言っていいほど引用される、政治とは社会に対する〔稀少〕価値の権威的配分であるというデイヴィッド・イーストンの定義、支配階級の権力は労働資源や土地資源など稀少資源の支配に基盤を置いているというリチャード・ウィルキンソンの考えが、権力とは何かをマクロに考える際、参考になるかも知れません。王朝の正税たる税役制度を見てみると、人頭税的把握から、両税法以降は資産基準化されます。そうしますと、富や権力の評価基準が、土地か労働力か、馬かという問題は、まさに資源の稀少性と財産権、そして権力の問題ということになりますか。

マクデモット：そういうことになるでしょうか。

青木：皆さんの方から何か。

須江：私個人の興味からの質問にすぎないかもしれませんが、斯波さんのおっしゃいましたマーケットの問題、鎮の問題についてです。宋代の場合、非常に鎮が増えた一方で、それに対して県城の数は増えなかったというお話のところで、中央政府は商人やジェントリと妥協するようなところがあるはずだったというご指摘がありました。私は宋代における中央政府と地域社会との連関性を研究してきましたので、そういった点に大変興味があります。実はこの夏（二〇〇四年八月）、モスクワの国際会議（ICANAS）で発表したテーマが、Order in Zhen Society で、鎮社会の秩序についての報告をしました。そういうわけで最近は、鎮社会がどういうまとまりを持っていたのかを調べていましたが、ある側面でかなり政府の政策を利用しようというような、鎮社会のジェントリ層といわれる人たちの姿が見えた部分がありました。中央政府の方は政策としては、鎮をコントロールしようという一面もあるのですが、あまり徹底していなかったという、まさにおっしゃったとおりのものが見えてきました。私がお聞きしたいのは、そういったものをいろいろな側面で見ていく場合の、史料の可能性についてです。私は主として、このようなものを見るにあたって、神様を祭った祠廟に関する石刻史料を使ってきました。最初におっしゃっていました史料に見えない部分ですとか、中国史のシナリオということを実際にお伺いすると、偽物の石刻史料を作るとかいうようなことも当然あって、私自身も分析してみたことがあります。さらにいろいろな側面を見るという場合には、どういう史料が、可能性としてはあるのかというご指摘をいただければ有り難いのですが、いかがでしょうか。

斯波：これはいいご質問です。石刻史料は、いま発掘されつつある档案類のなかでも将来増えてくる見込みのあるだいじな部類です。宗教がらみのものもありますが、青木さんの健訟に関係するような、紛争を解決したとき、当座数十年くらいの実効力を見込んで、石碑を建てておいて次の紛争の時によりどころにする、ということもあって、鎮や県のレベルではまだ採集漏れが残っているのに、これを根気よく集めて編纂されてはいないようです。七月に極東学院（パリ）で関中と山西の水利史関係のワークショップに出たとき、一次資料というべき水冊、用水則例などの、郷紳のメモや郷紳たちの連署の碑文が、まだ探せば出てくる事を知りました。県城にもあります。

須江：県と鎮には、違いはありますかね。

斯波：県と鎮のちがいは、たしかにありますね。鎮には孔子廟はまずないし、城壁も治安のわるいところは別にして、あまりない。また鎮の大きなものには衙門（役所）が置かれていることも時々ありますが、これは県の衙門の出張所（行司《コウシ》）としてです。漢口鎮の場合、戸籍登録だとか、訴訟だとかは、隣の漢陽府漢陽県に行かなければならないわけです。県治から余り遠くないところに大きな町ができたとき、これを県とすることはめったになく、あくまでも鎮に据え置いたようです（仏山鎮）。沽券にかかわるからでしょう。ですけれど、県を格下げして鎮にしたり、その逆のケースはしばしばあるので、この問題は余り堅苦しく考えないでください。

青木：面白いですね。特に斯波先生、そして須江さんが御指摘なさった、漢籍のシナリオから来る先入観ということを考えると、文献史料さらに石刻史料の世界から見える世界の境界がどこにあるか、どうすれば明確に議論できるのでしょう。

マクデモット：常建という中唐の素晴らしい詩人を思い出させられます。あまりにも研究が少ない詩人ですが、八世紀の長江中流域と北部の人間・文化が出会うときお互いをどう見たのか、その一端を示してくれます。彼が湖南を訪れた際、北東部のある川沿いで土地の男に出会ったところ、男は礼儀正しく挨拶して「敬君中国来」というのです

（『全唐詩』一四四「空霊山応田叟」）。中原からお出でですね、とか、華北からいらした旅の方ですね、ではないのです。この湖南人は、そうしたよその土地を中国と見なし、自分自身を中国にいる人間だとは無論考えていないわけです。彼の住んでいる土地は、今日我々が唐だとか中華帝国の圏内としている地域なのですが。常建はまた、この男が「啞咬」、鳥が鳴くように話すと書いています。つまり、まともな人間の話し方として唐代北部の人間が想い描くイメージには合致しないのです。宋代も一一世紀、一二世紀になれば、華北と長江中流域の住人とのギャップは、もちろん、それほど明確でなくなります。一二世紀初頭の史料では、湖南のこの地域の風俗・慣習が、北とはっきり異なり、中華世界のしかるべき一員に期待される文明人の振舞いの範疇には一部しか当てはまらないが、れっきとした人間の営みであるとされており、華北の人間が中国とは北のみと考えていたとは、もはや感じられません。ただ、湖南南部の奥地にまで分け入ってみれば、中国化のプロセスは完了から程遠かったでしょう。

青木：そうすると、マクデモット先生は、長江中流域では、南宋あたりからやっと庶民文化が中国文化になってきたということになりますか?

マクデモット：ううん、でも、中国の庶民文化というのは、時間的にも場所的にも一枚岩ではないでしょう。それでも、一二世紀から一三世紀初頭には、ある神様が、科挙合格の御利益があると信じられたこともあって、長江全域で人気になりました。南宋期には、長江は、征服を免れた帝国領土の諸地域を結ぶコミュニケーションと交易にとって一番重要な命綱であったわけで、物品だけでなく信仰の伝達も促進されたに違いなく、その結果、エリートと民衆の双方のレベルで文化的統合が加速されたのでしょう。

青木：なるほど。湖南・江西などで人々が「中国人化」していく過程に関連して先ほど先生は、客商が入ってくる動きに着目されましたけれども、一方ではよく科挙の浸透や出版も話題になります。必ずしも儒教的教化・科挙戦略が「中国人」や「漢族」を考える上での唯一の観点ではないとは思いますが、儒教的文人自身が漢文化の世界の境界をどう考えたかは重要なポイントでしょうね。

マクデモット：その通りです。それで思い出すのは、一九七〇年代に中国へ旅してきた美術史の友人の話ですが、上海中国画院の高名な画家・程十髮がちょうど留守で、当時評判を博していた少数民族とその風俗習慣の色彩画を描きに出かけていると聞いて、ぼくの友人は、程十髮はいつ雲南から戻ってくるのかたずねたところ、接待役の人は驚いてこう言いました「雲南まで行く必要はないんです。ある小数民族の集団が何百年も前から住んでいるコミュニティが杭州市の外にあるので、程十髮先生はそこへ行けばいいのですよ」。こうした話や、これに似た話を聞いて、先ほども触れたように、私は、宋代史研究者は、中国のエスニック地図にもっと関心を払う必要があり、「漢文化の真髄」の代表とされる杭州のような宋代文化の中心地ですら、画一的な漢族の入植地とは必ずしも考えられないと確信させられた次第です。

青木：下流域だとずいぶん「中国人化」していても、湖南ではまだまだだったかも知れません。『清明集』では名公たちがこの辺で「非漢族」相手に随分苦労しています。中流域と杭州とは状況がかなり違ったのではないでしょうか。

マクデモット：もちろん、重要な差がありました。が、少なくとも唐代以降では、杭州と湖南の間につながりが育ってくるのは、南宋に入ってからではないでしょうか。

妹尾：ところで、「勤勉革命」の要因について質問したいと思います。土地人口比率の高い地域には、どこでも等しく、労働集約型の勤勉革命が生じるのでしょうか？　もし、江戸時代の日本や宋代から明清にかけての長江下流域で、等しく勤勉革命が生じるとすると、両地域は、類似した社会経済構造をもっていたと考えて良いのでしょうか。

青木：日本の勤勉革命は主に近世江戸時代について速水融教授がいわれたもので、労働時間、家族労働における労働強化です。中国大陸の場合、フロンティアが存在すれば、移動して耕地を拡大することができた。だから移民は、玉突き状に華北から江南へ、長江下流域から江東、江西、江西から湖南や広東、さらに広西や雲南へと移り住んでいきます。最終的には、台湾や東南アジア、新疆や満洲に広がってゆく段階が、一八世紀から二〇世紀です。では内陸フロンティアに未開発部分が残されていた段階ではすでに土地に余裕があったかと言えば、そうではなく、さきほど斯波先生が「パッチワーク」と表現されたように早い段階から局地的にはかなり労働集約型になっている。ですから、速水教授的な意味での勤勉革命が発生するような人口過多、土地稀少な段階が、内陸フロンティアが存在した段階ではまだ見られなかったかといえば、そうとは言えないと思います。勤勉革命という言葉は多義的で、速水教授や、日用品（z-goods）市場拡大の契機と見るド・フリース教授、人によって使い方が違います。ところで南宋の労働と人口土地比率の関係を考える上で興味深いのが勧農文という分野です。勧農自体は大昔からあることだと思いますけれども、宋代には特にこの形式の文章があり、宮澤知之教授、小林義広教授も触れられています。労働と経済条件という点では情報豊富な史料で、そのレトリックが面白い。長江下流域や福建のような土地に対して人口が多い地域では、もともと勤勉だから勧農しなくてもいいが、それでも勧農しないと飢饉になったとき困るぞ、というレトリックです。人口土地比率が低いところでは、もし高ければよく働いたであろうものを、という理論で、やはり結び付けられる。

そこには農業だけではなく、養蚕や商品作物も含まれ、市場化の契機を見出すことも可能かもしれません。

妹尾：つまり、土地に対して人口の比率が高い地域では、労働集約型の文化が生まれる、ということでしょうか。

青木：はい、これはおそらく、人間社会どこでも、共通する話なのではないかなと想像しますが、いかがでしょうか。話が飛んで失礼ですが、ボズラップの本にも土地開発とともに、訴訟が多くなるであろうという一節が出てきます(前掲書、一四九頁)。開発、人口増と土地争いは一般的に関連があるように思います。今日小川さんが来ていらっしゃるので、せっかくですからお伺いしたいのですが、その辺の関連についてはどういう風にお考えですか。これは座談会ですから自由に、論文では書けないことをおっしゃっていただいて。

小川：ご指名頂きまして、有難うございます。人口増と土地争い・訴訟の関係についてですが、逆に先生にちょっとお教え頂きたいことがあります。いまの妹尾先生のご質問とも少し関連する事柄であるとも思うのですが、人口が増えれば、必ず訴訟も多くなるということなのでしょうか。人口増と訴訟の関係に関して言えば、以前私が分析致しました宋代の信州などのように(小川快之「宋代信州の鉱業と「健訟」問題」『史学雑誌』一一〇－一〇、二〇〇一)、人口増があまりみられないところでも訴訟が多くなっている場合もあったようです。こうしたことも考えますと、人口増も含めたさまざまな環境の下で、当時のその地の人々が、どのような行動をとるようになっていったのか、そして、その結果、利害調整のあり方がどのようになっていったのか、どのような社会経済構造が出来上がっていたのか、というところに問題の核心があるような気がしています。そして、それが「健訟」と言われる訴訟好きの社会風潮を当時の人々が認識する背景と関連していたのではないかと思ったりもしています。つまり、人口増も土地争いや訴訟と関連がある現象として、重視する必要があるとは思うのですが、人口増が起きた結果、どのような社会経済構造が出来上がっていたのかというところがより問題になってくるような気がしています。そこらあたりに関しては、先生はどのようにお考えなのでしょうか。

青木：もちろん、単に人口比率が高ければ高いほど訴訟が多くて、低ければ少ないということではなく、人口が増加する局面で、訴訟が起きやすいということは一般的にはあると思います。そう考えられる背景として、土地の価値の上昇が裁判の大半を占めた田訟を引き起こすということがあると思います。たとえば宋代には「契要不明、過二十年、銭主或業主亡者、不得受理」など、土地争いに関する出訴の期限を定めた法律があって裁判で盛んに使われています。このような状況（裁判に盛んに使われる事例）は明清時代には見られません。契約そのものは細かく取り交わされても、裁判で民事的法律の提示がここまで細かく行われるのは、宋代特有の状況だと思います。法律が持ち出されたか背景には、今度論文に書こうと思っているのですが、地価の変動が土地所有権をめぐる紛争が見られます。開墾で価値の上がった土地の奪い合いの解決、これらの法律利用の重要な目的のひとつです。また開発が進んでくるときには、一般に権利確定が不安定であって、それと人口増加率を考えてみれば、やはり江西や湖南とか、福建が一番増加率が高い。ですから、開発・人口増加・土地稀少化と健訟には関連性があるのではないかと。

小川：おっしゃられるように、今お教え頂いた内容や、先生が以前にご指摘になられたフロンティア的な地域での訴訟の増加（青木敦「健訟の地域的イメージ―一一～一三世紀江西社会の法文化と人口移動をめぐって―」『社会経済史学』六五―三、一九九九）、つまり、フロンティア的な地域において開発が進む状況下で、土地に関する権利関係が複雑化して紛争や訴訟が多くなるということもあったのではないかと、私も思っています。ただ、自分自身まだ十分に勉強、検証しているわけではないのですが、フロンティア的な地域ではない、開発がある程度進んだところでも、土地に関する権利関係が複雑化するなどした結果、訴訟が起きやすい社会経済構造が出来上がる場合があったような気もしています。こうしたことについて、先生はどのようにお考えなのでしょうか。

青木：たしかに明清ではどこもかしこも健訟ですが、宋代では浙江より江西・湖南だったと思います。開発が完了して幾世代も経た地には、それなりのモラル・エコノミーが成立していたのかもしれません。一方、複雑化について言えば、一田両主制も重要と思います。最近は発生論的な議論よりも、寺田浩明・津田芳郎両教授を典型として、一田両主制を中国社会の所有概念の特質として捉える傾向が主流になってきましたように思います。しかし、考えてみれば一田両主制・永小作制は日本やヨーロッパその他にもあるわけで、中国独自のものではありません。やはり我々が開発過程を考えるなら、一田両主制の経済的背景の考察はなされるべきだと思うのです。これについては趙岡が数項目にわたって列挙しており（Kang Chao. *Man and Land in Chinese History : an Economic Analysis*. Stanford University Press, 1986, p.186f）、また戦後期の日本の成果は『アジア歴史事典』（平凡社、一九八四）の「一田両主」の項目に田中正俊教授が手際よいまとめをされていますが、今後さらに最近の海外の研究成果も参照し、再考してゆかなければならないものと思います。その中で特に私が最近着目しているのは、台湾史の研究です。台湾には主に一九世紀、福建、次に広東の人々が渡ってきます。例えば彼らや平埔族が生蕃の地域に入っていく。すると、もともと生蕃の持っていた土地を借りる小作料と、官に納める租の関係が複雑化してくるわけですが、この過程は特に最近、施添福、陳秋坤教授らをついで、柯志明教授が徹底的に整理されてます（『番頭家－清代臺灣族群政治與熟番地權』中央研究院社會學研究所、二〇〇一）。少なくとも再び学説史整理をしてみる必要はあると思います。そうしたときに、開発やエスニシティの問題が重要になってくると思いますが、どうでしょう。

小川：確かに、そうした点も今後検討する必要があると思います。開発と訴訟・法秩序の関係については、私が申しましたフロンティア的ではない地域の状況も含め、明らかにされていない点が多いように思いますので、今後、いろいろな角度から、さらに検証作業を進める必要があるような気が致します。いろいろとお教え頂き、有難うございました。

青木：小島さんは何かご意見はありますか？

小島：ありがとうございます。きょうはついさきほど遅れてここに来ましたので、議論の流れがつかめていませんから、見当違いの話題かもしれませんがご容赦ください。さきほども青木さんが言及しておられた勧農文についてです。たしかに、宋代の士大夫の文集には、作者が地方官だったときの作文として勧農文が掲載されていて、社会史的に興味深い史料として注目されてきました。ただ、私のように思想史をやっている者からは、違うところに興味を感じるのです。それは、なぜそんなものを地方官が書いたのか、そしてそれを文集に載せたのか、という点です。勧農という発想は宋代独自ではなく、儒教に伝統的なもので、漢代にだってあるわけです。しかし、宋代の勧農文は明らかに漢の儒教とは異なる理念を持っている。それは単に農業技術がどうとか生産関係の矛盾だとかいった、即物的な現象レベルに起因するものではなく、まさに思想史的問題です。宮澤先生が勧農文それ自体にしぼって論文を構想したのに対して、小林先生が諭俗文の問題とつなげて見ようとなさったのは、士大夫の心性の問題に広げるメリットがあったと思います。諭俗文や勧農文を発布することが地方官のあるべき姿とされた。これに士人を対象とする勧学文を加えてもよいかもしれません。つまり、私たちは与えられた史料のなかでのみ問題を論じるのではなく、なぜそうした史料が我々に与えられることになったのか、そうした史料の作成現場における書き手の精神の問題を意識しながら社会の実態についての考察をしていく必要がある。ことばというものは現実そのものではなくて理念ですから。四集から七集までずっと関わってきた者の立場から言わせていただくならば、そこでめざしてきたのは、決して単なる「エリート文化」研究ではなく、そもそも我々が見ることができる文献資料を残してくれた人たちはいったいどういう目線で社会を見ていたのかを、まずは明らかにしようということでした。その作業を抜きにして「人民」を語ってきた従来の研究手法に対する反省と批判だったつもりです。仮に勧農文に「人口が多く勤勉だ」と書かれていたとしても、それを統計的に有意のものと結論づけてしまってよいのかどうか。文字史料の書き手たちが見ていた社会の姿をとおして、つまり、まずは彼らの視線に寄り添うかたちで宋代社会を見ていこう。七集までで意図してきたことは、私なりにはそういうことでした史料の行間を読み取ることで明らかにしていこう。そのあとで宋代社会の実態を、こうした。たとえば、このての文章によく出てくる父老ということばについて、基層社会における父老の役割を史料の書き手たちがどう思念していたかという問題があり、いったい士大夫たちはこの父老なるものに何を期待していたのかが、解決されるべき課題としてあると思うのです。

青木：まさに小島さんが指摘されたみたいに、勧農文が出てきたということは、必ずしも実体経済に則して文章形式にも変化が起こったのではなく、諭俗文や勧学文と同じく、一つのジャンルが現れたということに過ぎないと思います。では経済実態として何か変化があったのかというと、そこまで勧農文の出現からは何も言えないでしょう。先ほどの話は、勧農文を材料としてみると地域差が意識されているというだけであって、時代的に変化があるかどうかは実証できないと考えます。

ただ私が指摘したかったのは、地域差に関しては、官僚の頭の中で、われわれの経済常識と意外と似たような常識を持っていたのではないか、ということなのです。当時の官僚がこっちは人口が稠密だ、こっちは過疎である、そして農法がこう違う、と考えた場合、我々の常識と重なるところがあるかな、と。あるとすれば、当時の言説に「寄り添う」ことも有効ということになります。一方宋代の勧農文で重要なのは父老の役割でしょう。郷里の父老を集めて、年に二回勧農するという形式は以前から存在したのかもしれませんが、この時代になって父老に勧農するということが、特に書き記されるようになったのはなぜか。柳田節子先生が最近宋代の父老ついて議論されていますが、これは経済史の分野だけでは議論できないことでしょう。

小島：同じように史料に「父老」と書いてあっても、漢の父老と宋の父老を一緒に扱ってしまっていいのでしょうか。それらが指しているものが実態として違っていたら、同じ父老というカテゴリーで扱うのは、概念史としては意味があるにしても、社会史的にはどういうように処理すべきなのか。同じことばだから同じだと決めつけるのは危険でしょう。今まで割とこうした点に無頓着に研究が進んできたような印象を持っています。たとえば、あることばが宋代になって史料のなかに多く見えるようになると、実態としてもそのことばの指すものが増えたのだろうというような論の立て方です。でも、それは史料の書き手たちがそのことば、もしくはそのことばが指している対象を強く意識するようになったことを意味するのであって、実際にそれが増えたかどうかはまた別の次元の問題でしょう。史料にこう書いてあるからこうだという短絡的な議論は、結局は史料の書き手たちの世界観に従属したかたちでしかものを見ていないことになってしまうおそれがあります。史料には史料自体に意味があるわけで、そこをクリアしないと先に進めないような気がします。七集における「宋代人の認識」という問題設定も基本的な論点はそこにあったわけで、そのことは、作業にかかわった須江さんもご存じのとおりです。これは「思想文化史か社会経済史か」という研究方法上の二者択一ではなく、この八集以降でも問題意識としては引き継いでいっていただきたいと、個人的には思いますけど…。宋代という時期がいったいどういう特質を持つのかを、まさにことばのうえから明らかにしていくために、あえてエリートの言説に寄り添ったというべきでしょうか。「伝統中国」の一語でくくられてしまわないためにもね。

青木：二者択一という極端な選択をする必要はないと思いますが、「伝統中国」はエリートの言説に寄り添った所から出て来るのだとも言えないでしょうか。むしろこの八〇年代以来の「社経史の思想文化史化」への批判こそが、敢て八集で社経史を前面に掲げた背景にあるのです。「父老」については仰る通り、その語にこだわっていてもそこをクリアできないと思うのですね。書き手の問題として考えないと。

小島：そうですよね。私が言いたいのは、基層社会における指導層をいつも父老という範疇で語ってきた、史料の書き手たちの理念をどうとらえるか、ということです。父老を通じての支配という統治パターンはずっとあるわけですよ。一貫性がある。父老と呼ばれる階層を理念的にこしらえて、それにみあうそのときどきの実態・現実の人々にその任を負わせ、そうして支配をしていくという…。でも、それでは史料で父老と呼ばれている人たちは実際にどんな人たちだったのかということになると、これには時代的な変遷があったのではないでしょうか。

青木：あったには違いないですが、そこまで史料的に出てこないでしょう。でもハイムズがいっているような、北宋と南宋で文集の作り方が違うという問題がありますよね。父老がその中でクローズアップされてきたのか否かわからないですが、思想史研究されている方から見ると、一般的にこの時期に史料上、対象認識上の変化があったということでしょうか。

小島：たしかに、南宋になると、たいして出世をしなかった士大夫まで文集を残すようになりますよね。というより、そういう文集まで印刷文化のおかげで現在まで残ったというほうが正確かもしれません。北宋の文集では父老ということばの登場回数が少ないが南宋には多いという事実が仮にあったとしても、それをただちに北宋と南宋の社会の実態面での時代差と言い切れるかどうかは疑問です。

青木：言い切れないと思います。そもそも長期変動は文献史学では非常に証明しづらい課題ではないでしょうか。そこで今後もっと進めてゆかなければならないのが、先ほどマクデモット先生が言われた、自然科学とのコラボレーションだと思います。そこから時代差についても、何かのブレイクスルーが可能になるかも知れないという期待を持っているのです。

小島：そうですね。

青木：例えば年輪を見る、グリーンランドの永久凍土の地層を見る、植生を復元する…。史料の書き手の意識の外部の要素を導入することは重要だと思うのですが。

マクデモット：今日の青木さんのようなアプローチや、自然科学と人文科学との協力は、日本史でも存在していますか？

斯波：斎藤修氏は、リグリ氏の研究とも協力をして、人口史と社会史を結びつける青木さんと類似した研究をしています。

青木：ほんとうに、斎藤氏らの研究からは多くを学びました。さて一通り意見を伺いましたので、最後に何か付け加えることがありましたら。

斯波：勧農文は、仮に網羅的に集めてみても、計量化した史料とすぐにつき合わせることは意味がないでしょう。このジャンルの史料は narrative（物語史）な使い方のほうが向いているので、作者の伝記とか、文章の成立の背景とか、作者の動機や価値観にからめた方がおもしろいのではないか、といま考えていたところです。その一方、健訟の地理的な分布なんかは、おおざっぱになることはやむをえないけれども、一つの方向性を示せるような気がします。ただ、地図についていうと、白地図よりも高低差、たとえば海抜二〇〇米程度の等高線が入っていることが望ましいですね。なぜかというと、こういう線を入れるだけで、資源利用の粗放と集約の目安とか、人口密度の上での見当がつけられるからです。

小島：斯波先生がおっしゃったように、勧農文の作成地域分布は統計的に有意ではないわけで、ではどうやってそれらの史料を利用するか、でしょうね。史料は残されている。中国の史料がどこまで現実社会を反映しているかに問題はあるにしても、世界的には希有な量の文献資料が使用可能なものとして我々の手元にある。ただし、土地利用とか人口とかいった、計量史的には基礎的なデータについては、史料の性格上、習慣的記述によって汚染されている可能性が高い。これをどうするか。今回の八集の意図としては、七集までの一連のエリート文化研究を止揚するために、経済史の立場から長江流域にひとかたまりの地域としてある種の意味を付与し、これを対象とすることで、こういった史料の問題に取り組もうとされてきたわけですか?

マクデモット：長江流域を地中海と同じに考えているのでしょうか?

妹尾：それと、「長江流域」という空間は、以上で論じられた諸問題（土地人口比率・労働形態・交通・商業・生産性・社会関係等）を考えるに際して、特権的に重要な地域と考えてよいのでしょうか? ブローデルが、西洋世界の形成の問題を考える際に、「地中海」という地域設定を行うことで初めて斬新で体系的な分析を可能にしたように、現代に直接つながる中国世界の形成の問題を考える際にも、「長江流域」という地域枠組みが特権的に重要である、といえるのでしょうか?

青木：そこまでの大問題について、私一人が答えることはできませんが、編集という責任上、簡単にコメントさせていただきます。中国大陸の場合にはスキナーのマクロリージョンという区域わけが存在しますが、その基礎には河川の流域が地文をまとめるという考え方があり、その河川の一つとして長江という流れがある。もちろん、長江が一つの歴史世界を構成していたと言うには、四川は隔絶しているし、洞庭湖、鄱陽湖を中心としたそれぞれ独自の水系があります。しかし、どのような地域的枠組みを設定してみても長期的に独立した経済はありえず、逆に言えば地理的に常に存在してきた長江の本流をタイトルに持ってくることは出来ると考えました。様々な支流があっても、それをまとめる本流は長江です。また河川は税糧や消費財の流通を支えた以上に、人を動かし、耕地たるべき河谷平野やデルタに水を提供したという点で、生産資源の配分およびその変化に決定的な役割を果たしてきました。ブローデル『地中海』の初版序文の中の「地中海」を「長江」に置き換えて読んでいただければ、編集委員が描いていた本書の方向性をご理解いただけると思います。

お開きにしようと思うのですけれども、是非この機会に発言を残してくださる方がいれば。

前島：青木先生が言われた土地人口比率という言葉なのですが、これと、いわゆる人口密度との言葉の差はどこにあるのでしょうか。

青木：人口密度は単に、人口を省の面積などで割り算して出てくる数値ですが、人口扶養のインデックスは厳密にいうと多様で、まず山がちだと、面積が広くても、人口は平地に集中しますし、地味が悪ければやはり人口扶養力が低く、労働強化や商人化といった人口過剰地帯と共通した悩みが出てくるでしょう。さらに、民国期にはロッシング・バック以外にも、金陵大学や日本、特に東亜研究所などが詳細に調査していますが、各地で生産される穀物、水稲や小麦、大麦、高粱、トウモロコシ別に栄養価を計算して人口扶養力を計算しています。さらに本日、私は触れませんでしたが、森林資源が人口扶養に極めて重要な資源であることは、最近注目されている通りです。そして人間自体も資源ですから、産業構造や諸資源の価値を論じることなく、今日私は闇雲に単純化して土地人口比率といってしまいまして、これはかえってミスリーディングかも知れないですね。ただ、当時の史料中の言葉としては、土地と人間に関するバランスが中心だったということはあります。もちろん、官僚は別に経済学の知識を持っていたわけではないですから、もっと別の言葉にしたほうがよかったかなと自分では少し反省しているのですけれども。

マクデモット：自然界における人間の位置というやや幅広い視点からこの人間社会の問題を見て、特に人間と野生動物の関係について、少しコメントを付け加えさせてください。一九世紀から二〇世紀初頭の中国について書かれた史料で、中国史家が見過ごしてきたなかに注目すべきジャンルがあります。それは、中国でのスポーツ・ハンティングです。この類の本の著者はほとんど全部が西洋人で、たいていは大英帝国領で狩猟をし慣れたあげく中国の沿岸都市に二～三年住むに至った英国人です。ぼくが読んだ中で最も優れて有益だったのは、一九二〇年代から三〇年代の華北での狩猟探検記で、中国人ハンターが書いたものです。一九世紀末から二〇世紀初頭にかけて沿岸域の諸大都市で刑事部長をつとめた人の息子で、J・ウォン・クインシー（J. Wong Quincey　王文顕）（b. 1866-?）といい、第二次世界大戦前は清華大学で英文学の教授をしていました（民国期には戯曲も書いて上演されています）。家族や彼自身が英国人とお付き合いがあったせいで、ウォン教授は、中国の文人にはそれまでほとんど興味がなかったこと、つまりスポーツ・ハンティングに夢中になったのです。北平と天津で、趣味を同じくする中国人男性たちのいくつかのハンティング・クラブに入り、クラブのメンバーは、華北をくまなく、近くは現在の北京大学のキャンパスにある沼沢地から、遠くは山西から蒙古まで狩をして回ったのです。*Chinese Hunter* (London, 1939) という本にまとめられたこれらの遠征の記録は、当時の中国北部の野生動物の状況を見る絶好の窓となっています。ぼくなどがとうの昔に北の田舎からいなくなってしまったと思っていた動物、例えばヒョウなど、ありとあらゆる動物が出てくるのです。また野生の鳥獣の棲かが、たいていは、農民の住処からさほど遠くないところを選んでいたことも分かります。田畑や村の周辺なら、食料の安定供給が得られそうだからです。あれこれ多くの公文書を読むと、とかく農民が自然環境に対して破壊的であったと思い込みがちですが、この本からは、それほどではなかったという事がわかります。農民は、自分たちの生産・社会活動がひどく侵害されない限り、野生鳥獣にはびっくりするほど関心が薄く、その存在に寛容なのです。となると、多種多様な野生動物が北部の田舎から事実上全滅してしまったのはその後のこと、つまり、ウォンが記述した人間と自然との比較的安定したバランス状態は、それ以後三〇年間に、華北を征した少なくとも三つの連続政権の政策により暴力的に崩壊されたものと推測します。もちろん、この本に書かれているのは野生生物であり、農業・農村に関する中国の本でよく論じられているような家畜動物の話ではありませんが、ぼくたちには普通なかなか縁のない多様なエコロジーと野生動物への理解の手掛かりになるでしょう。

とっぴに思われそうな話を持ち出しましたが、稠密な居住空間と土地の問題は、我々人間ばかりではなく、宋代中国の空間を共有していた他の生き物から見て考察する必要もあると思い出したからです。馬、牛、象、テナガザルについての歴史的研究はありますね。でもほかにもあります。ヒョウ、イノシシ、鹿、ウズラ、そう、それに、みすぼらしいけどとても美味しい、豚とか。

青木：なるほど！（一同笑）議論も尽きないところですが、残念ながら時間がそろそろ。では、本日は皆様、いろいろ貴重なご発言を頂き、誠に有難うございました。また、本日参加できなかったけれども、座談会の実現に、最も尽力をいただいた久保田和男さんにこの場を借りて、今一度お礼申し上げたいと思います。この座談会はテープ起しをしたのち、改めて目を通していただき、細くしたり削除したりしたいという点があれば、手を加えていただきたいと思います。みなさん、どうもありがとうございました。

付記：本稿は、本座談会の模様を録音したテープに基づき、宋代史研究会研究報告第八集編集委員が参加者各位と連絡を取りつつ増補改訂して採録したものである。

中国史の構造

G・ウィリアム・スキナー著
中島楽章訳

アジア史における経済的発展と衰退のもっとも劇的なサイクルの一つは、八世紀から十三世紀の華北に起こった(1)。それは開封を中心とする、より複雑な地域経済の成長によって特徴づけられる。この発展は、七七五年の安禄山の乱に引き続いて進行し、唐代のあいだは徐々に加速するだけであったが、十世紀を通じて、また十一世紀の大部分にわたってスパートがかかり、一一〇〇年前後の数十年間に安定段階に達した。こうした地域発展過程の基本要因は簡潔に要約する価値があろう。

開封は唐朝の力が衰えるとともに重要となっていった。開封は、唐朝の副都であり、西方のより戦略的・防御的な地点にあった洛陽にかわって成長していった。開封も洛陽も大運河へのアクセスがあったが、開封の方が、華北平原の地理的中心に一九〇キロほど近く、地域の人口分布の中心が東に移り続けていたこの時期には、特に有利であった(2)。八世紀に築かれた開封の城壁は、八・三平方キロの面積を囲んでいたにすぎなかったが、九五五年に、唐朝を継いで帝位についた君主［五代後周の世宗］が外壁を築いて大拡張し、五十六平方キロの面積を囲むことになった。この開封が、九六〇年から一一二六年まで続いた北宋の首都になり、ここで考察する発展サイクルのなかでも、もっとも急速な成長局面を迎えたのである。

北宋の建国から二、三十年間のあいだに、華北の輸送ネットワーク全体が、新たな帝都の要求を満たすために改造された。開封と杭州を結ぶ大運河は、華北平原をつらぬく基幹水路でありつづけたが、その他の運河も開封から新たに建設され、河川は全体的プランに沿って浚渫され、流路を変更された。くわえて、帝国の基幹道路のシステムが構築され、車輪のハブからスポークが広がるように、四方へ広がっていった。[3] こうした集中的で比較的密集した輸送ネットワークは、効果的に租税収入を吸い上げることを容易にし、採取産業［鉱業・農業］と手工業の両面にわたって、地域的な専業化を促進した。この結果、開封だけではなく、他の都市の交易圏も拡大し、総交易量が劇的に増加する条件を整えた。開封の人口は一〇七八年までに少なくとも七十五万人にまで増加し、数十年後のピーク時には、百万人に達していたかもしれない。他の諸都市も繁栄し、いずれも行政的にはもとより、経済的にも開封に密接に結びつけられていた。[4]

開封サイクルにおける地域的経済システムの形成に関する、ロバート・ハートウェルの信頼すべき論考は、開封という都市自体の居住人口がもたらす大規模な直近のマーケットのもつ決定的な役割を強調している。この大都市のための米穀は、大運河を通って長江下流から、麦や雑穀は広済河や恵民河を通って山東や河南から運ばれた。住宅や商店の建材、燃料用の薪や木炭は、華北地域のはるか周辺の森林からもたらされた。開封の織物工場のための繊維類、酒造業のための穀物、鋳造業のための石炭や鉄は、華北のさまざまな地区からもたらされた。産業の発展や商業の拡大は、経済全体を通じた機能的統合と地域的特化を刺激し、かつそれに育まれたのである。十一世紀までに、華北地域の商業は精巧に専業化していた。現在の河南省と河北省の境界地域から開封に運ばれる鉄製品は、南方から運ばれる穀物、海外からの輸入品、東方から開封に運ばれる加工農業製品、開封で生産される非金属の手工業製品などと交換された。そうした手工業製品には、生薬・鉱物性薬品・家庭用品・れんがや瓦・磁器・漆器・書物などが含まれ、華北一帯に小売りされた。

この発展サイクルにおける上昇期は、平和と治安が保たれた長期間におこり、深刻な異民族の侵入によってもとぎれず、唐朝の滅亡につづく皇帝の位の争奪にともなう［五代十国期の］戦乱によっても、それほど大きくは混乱しなかった。その下降期は、十二世紀初頭にはじまり、十三世紀にはどん底にいたるが、一連の破局によっていくつかに区切られる。一一二三年に金朝を建国した女真族は、つづく四年間に華北の大部分を蹂躙し、ほぼ一世紀にわたって、［淮水以南の］南部の帯状地区を除く華北地域の大部分は、金朝の手に落ちた。開封自体は一一二六年に陥落し、帝都の座を奪われた。一一九四年には黄河の堤防が決壊し、黄河は下流で流路を変えて、開封を中心とする精巧な水路システムを崩壊させ、なかんずく華北地域の鉱山や精錬所の大部分と、開封のマーケットを直接に結ぶ水上交通を切断した。そして一二一二年には、モンゴル人が金朝の経済的・軍事的基盤を破壊しはじめる。これは二十年間にわたって組織的に行われ、華北平原の大部分を荒廃におとしいれた。開封は一二三二年の疫病にも打ちのめされ、翌年にはモンゴル騎兵の手に落ちた。モンゴル軍が去ったあとも、飢饉・洪水・疫病が華北平原を数十年にわたって苦しめた。

八世紀なかばの開封サイクルの開始期には、華北大地域（North China macroregion）（ここでは**地図1**に示した、明確に範囲を定めた自然地理的な地域を指す）の総人口は、およそ二千万人であった[5]。それは十二世紀のうちに三千万人に増加し、おそらく十二世紀末の数十年間までは頭打ちにならず、ピーク時には三千三百万から三千五百万に達したと思われる。しかし十二世紀末には、まず黄河の流路の変化に前後して起こった洪水と、それにともなう経済秩序の崩壊が、重大で持続的な影響をあたえ、各地で大量死をもたらした。それから七十五年ほどたち、華北地域を通じて秩序が回復し、黄河を再制御するための水利事業が始められてから数十年が経過した時点でも、元朝の人口調査によれば、華北の総人口は約一千百万人であった。これは十二世紀なかばのピーク時に比べ三分の一にすぎない。開封についていえば、その人口は一一〇〇年におけるピーク時の九十万人から、一三三〇年には九万人弱にまで減少している。一一二六年にモンゴル騎兵によって破壊された城壁にかわり、一三六八年には新しい城壁がようやく建造されたが、その城壁によって囲まれる地域は、約六世紀前の唐代の都市域とほとんど同じであった（Hartwell 1967:151）。

本稿の論旨から見れば、開封サイクルは全国的というよりも、本質的には地域的な現象であったと認識することが

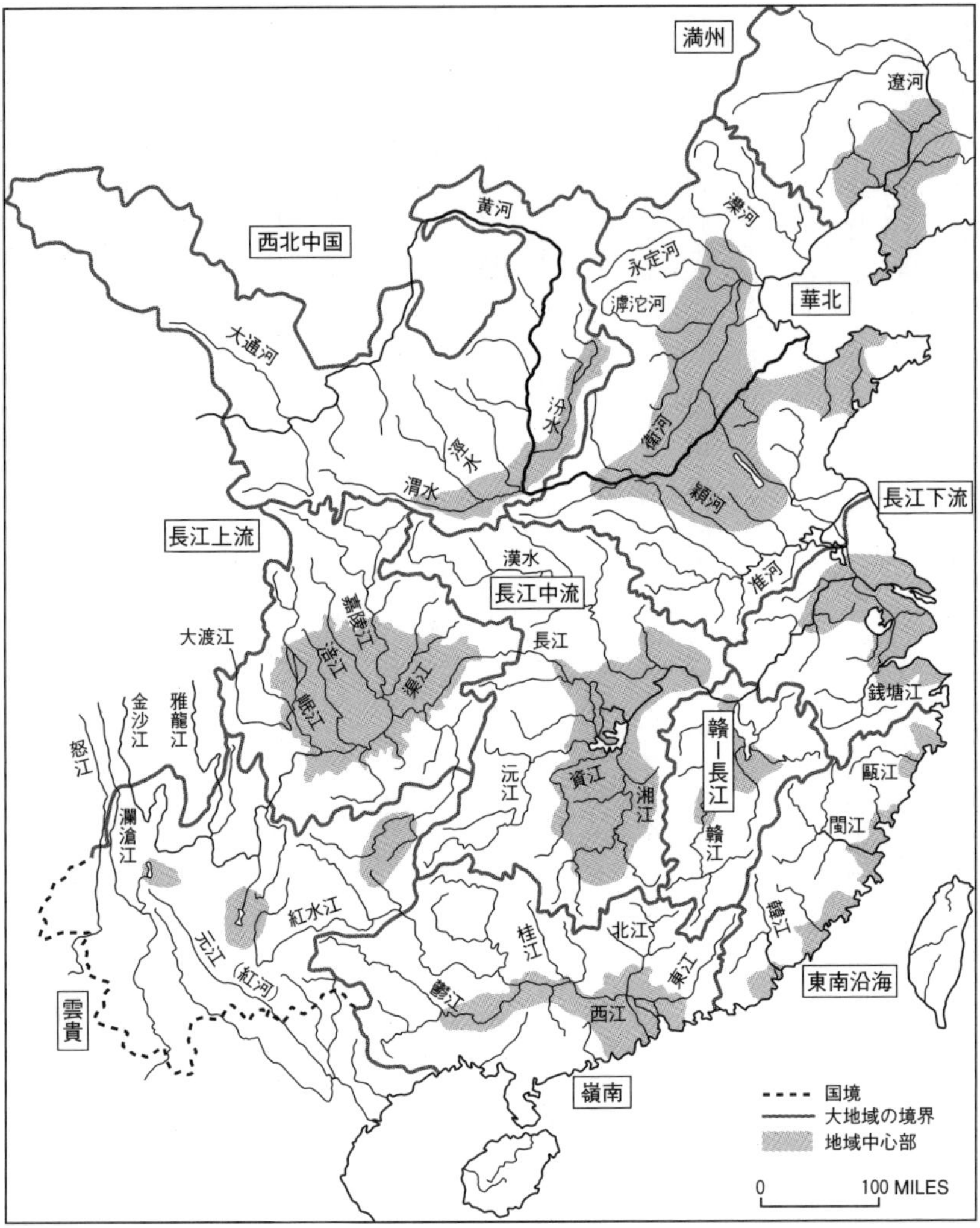

地図１　1893年ごろの中国の大地域システム。主要河川と地域中心部の範囲を図示。

重要である。開封やその他の華北における産業中心地の手工業品のなかで、輸送コストが附加されても、地域外に販路をもち得たものはほとんどなく、著名な冶金工業の製品も、地域外の販路をもたなかったのは確かだ。華北地域で加速していた繁栄から大きな影響を受けたのは、じかに隣接する［西北中国・長江中流・長江下流の］三つの大地域にすぎず、それらの大地域でも、発展のタイミングは明らかに異なっていた。たとえば西北中国大地域（Northwest China macroregion）の経済は、華北の経済がもっとも急速な成長期に入った時点で、衰退へとむかったのである。

華北大地域のその後の歴史においては、中世［ここでは唐宋・金元をさす］のサイクルで開封が果たした中心的統合の役割を、北京が担うようになった。(6) 交易パターンや輸送網の変化は、この急激な移行をはっきりと反映している。帝政後期において、華北大地域は北京を中心とする二つの主要なサイクルを経験している。第一のサイクルは、十五世紀なかばから進行し、一五八〇年から一六六〇年にかけての数十年間に、飢饉・疫病・叛乱・侵略などによって頓挫した。それに続くサイクルは、一八五〇年以後、太平天国や捻軍の叛乱と、その後の自然災害によって終わりを告げた。これらの発展サイクルは、いずれも人口の増加と減少の大きな波動をともなっている。明代には、この地域の人口は一五八〇年代にピークに達したが、一一九〇年代の数値よりはかなり低く、おそらく二千八百万以下であった。しかしそれに続く清代のサイクルでは、この地域の人口は紛れもなく急増し、一八五〇年までの二世紀の間にほぼ五倍となり、総人口は一億二千万人に達した。(7)

開封サイクルと、明清期における北京を中心とするサイクルは、筆者が帝政中国の中・後期の特徴をなすと考える特定の構造型における、歴史的事象であった。それらはヨーロッパ経済史において認められている、一五〇〇年から三〇〇年にわたる周期性を持つ、農業的長期波動、ないし「ロジスティックス」［集団系でのすべての相互作用の関係から、社会経済などの諸現象を説明する方程式］に似通っている。(8) こうした発展と衰退、もしくは好況と不況のマクロサイクルは、中国についての歴史文献において、ひろく認識されているわけではない。推測するに、それは一般に帝国全体、あるいはそれを構成する政治的区分に焦点を合わせてきたことに由来するのだ。経済的なマクロサイクルは、大地域《マクロリージョン》の経済――それは各省でもなければ、中華帝国自体でもない――に固有の体系的な特性なのであり、したがってその概容は、地域的経済を分析の単位としてこそ、はじめて明確になるのだ。地域的マクロサイクルの全般的な特徴と要因を考えるにさきだち、華北とは異なった一連の要因が作用していたことが認められる、第二の地域的経済における周期的リズムを素描することにより、考察の基盤を広げておきたい。この点に関しては、東南海岸大地域（Southeast Coast macroregion）が、華北大地域とは好対照をなしている。この両者を対照することにより、地域ごとの発展サイクルは、まったく同時性を持たなかったという重要なポイントを立証できるのである。

十一世紀における東南沿海大地域は、まさに発展の上昇段階にあり、成長の最前線が地域間交易に移りつつあったことが認められる。この地域の内陸部で産出する茶は、中国全土で有名であり、沿岸部で産出する砂糖や果物は、隣接する中国の諸地域のみならず、海外においても販路を確立していた。[9] 十一世紀までには、造船業が地域経済の大黒柱となり、ジャンク交易の成長は、沿岸部における産業の専業化ももたらした。織物・磁器・鉄製の鍋や家庭用品などの輸出は、この地域の海外貿易に重要な位置を占めたのである（斯波 1970:183-89, Rawski 1973:66-67）。蘇東坡は彼ならではの詩的誇張によって「福建全省は海上交易によって生計を立てている」と述べている。[10]

十二世紀には、当時の水準からみて、東南沿岸部の経済はきわめて商業化されていた。一一三一年の調査によれば、その人口は一千万人を超えており、[11] 地域全体として、もはや穀物を自給することはできなかった。多くの地方では特に人材の移出が顕著で、海商は東南アジアへ、専業商人は南中国の他の都市に向かい、僧侶さえ日本や隣接する沿海地域に渡った。この地域は人口当たりの商人の輩出数ばかりではなく、学者官僚の輩出数でも群を抜いていた。そして多くの地方では、才能ある若者を一旗揚げるために外地に送り出し、彼らの成功によってもたらされる利益の獲得を期待するという戦略が高度に発達していた（Skinner 1976:348-50）。

経済的繁栄の盛期には、［地域システムの内部で］相互依存的な関係が発達をとげたが、それはもとより中心的都市、この場合はとりわけ海港のもつ統合的機能に基づいていた。北宋期における最重要都市は、北部の二つの亜地域《サブリージョン》の地域中心地であった福州と温州であり（地図2を参照）、それらの発展時期はもっとも先行していた。[12] 十一世紀には、優位性は南方の漳泉（漳州・泉州）亜地域へと移りはじめる。その地域中心地であった泉州は、一〇八七年に海外貿易港として開かれ、一世紀もたたずに中国最大の港となり、遠くは中東からの貿易商をも引きつけた。商業交易は地域内の諸港をひとつの統合された都市システムへと結びつけたのである。[13]

　このサイクルのターニングポイントは一三〇〇年ごろであり、その後は海外貿易によって過熱した経済の脆弱さが明らかとなっていった。東南沿海サイクルの上昇期を通じて、政府の政策は、税収を引き出し海賊を抑制するための統制を施行しつつも、効果的に沿岸交易と海外貿易を促進していた。しかし十四世紀の最初の十年間に、朝廷は倭寇などの海賊を封じようとして、より制限的な政策をとるようになった。中国商人による海外貿易は禁じられ、対外貿易のために設けられた七つの市舶司のうち、四つが恒久的に閉鎖された。明初の皇帝たちは、帝国が全体として自給自足をなしとげ、また近隣諸国へのいかなる戦略物資の輸出も防ごうと望んで、あらゆる対外貿易を朝貢システムの傘下に入れようとした。一三七一年には沿岸部の商人が海外に渡航することが禁じられ、一三九〇年には、「外蕃」とのすべての貿易を禁じる勅令が発せられた（佐久間 1953:45）。十五世紀には、禁令の範囲は沿岸交易にまで拡大された。海賊活動や海外諸国の発展が、［中国海商の］市場や自由な航海を制約したことも、海上貿易の全般的減少の一因となり、そのことが泉州サイクルの衰退局面を特徴づけている。

　衰退の影響は、通貨受入の不足という問題だけをとっても、いたるところで明らかであった（Atwell 1982）。すべての主要な海港が沈滞し、十三世紀には地域大都市（regional metropolis）であった泉州でも、一五〇〇年までには人口減少のため、外城部分の街区は放棄されてしまった。サイクルの盛期に開設された農村市場町も、農業が換金作

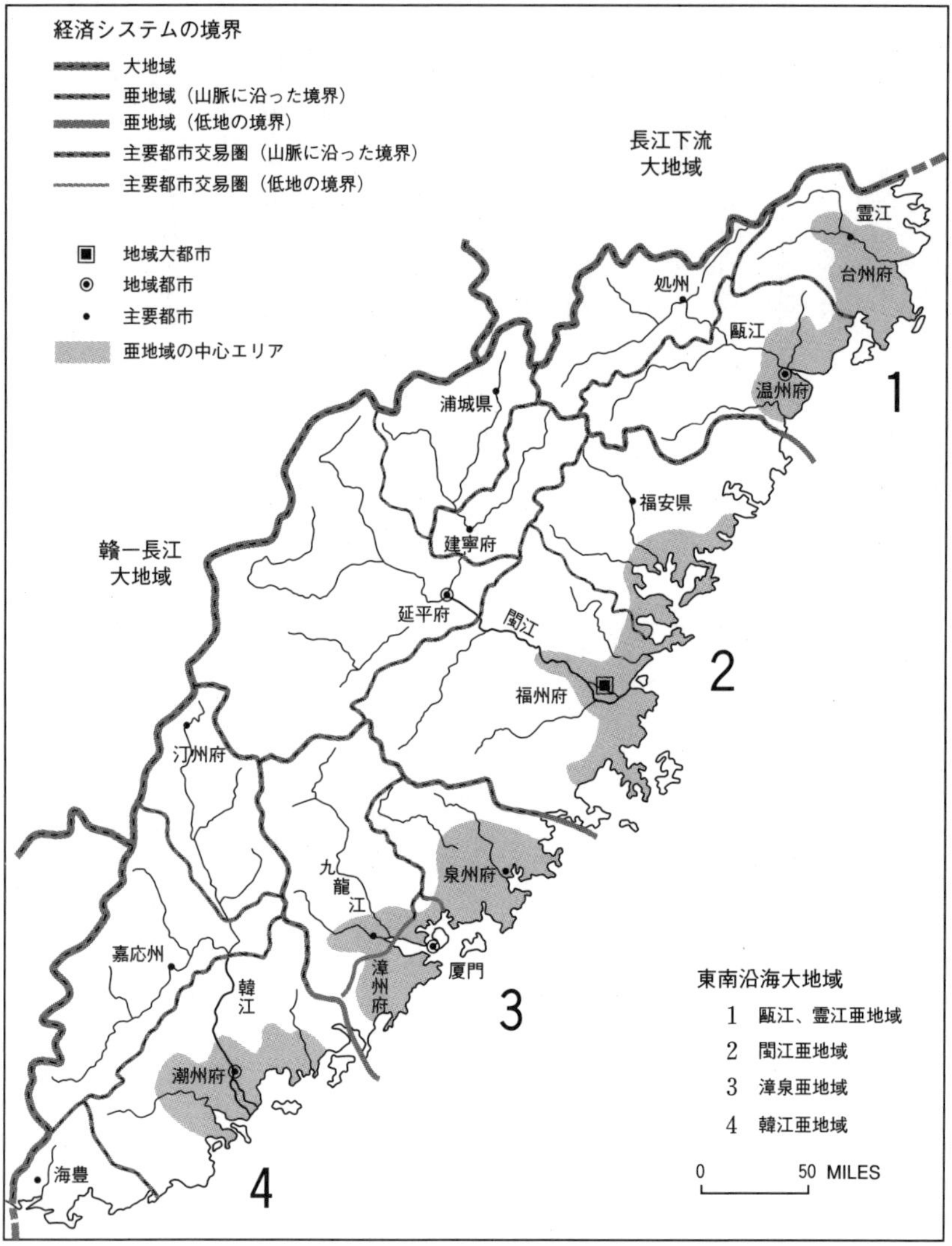

地図2　1843年ころの東南沿海大地域。大地域を構成する諸地域・河川システム・主要都市以上の中心地・主要都市交易システムのおおよその境界を図示。

物の栽培から自給自足的生産へと移行するにつれ、閉鎖されることもあった。こうした経済の沈滞が多くの地方に破局をもたらすにいたらなかったのは、もっぱら違法な貿易や密輸が成長したためであり、それはしばしば地方紳士の庇護と資本によって行われたのである（Elvin 1973:221-23）[14]。

泉州を中心とするマクロサイクルは、一五〇〇年ごろに最下点に達したが、それにつづいて、より短い期間をもつ次のサイクルが生じた[15]。一六二〇年代から、福建沿海部は突然で急激な海上交易の増大に直接かかわるようになった。それは一五二一～二二年に広州（広東）を追われたポルトガル人が、漳州沖合の諸島に取引場所を確保したことにはじまった。一五四二年［一五四三年説もある］にポルトガル人が日本に到達すると、［日本と東南沿海を結ぶ］三角交易も行われるようになる。そしてさらに、一五七一年にスペイン人がマニラ市を建設し、メキシコ銀がそこに船載されるようになると、フィリピンとの貿易が拡大した。数年間のうちに、漳泉地域から渡航した商人は、スペイン人とフィリピンの原住民の仲介商人としても活動するようになり、福建－ルソン貿易に加わるジャンクの数は数倍に増加した。ついに、一五六七年には福建巡撫の請願に応じて、海上交易に対する朝廷の禁令はほぼ放棄され、海外貿易事業はいっそう拡大したのである。

イヴリン・ロウスキは、こうした貿易の拡大が漳泉地域の経済にもたらしたインパクトをたくみに叙述し分析している。彼女が述べるように、手工業の方面では、輸入原材料の加工や再輸出をふくむ、新技術の移入や特化が進められた。市場の拡大は換金作物栽培の急激な増大につながり、そのなかでも漳州に導入されたばかりのタバコ栽培が顕著であった。換金作物への需要は、地価の急騰、新たな耕地の開墾や、より複雑な作付けパターン、灌漑や施肥のためのさらなる投資、より集約的な労働投下、そしてなによりも、産出量の増加をもたらした。交易の拡張に応じて、新たな農村市場も開設された。漳州府における農村市場の数は、一四九一年には十一だったが、一六二八年には六十五に増加した。このような新たな商業中心地は、外国貿易と直接に結びついた地域にある程度まで集中していたが、もっとも遠隔な諸県にさえ出現していた。最後に、ロウスキは海外貿易がもたらした繁栄と、科挙における成功が直接に関連していたことを論証している。他のどの地域にもまして海外貿易が復興した漳泉亜地域が輩出した進士（三年に一度、北京での試験合格者に授けられる）は、一五一二〜四一年には福建省全体の四分の一以下だったが、一五四九年〜一六〇一年には半分以上へと躍進したのである。

　東南沿海部における第二のサイクルのターニングポイントは、沿海交易・海外貿易の双方に対する禁令がふたたび発布された明朝最後の数年間におとずれた（Elvin 1975:218）。満洲族の支配に対する明朝残存勢力の最後の活動は、東南沿岸部においておこなわれた。抵抗勢力のリーダーたちは、あらゆる利用可能な船舶を徴用し、一六四六年から一六五八年までは、鄭成功が厦門地区を基盤として福建海岸の大部分を支配した。これにいらだった清朝は、ついには焦土戦術にうったえ、それは台湾の鄭氏政権を大陸の資源から閉めだすうえで効果的だったが、地域全体の繁栄を奪うことにもなったのである（Hsieh 1932）。一六六一年から一六八三年のあいだ、長短さまざまな期間に、浙江から広東におよぶ沿海部の住民は、強制的に内陸に移され、大部分の集落は、村落・市場町・都市をとわず焼き払われた。一七一七年には、中国人の民間海外渡航がふたたび禁じられ、さらに一七五七年に、広州が唯一の海外貿易港と定められるにおよんで、東南海岸地域全体の命運は一世紀近く封じ込められることになったのである。

　人口学的な記録は、東南沿岸部については不確実であるが、第二の発展サイクルの上昇期において、地域内資源にふつりあいな人口増が生じたことを示している。その結果として、十七世紀における地域経済の衰退とその後の停滞は、いちじるしい遠心的効果をもたらした。数百万人の人々が恒久的に移住し、何万もの人々が、働き盛りの時期に地域を離れて外地ですごした。台湾の漢人人口は、一八九五年にはほぼ三百万人であったが、そのほぼすべてが東南沿岸部の出身者であり、その大部分が清代に移住したのである。東南アジアの華人も、清代の移住によって何倍にも増えたが、やはり主として東南沿岸部の出身であった[16]。東南沿岸全域からの移民は、長江中・上流にも入植してゆく

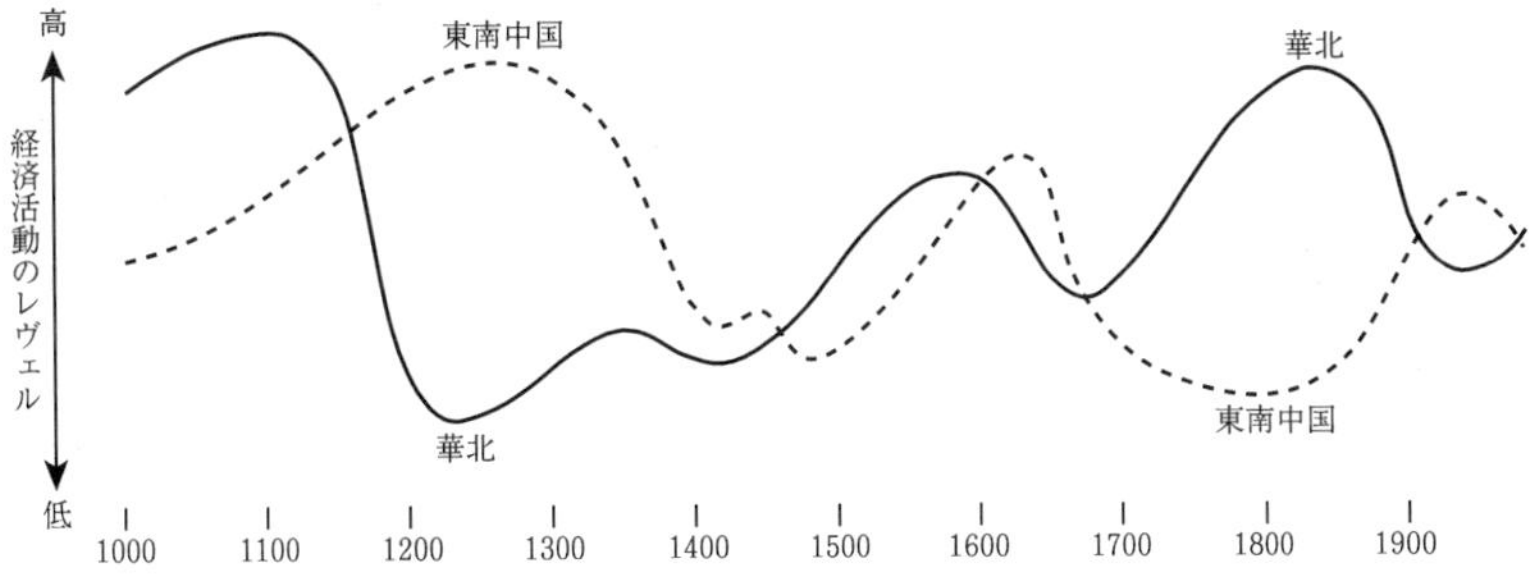

図１　華北と東南中国における地域的発展サイクル、1000-1980
（たて軸は一人あたりの指標を示すものとする）

（Ho 1959:143-53; Averill 1983; Leong 1984）。一八〇〇年から、韓江流域亜地域の客家は、四川・台湾・西ボルネオ・バンカ［スマトラ島南東の島］などに、恒久的な居住区をつくって定着し、漳泉亜地域の商人は、東南アジア全域と中国の各大地域における主要な商業中心地に、確固たる基盤を築いた。[17]

この東南沿岸部の停滞期は、福州と厦門が条約港として開かれた一八四〇年代になってようやく終わりをつげた。それにつづく発展サイクルが進行する過程で、海賊活動は鎮静化され、蒸気船が海外貿易にますます重要な役割をになうようになり、水深のふかい港湾が重要となり、地域内の都市システムはさらに再構築されてゆく。[18] **図１**に示すように、東南海岸部と北部中国における長期波動を印象的に対比してみれば、両者がほとんど同時性を欠いていることがわかるだろう。

とはいえ北部中国と東南沿岸部は、帝政期の終期において確認しうる十の大地域経済の二つにすぎない（**地図１**を参照）。そのうち満洲大地域は、十九世紀中期にようやく姿を現したので、地域規模のサイクルには前近代史というものがない。しかし他の七つの大地域における経済史を検討してみれば、やはり上記の図に示したような持続期間や総体的なダイナミクスをもつ、長期波動が明らかに認められる。[19] それはなぜだろうか。なにが各地域の発展サイクルの要因なのだろうか。その答えをもとめるためには、これらの大規模な経済システムの内部構造に目をむける必要がある。

各大地域の経済が、河川流域によって定められる自然地理学的な大地域の範囲内で形成され、そのなかに包含されるという事実が、ひとつの鍵となる。[20] 各大地域は、中心地区にあらゆる種類の資源――農業社会においては、それはなによりも可耕地であるが、むろん人口や資本投下も含まれる――が集中し、周辺にゆくほど資源は希薄化する、という特徴をもっている。地域内の資源が集中する範囲は、**地図1**に示しておいた。そこでは各大地域においてもっとも人口密度が高い地区を濃く示している。

雲貴大地域（Yungui macroregion）を例外として、こうした地域の「中心部《コア》」は、河川に沿った低地であったことに注意すべきである。伝統的農業社会においては、人口密度が単位面積あたりの農業生産性と密接な相関関係にあるのは自明であり、そして地域の中心部においては、耕作可能な土地の割合が周辺部《ペリフェリー》より高く、また中心部における可耕地は、概して周辺部よりも肥沃であった。浸食作用による肥沃な土壌の移転や、肥料の使用などといった生態学的なプロセスが、低地の中心部における農業生産性を増加させた。排水・開拓・灌漑・洪水の抑制などのために、単位あたりの可耕地に投下される資本のレヴェルも、中心部では周辺部よりはるかに高かったのである

くわえて地域中心部は周辺エリアにくらべ、輸送面で有利だったことも大きい。水上輸送は陸上輸送にくらべ、単位あたりのコストが低かったため、雲貴と西北中国をのぞくすべての地域で、航行可能な水路は交通の流れを左右した。そして河川航行ができないところでも、河川沿いでは概してもっとも効率のよい陸上ルートが得られた。このため各地域における輸送ネットワークは、低地の中心部において最高度に達し、そこには輸送上の結節点の大部分が位置したのである。河川システムのほかにも、中心地区の地形は起伏が少なく、道路や運河を建設する費用も比較的低かった。そのうえ道路は、追加的な利用者のための増分原価［新事業や生産増加に必要な追加的費用］がきわめて低いという意味で、典型的な公共財といえる。あるコミュニティにおいて道路の利用者が多ければ、一人当たりの平均コストは低くなり、結果として人口が密集したコミュニティでは、人口希薄なコミュニティよりも、道路建設の利益

がコストを上まわるだろう（Glover and Simon 1975）。この論理は道路や運河だけではなく、橋梁や閘門にもあてはまり、人口稠密な地域中心部と、人口希薄な周辺部では、輸送上のインフラストラクチャーへの投資がまったく異なることを説明することができる。

最後に、中心部では輸送コストが比較的低く、また輸送網が密であったために、中心地区の地方経済は、周辺地区よりもつねに商業化していた。それはより多くの換金作物や手工業品が市場向けに生産されたためでもあり、各世帯が消費財をより多く市場に依存していたためでもあった。

ゆえに、各地域の主要都市が中心地区において、もしくは中心部にむかう主要な輸送ルートに沿って成長し、また自然地理学的な地域内におけるすべての都市が、地域中心部の一つ以上の都市を頂点とする階層状の取引パターンを発達させたのも不思議ではない。ある地域の中心部に位置する諸都市と、他の地域の中心部の諸都市との交易は最小限にとどまった。それは相互の距離が遠いことに加え、地域周辺部の大部分を特徴づける起伏の多い地形のため、機械化されていない輸送ではコストが高かったためである。

こうしたさまざまな理由により、それぞれの自然地理学的地域では、しかるべく分離した都市システムが発展した。それは一群の諸都市から形づくられるのだが、都市間交易はその範囲内に集中し、農村－都市間の交易も、おおむねその地域内に限られていた。

実際には、これらの諸都市は、標準市場町（standard marketing town）にまで広がる諸中心地の統合的階層における上位レヴェルをなしていた。別稿で述べたように（Skinner 1977c）、下位から上位へと向かう各レヴェルの経済的な諸中心地は、より広範で複雑な経済システムにおける結節点でもあった。どのレヴェルの経済システムも、すぐ上のレヴェルにある経済システムに、入り組んで重なり合うネットワークを通じて統合されていた。こうした重層的な経済システムによる階層構造は、上述した大地域経済システムにおいて頂点に達する。それゆえ各大地域の経済システムがもつ、それぞれ異なる特徴は、実は多くのレヴェルの下位システム（subsystem）の属性からなるのである。**地図2**と**地図3**では、ふたつの大地域システム——東南沿海と長江上流——について、こうした階層における［主要都市交易システム以上の］トップレヴェルを描出している。大地域の周辺部にある下位システムは［分水嶺などにより］相互に分離的なのに対し、中心部の下位システムは［主要河川などにより］相互に固く結びついていることがわかる。またこの階層を通じて、各下位システムは一般的に［河川の下流に当たる］内方中心部に向かってより開かれていることもわかるだろう。

要するに、大地域における経済は複雑な**諸システム**とみなすべきなのである。それは内部的に分化し、相互に依存し、そして統合されているが、遠方周辺部においては内方中心部よりもずっとゆるやかであった。領域的な基礎をもち、人間の相互作用からなるその他の諸システムとおなじように、さまざまなレヴェルの地域経済システムは、つまるところパターン化された諸活動とみなすことができる。それは商品やサーヴィス、貨幣や貸借、通信や表象、そしてさまざまな役割や地位をもった人々の流れなのである。むろんいかなるシステムにも、定常状態などはありえない。むしろそこでは継続的な流動、相互作用、そしてフィードバックがみとめられる。そして本稿の論点にとってもっとも重要なのは、打撃や利益、災厄や有利な刺激などが、相互依存的なシステムのどの部分に加えられても、システム全体に［その影響が］分岐してゆくということなのだ。**地域**システム（regional systems）において、地域の内方中心部の下位システムが、外部からの影響を受けた場合、こうした分岐作用は大きく増幅されることになる。

地域的な発展サイクルの説明を進めるうえで、それが王朝サイクルという昔ながらの概念といかに関わるのかを問うことも有効であろう。王朝サイクルというモデルが、生硬であるとはいえ、帝政中国における重要な力学をとらえていることには疑いの余地はない。ひとつの王朝の治世を通じて、軍事力とその有効性、行政の効率性、財政の強度や安定度などに関して、国家機構は明らかに体系的な変化を示した。中国国家がこれら三つの領域でうまく機能すれ

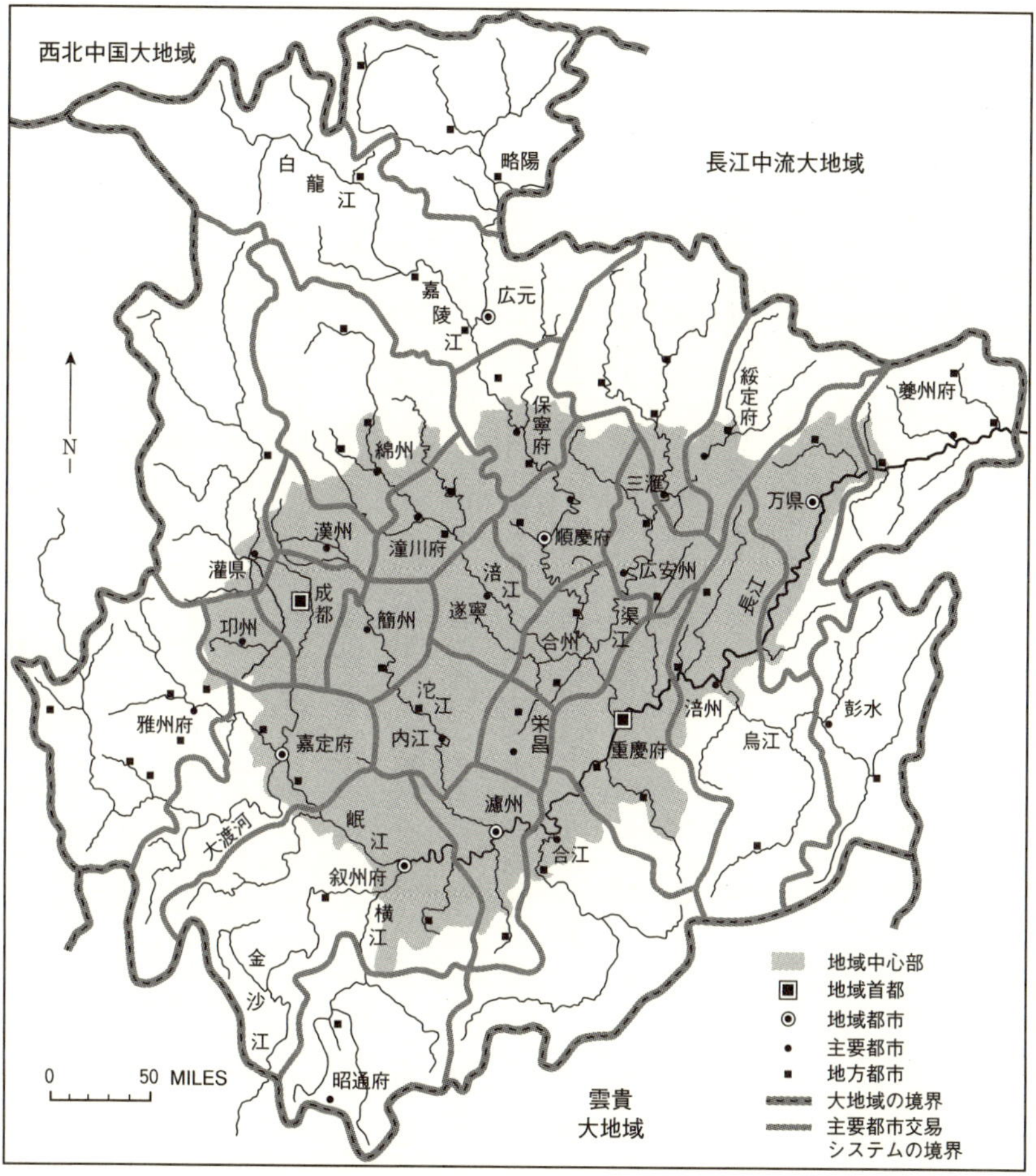

地図 3　1893年ころの長江上流大地域。河川システム・地方都市以上の中心地・地域中心部の範囲・主要都市交易システムのおおよその境界を図示。

ば、結果的に経済成長に有利な環境をもたらした。ただし王朝の強力さについての弁証法が、各地域経済に一様な影響をもたらしたかどうかは別問題である。王朝サイクルというモデルのもつメカニズムは、概して地域的な発展サイクルに同時進行的な影響を与えたようにみえる。しかし実際には、諸政策は場所ごとに異なり、地域ごとに特定の目的を持ち、いずれにせよ政策は地域によってきわめて多様な形で実施された。さらに地域内においても、内方中心部から遠方周辺部に向かうほど、政策の実効性は低下した。二、三の事例を挙げておけば十分であろう。

王朝サイクルのモデルでは、軍事力とその効率性は、戦乱を平定した初期にピークに達し、それにつづく帝国の拡張期にも高水準を保つ。しかしこうして一般化すると、抵抗活動が地域によって必然的に異なることが見過ごされてしまう。たとえば十七世紀には、清朝は二、三年で長江中流・下流地域を平定したが、東南中国や長江上流の平定には延々四十年近くを要した。このため清朝の平定は、一組の地域に絞ってみれば、長江下流地域では、一世紀前に始まった蘇州サイクルの上昇期に動揺を与えるにとどまったが、東南沿海地域では、すでに略述した第二の地域的サイクルの下降期における決定的な出来事となった。他の二地域についてみれば、長江上流地域・長江中流地域は、いずれも清代に一つの発展サイクルを経験するが、両者のサイクルは半世紀近く同時性を欠いていたのである。

王朝後期の衰退と危機の局面における、法や秩序の瓦解についても、同じような問題を指摘できる。王朝サイクルのモデルによれば、朝廷は軍事的効率性を再建しようと努力するものの、長く続いた組織的衰弱や軍事技術の喪失の結果として、どちらかといえば人的結合に基づき、分権的で、さほど精強とはいえない軍隊を生み出すことになった。軍事的弱体化は、侵略や叛乱を招いた。ではどの地域が最大のリスクを負ったのだろうか。帝政中・後期の歴史を検討してみれば、中央アジアのステップに隣接する、華北と西北中国という二つの大地域が、他の大地域よりもずっと異民族の侵略を受けやすく、また王朝交替期の帝位をめぐる戦乱は、常に国都のある大地域に甚大な荒廃をもたらしたことがわかる。さらに特定の状況に由来する相違もある。十七世紀の［李自成・張献忠の］叛乱は、長江上流を荒廃に陥れたが、長江下流は無事であった。ところが十九世紀［の太平天国の乱］では、状況はまったく逆であった。こうした特定の事情は王朝サイクルのモデルからは導き出せないが、地域的発展サイクルの時間的形態には大きく影響してきたのである。

王朝サイクルの理論的研究者のなかには、サイクルが上昇から下降へのターニングポイントを過ぎたばかりの時期に、朝廷は外国貿易に対して、より優遇的な政策をとると説く者もいる。財政上の制約により、貿易ルートを途絶させるような軍事的冒険は終結せざるをえず、また関税収入の魅力も増していったというのである。このような一般化の妥当性はさておき、こうした政策の変化は、明らかに一定の地域経済――すでに述べた東南沿海が最適例である――にとっては決定的であったが、長江上流のような他の地域ではさほど重要ではなかった。

さらに行政の効率性について考えてみよう。周知のように、官僚政府が水利施設を維持・管理する役割は、洪水を防止し抑制するために重要であった。王朝の衰退期には、官僚制の破綻や腐敗、財政の窮乏、地方エリートに対する地方官の政治的影響力の縮小などにより、運河や堤防はうち捨てられ、そのことがますます洪水の被害を大きくしたと論じられている。[21]それはもとより事実だが、このような連鎖的結果は、もっぱら洪水の被害を受けやすい地域中心部の経済成果に影響した。またこうした要因は、華北・長江中流・贛－長江・長江下流の経済サイクルについては重大な影響をあたえたが、雲貴・長江上流・西北中国においてはほとんど重要性を持たなかった。

最後に救荒に関する事例を挙げておこう。一七四三－四四年の秋から冬にかけて、ひどい旱魃が華北中心部のひろい地方を苦しめた。朝廷によって展開され、官僚たちによって実行された救荒活動は、ピエール・エチエンヌ・ヴィル（1980a）が示すように、きわめて効率的であった。十分なたくわえを持つ常平倉や義倉があまねく設置され、通州などの官倉に蓄積された膨大な穀物は、被災地全域の枢要地点に時を違わず輸送された。穀物や現金を配給するための中心施設のネットワークがすみやかに設けられ、被災民救済のための施粥所が各都市に設立された。翌年の春には、種籾のほか耕牛までもが被災した農民世帯に配給された。こうしためざましい組織的なロジステックスによる早わざによって、飢饉はほぼ回避され、さもなければ大きな経済的混乱を招いたであろう災害は、地域の経済成長にわずかな影響をあたえるに止まったのである。しかしこうした鮮やかな成就は、王朝の最盛期において、帝都によって支配される畿輔地域の中心部でこそ成しとげられたのである。王朝サイクルのモデルでは、［畿輔地域という］第二のポイントではなく、［王朝最盛期という］最初のポイントに注意が向けられる。このことは救荒の成果が、王朝サイクルのモデルによる時間構造だけではなく、空間構造によっても変化するということを示している。つまりそれは畿輔地域でもっとも高度に、帝都から最遠の地域でもっとも低度となり、また概して地域中心部では周辺エリアより効果的だったのである。

このように、王朝サイクルは地域的発展サイクルに媒介されて社会経済にインパクトを与えたと結論できる。また一般に、王朝サイクルのモデルにもっとも近似していたのは、畿輔地域の発展サイクルであった。

もちろん、あらゆる朝廷の活動が王朝サイクルに関連していたわけではない。朝廷による重大な決定が、帝国全土というよりも、地域的な発展を誘起し、または阻害した多くの事例を、ケース・スタディによって得ることができる。もっとも劇的な事例は、新たな帝都や開港地の選定だろう。一四二〇年代に明朝は南京から北京に遷都したが、それは長江下流の経済成長にはネガティヴな、華北にはポジティヴな影響をもたらした。これは明清期の大部分を通じて、両地域の発展サイクルがあまり同時性を持たなかった一つの理由でもある。またすでに述べたように、一〇八七年に泉州が開港地となったことは、東南沿海における地域発展の第一サイクルの上昇期にとって、重大な進展であったが、一方で広州における海外貿易の独占が崩れたことにより、嶺南の商業を衰退させた。一七五七年に、広州が唯一の開港地に指定された時には、逆の結果が起こった。これによって長期的な東南沿海の衰退はいっそう深まり、一方で嶺南の経済成長は加速したのである。おそらくより劇的な結果をもたらしたのは、十世紀における長安から開封への帝都の移動であろう。それは西北中国の退行的衰退の始まりを画するとともに、華北の発展を加速させた。この種の帝政による決定は、しばしば隣接する諸地域に影響を与え、それらの地域サイクル間に、反比例的関係をもたらしたのである。

地域経済に対する外来性のショックが、地域経済発展の時間構造を形づくるうえで、きわめて重要であったことは十分に明らかだろう。さらに中国史の区切りとなるような大規模な破局《カタストロフィ》が、ほぼ常に限られた範囲で起こったことも、各地域の発展サイクルがほとんど同時性を持たないもう一つの端的な理由であった。大部分の疫病は、一つか二つの大地域に流行するに限られ、記録に現れたもっとも広範囲の疫病でも、四つの大地域に影響するにとどまった。華北や西北中国はくりかえして中央アジアからの侵略で荒廃したが、一方で長江流域やそれ以南の地域は、めったにこの種の劫掠をこうむらなかった。内乱もまた、一時期に一つか二つ以上の地域に大きな破壊をもたらすことは稀であり、帝政後期においてもっとも大規模であった太平天国でさえ、深刻な荒廃をもたらしたのは長江［下流・中流］の二つの大地域に過ぎなかった。

同じような論点は、気象条件や、洪水や旱魃などの発生範囲についても指摘できる。近年ある中国の歴史気候学のチームが、記念碑的なプロジェクトの研究成果を公刊した。そこでは一四七〇年以来の五百年間の各年ごとに、中国全土の各地方における季節的天候を、定性的な基準によって記録している（Wang and Zhao 1981）。彼らの分析によれば、乾燥気候と湿潤気候からなる六つのパターンが認められ、それらは結果として、鏡像のように対をなす三組［の気候パターン］をなしており、それによって降水量の歴史的分布の変化を説明しうる。六つのパターンのうち四つでは、東西に伸びる［三つの］ゾーンが共通する天候を示している。その一つはおおむね二つの北方の大地域［華北・西北中国］と一致し、もう一つは四つの長江流域の大地域［長江上流・中流・下流・贛－長江］に一致し、そして南方のゾーンは、おおむね雲貴・嶺南・東南沿海の三つの大地域に一致している。一組目は、南方ゾーンの洪水状態と北方ゾーンの旱魃状態が同時に生じ、長江ゾーンは平常となるというパターンと、［南方の旱魃と北方の洪水という］逆パターンである。二組目は、長江ゾーンでは洪水状態が、北方および南方ゾーンでは旱魃状態が生じるというパターンと、［長江の旱魃と北方・南方の洪水という］逆パターンである。さらにこの分析によれば、こうしたさまざまなパターンの分布が、歴史時期を通じていくつかのはっきりした周期性を示していることもわかる。たとえば北方ゾーンにおける旱魃状態は、八十年間から百年間にわたる周期をもって分布している。こうした研究結果は、経済的混乱や人口減少をともなう可能性をもつような極端な気候現象は、連続した時期に、特定のゾーンに集中して生じたであろうことを示している。このことはまた、地域を超えた発展サイクルの同時性という論点にも関わってくる。というのは特定の気候現象は、もっぱら隣接する大地域からなる一組か二組のグループに影響を与えたからである。

より大規模なレヴェルでは、歴史気象学者は北半球の温帯において、気温の長期的変動が存在したことを立証している。それらは太陽エネルギーのレヴェルの変動と同時性を持ち、おそらくはそれによって引き起こされたと考えられる。[22] 紀元一〇〇〇年以降でもっとも寒冷な時期は、時に「ルイ十四世の小氷期」とも呼ばれるが、それは太陽物理学者がマウンダー極小期と呼ぶ期間（一般に一六四五―一七一五の間）に一致している。そしてこれに次いで寒冷な時期は、太陽活動のスポーラー極小期（一般に一四五〇―一五四〇の間）にいっそう一致している。こうした気候サイクルは、ヨーロッパにおける記録や観測報告から復元されたものであるが、中国の気候学的データも、これと一致するようだ。たとえば、長江中流の湖の結氷に関するデータに基づいた研究（竺1972）によれば、中国史における最寒冷期の一つは、十七世紀中期の数十年間に生じており、それは太陽活動のマウンダー極小期の最下点に近い時期であった。

気候サイクルと経済的繁栄のサイクルの間に推定される関連のなかでも、もちろん農業生産性の問題がもっとも緊要である。総じて気候が寒冷化すれば、作物の成長期は短くなる。さらにはなんとか耕作可能であった土地が放棄されたり、一定のエリアで二毛作がやめられたり、作物生産量がかなり減ることにもなった。農業が国民生産の大部分を占める農業社会において、気候寒冷化が経済的窮乏をもたらし、経済活動を衰退させることに疑いの余地はない。今後の研究によって、これらの推測や関連性が立証されれば、長期的な太陽活動のサイクルが、いかに中国における地域的経済活動のサイクルを「引き起こした」かを知ることができるだろう。

私が最初に地域的発展サイクルという問題を公刊した際（Skinner 1977a:27）、中国のさまざまな大地域システムの周期的リズムは、普通は相互に同調性を持たないが、明代初期には、「衰退的なのだが、異例の共時的な動き」が生じたことを指摘した。私は中国の地域経済が十四世紀と十五世紀の大部分を通じて概して沈滞していたという事実を念頭においていた。その際（Elvin 1977a: Chap.14 に従って）、私は次の二つの要因が、帝国全体の不況をもたらしたと考えた。つまり⑴モンゴルの侵入が、［華北・西北中国・長江上流の］三つの大地域の地域的発展を停止状態にし、［東南中国と嶺南の］二つを除く他の大地域にも、そこまでは深刻ではなくとも不利なインパクトを与えたこと。そして⑵元末にはじまり、明朝の下で十五世紀を通じて続けられた、［海禁政策などの］政府当局の孤立主義である。気候変化の歴史的重要性にかんがみて、ここでは第三の要因をつけ加えたい。つまり、スポーラー極小期に対応する気候寒冷期である。明朝は地球の気候が寒冷化していた時期に政権を握り、その傾向は一二〇年後になってようやくはっきりと逆転した。このパターンを清朝と対照してみると、［明代前半の全般的沈滞という］変則的状況に対する蓋然的な説明が浮かび上がる。清朝はマウンダー極小期に関連する小氷期のほとんど直中に政権を握ったが、二、三十年間ほどで温暖化傾向がはじまった。通常の定義では、スポーラー極小期は、明朝の創建から一七〇年後の一五四〇年に終結し、マウンダー極小期は、清朝の創建から七十九年後の一七一五年に終結したとされる。このように気候的長期波動は、明代の経済発展と衰退のサイクルが、大部分の地域において清代よりかなり短期間だったことの一つの原因であったと思われる。また付言すれば、それは清朝の最盛期とくらべ、明朝の最盛期がその統治期間のずっと遅くに訪れたことの一因でもあっただろう。

こうした外来性の影響にくわえ、地域システム自体の内発的な弁証法的プロセスが、発展サイクルに影響したことも確かである。有利な環境的状況は、経済成長の必要条件であるが十分条件ではない。そして上昇から下降への転換点は、もっぱら内部的な矛盾の作用によってもたらされるのだ。私の見るところ、この問題に関連する中国研究は、経験的なモデルを展開するにはあまりにも不十分である。しかしヨーロッパ経済史を参照すれば、着想の手がかりが得られるだろう。私はさきに、中世ヨーロッパの「ロジスティクス」ないし長期波動と、本稿で明らかにした中国の地域的サイクルが、同「種」の現象に属するであろうことを示唆した。いずれも一世紀ほどの周期を持つ発展サイクルをもつが、それは商業資本主義に支配された農業経済に特徴的であるといえよう。いかなる長期的な経済サイクルを理論的に論じる場合も、一般に技術革新・生産性・物価・貨幣供給などが参照される。ヨーロッパ中世・近世(early modern)の長期波動を論じる場合は、これらの要素に加えて、つねに人口統計や土地利用などの問題が考慮される。[23] これらは中国の地域的発展サイクルの弁証法的理論にとっても、基本的な要素である。

私が**大**地域システムの**長期**波動に特に注目するのは、こうした大規模な進展のもつ歴史的重要性は、容易に認識しうるという単純な理由による。しかしより短期的で、それほど劇的ではない歴史過程《エピソード》もまた認められる。それは長期波動の軌道に沿って回転する周転円《エピサイクル》[中心が他の大円の円周上を回転する小円]とも呼べるだろう。そしてより本稿の論点に即していえば、好況と不況、経済的成長と衰退、社会の秩序化と瓦解などが交替する歴史的リズムは、下位の経済システムにとっても等しく特徴的なのだ。大地域内の地域都市交易システム（regional-city trading system）しかり、もう一つ下位の主要都市交易システム（greater-city trading system）もしかりである。[地域システムの]階層構造において、直上直下のレヴェルにあるサイクルはどのように関連するのだろうか？　一六三〇年代に上昇から下降へのターニングポイントを迎えた、東南沿海大地域の発展サイクルが手がかりとなろう。それはもともと漳泉亜地域で始まり、その過程《エピソード》を通じて、他の亜地域の発展を先導した。より弁別的に分析する場合は、四つの亜地域ごとの周期的過程を別個に検討し、各亜地域に対する外部要因の直接的インパクトだけではなく、漳泉亜地域から隣接する亜地域へと刺激を伝えるメカニズムも論究することになるだろう。

ここで下位システムのレヴェルで、システマティックな分化をもたらす二、三の要因を示唆しておこう。周辺部の下位地域システムは、孤立的であるために、短期的な外因性のショック、特に凶作に対して脆弱である。対照的に、大地域の中心部にある下位の地域システムは、より発展した経済・より密集した輸送網・精巧なインフラストラクチャーの基盤があるため、この種のありふれたショックを緩和し抑制することができる。一方で、開封サイクルを概括した際に示唆したように、まさにインフラストラクチャーと複雑な労働分業への依存のゆえに、中心部の下位システムはとりわけ持続的で大がかりなショックに弱かった。こうした対照性のなかでも、重大な災害が大地域の中心部で最大のインパクトを与えたという事実が特に重要である。大規模な洪水はおもに河川沿いの低地を襲った。疫病は人口が密集し、水源の汚染も起こりがちな中心エリアの定住地でより猛威をふるった。とりわけステップからの侵略軍や帝位を狙う叛乱軍の略奪の目標となったのも、平地の大都市であり、そこでは戦闘や包囲戦の多くも集中し、軍隊による襲撃や略奪ももっとも苛烈だった。このため比較的に稀ではあるが重大な破局が、中心部の下位システムの発展サイクルを区切るうえで特に重要だったのに対し、より頻繁だが比較的に軽少な破局が、周辺部のシステムの周期的過程を形づくる傾向があった。その結果、平均的な発展サイクルは、周辺部の下位システムでは中心部より短いピッチをもち、内方の中心部の経済サイクルは、大地域の経済サイクル全体ともっとも近似していた。全般的な要点は、異なるレヴェルの時間的諸構造における［周期的発展サイクルの］相互関係は、［空間的構造としての］諸地域システムの相互関係によって形づくられるということなのだ。

今や明らかだろうが、私は中国史を、地方・地域システムの空間的階層と対応して現出する階層構造として考えるべきことを提起しているのだ。標準市場社会から大地域経済にいたるすべてのレヴェルで、これらの結節《ノーダル》システムは、特徴的なリズムと特有の歴史をもっていた。それらは人々の相互活動からなる時空間システムとみなすべきであり、空間的構造の分化と同様に、時間的構造の分化も、システムのもつ本質の現れであった。私はさらに、階層的に構造化され、地域的に特化した歴史叙述のためには、問題の地域システムに固有の、周期的ないし弁証法的なエピソードを、基礎的な時間単位とすることを提言したい。重要なのは、周期的過程を、その最下点から最高点にいたる全体像として分析し、またより包括的な［時空間的］階層に適切に位置づけることである。

ここで検討している人的相互作用のシステムに内在する時間構造に応じて、歴史時期を区分するとすれば、やはり通常の時期区分の慣例から離れなければならないだろう。政治史上の大事件は、時として発展サイクルの最下点や最高点の指標となるにすぎない。時間の流れを固定した基点によって任意的に区分した場合は、［発展サイクルとの］関連性はより乏しい。人類の手足の指はなるほど十本であり、十進法の発明が数学史上の重大な飛躍的前進であったことは疑いない。といって人類の歴史の流れが十年間なり世紀なりの十進法的な時間に調節・配置しうるというわけではない。ヨーロッパ研究者には、「長い十六世紀」［などの十進法的時代区分］に苦心していただこう。中国歴朝の治世は、それが王朝という弁証法的な歴史過程の継起的な諸局面を示すだけでも、まだしも意味がある。

しかし［歴朝の統治期間という］諸局面は、なによりも統合の最高次における政治史、つまり帝国それ自身に関わるものだ。そして難点もここにある。帝国の行政単位と地域的経済圏が一致しない以上に、統治期間と経済的発展は一致しない。実際、［行政単位と経済圏、および統治期間と経済サイクルとの］アナロジーは、［データの］操作面でも近似性が強い。経済システムの領域的広がりを確かめるにはどうすればいいのだろうか。そのためにはデータ自体に語らせるしかない。つまり商品やサーヴィスの流れ、貨幣や貸借の流れなどの、さきに示唆したような諸活動についいて、データをパターン化してゆくのである。それでは経済史上の一時期の時間的広がりを知るにはどうすればいいのだろうか？やはり経済活動の昇降という、データ自体に語らせるしかないのだ。つまり［経済システムの空間構造を分析する場合は］、経済上の地域の内部構造を調べ、それを中心－周辺構造を示す諸区域に分別して検討するように、［時間構造を分析する場合は］、経済上の一時代を精査し、［発展サイクルの］最下点と最高点によって示されるようなその内在的構造にしたがって、実質的に一つの経済サイクルの諸局面をなしている諸期間へと分別して検討するのである。もちろん完璧を期することは難しいが、理念型を明示するうえでは問題はないだろう。

結論に移る前に、［地域システムの］全般的性質を明示しなければならない。私は地域システムを、ほとんど地域的経済に絞って論じ、経済学的な語法により長期波動と短期の周期的過程の特徴を述べてきた。しかしこれは私が分析しようとする、いっそう包括的な実態を、きわめて簡約化したものなのだ。私は市場システムに関する論著において（Skinner 1964:32-43; Skinner 1977c:336-41）、市場システムが同時に社会的コミュニティや、準政治的システムや、文化生成の単位でもあることを示すのに努力してきた。経済地理学者がコストと距離との関係として定量化するような人的相互作用に対する諸制約は、輸送が機械化されていない場合、人間の諸活動を形づくるうえでも影響を及ぼす。それらは経済交易だけではなく、行政的・社会的相互作用にも方向性を与えるのだ。別個に発表した分析において（Skinner 1997c, 1979）、私は諸省として編成された枠組みの存在にもかかわらず、清代における実地行政や軍事組織も、中国の大地域構造を再現し表出していたことを示した。さらに本稿で論じた発展サイクルについても、それが経済的発展と沈滞のサイクルであるだけでなく、人口の増加と減少、社会の発展と衰退、組織の拡大と収縮のサイクルであったことを明らかにできたはずである。さらにいかなるレヴェルにおける周期的過程も、もっぱら経済的要因だけで生起することはほとんどない。要するに、私は説明上の便宜から経済面に焦点を合わせてはいるが、中国史の構造を考察するうえでは、政治経済や社会の全体を参照しているのである。

私はここで、中国史の構造に関する、次のような構想が受け入れられるかどうかを問うてきたのである。(1)中国史の構造とは、地方《ローカル》史や地域《リージョン》史の相互に重なりあった階層からなり、その範囲はいずれも人々の相互作用の空間的なパターン化に基礎を置く。(2)特定の地域システムの時間構造を決定づけるのは、どのレヴェルでも、継起する周期的過程である。このようなモデル（歴史叙述上のヴィジョンと呼んでもよい）は、［伝統的中国史像の］意表を突くというだけではなく、いかなる意義をもつのだろうか？

第一に、このモデルは地方史研究者や民俗誌学者、およびその他のミクロなプロセスを分析する研究者が、各自の研究を中国史の構造に有意に位置づけるために役立つ。各自の事例研究を、［各地域システム、各発展サイクルごとに］差異化した歴史の、［当該事例と］関連性を持つヒエラルキーに位置づけることになって、整合的な説明が可能になるのだ。現状では、地方史研究者はその研究成果を不適切に包括的な［時空間的］単位にまで一般化することによって、研究の意義を示そうとする傾向がある。しかしその真の意義は、有意な［地域システムや発展サイクルなどの］全体性のなかで特定化してこそ明らかになるのだ。少なくともこうした構想によって、ミクロ分析をマクロ分析に、地方史を地域史に、そして個別の事件を一連の活動からなる適切な構造へと統合するという問題は避けられなくなるのである。

第二に、このモデルは歴史研究においてほとんど看過されていた重要な分析単位に注意をうながす。まったく実存的にいって、一方では社会の安寧・経済成長など人間の生活に有利な状況、他方では不利な状況という両者の交替は、いかなる社会でももっとも決定的なプロセスである。さらには、研究の実質的な焦点がなんであれ、あるトピックを十全に理解するためには、それを少なくとも一つのこうしたサイクルの諸局面を通じて検討する必要があるといえよう。もちろん研究者のなかには、人的相互作用のシステムのもつ周期的特性について、歴史分析が何を示しうるかに興味を持つ者もあろう。また弁証法的な説明の必要性を認め、周期的過程の定式的分析を試みる者もあるだろう。いずれにせよ、地域的な発展サイクルがくりかえし生起するという現象を論証するだけでも、歴史的イマジネーション

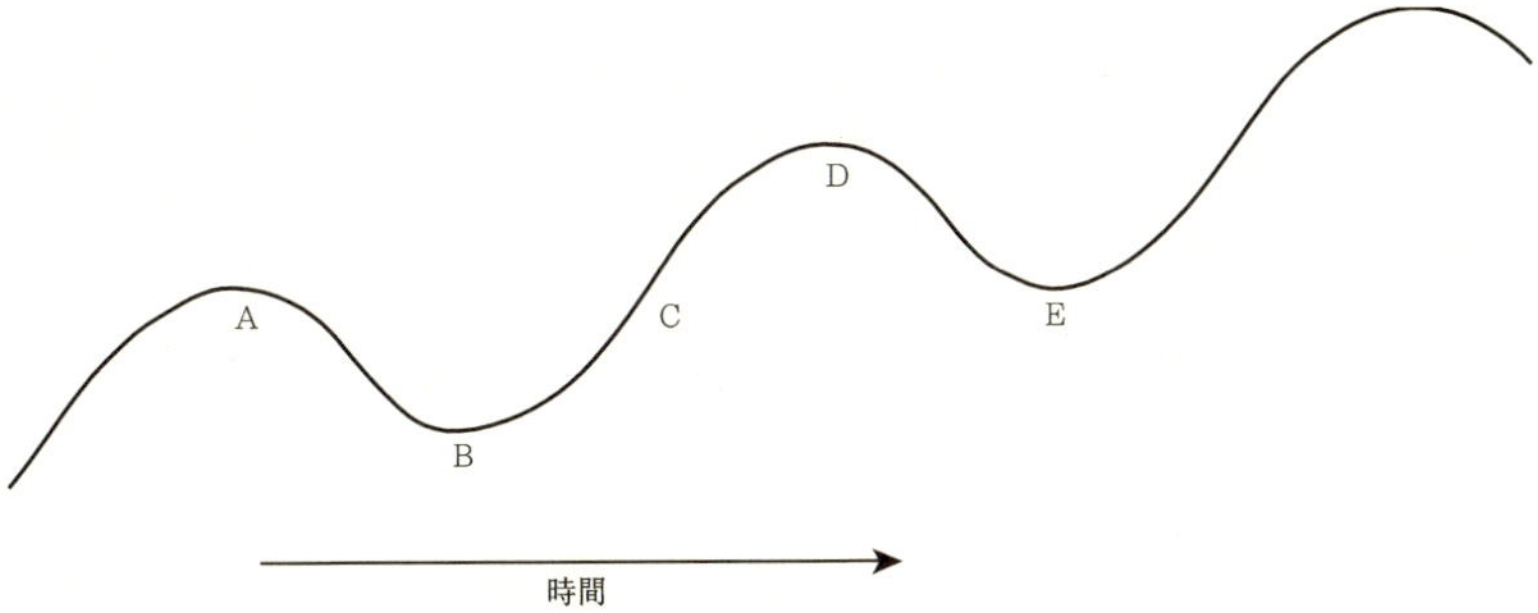

図2　諸周期の長期的トレンド：比較可能性

が喚起され、それに対する説明が求められるのだ。

第三に、中国史の構造という見方によって、比較が容易になり、実際に比較研究法に確実性をもたらしうる。周期的過程の昇降によって、諸事件の流れを時期区分し、比較しうる時期や年代を、論理的に正しく設定することができる。時空間的システムを論じるにあたって、同じ地域システムで継起したサイクルを比較分析すれば、長期的トレンドを知るための確実な手がかりが得られる。同じように、近接する地域システムで同時代に生起したサイクルを比較分析すれば、より精緻なレヴェルで地理的多様性を検討することができるだろう。

第四に、私が強調した構造的特徴を認識することによって、中国史学者は各自がめざす研究を、方法論上の有効性を失うリスクを犯すことなく進めることができる。あるいは私が素描した構造では、多くの点で中国史の**定向性**を見過ごしてしまうと感じられるかもしれない。しかし実際には、長期的ないし段階的なトレンドを確証するためには、まず周期的な分析が方法論的に必要なのだ。あるシステムが、**図2**に示すような上昇的な波動のパターンに沿って変化するとしよう。もし周期的なリズムを無視して、A時点とB時点を比べたり、C時点とE時点を比べれば、長期的上昇トレンドは見のがされ、前者の比較では長期的な衰退、後者の比較では停滞という誤った知見がみちびかれてしまう。A時点とD時点という、二つのサイクルの最高点どうしを（あるいはB時点とE時点、ないしその他の比較しうる周期的諸局面の一対を）比べてこそ、基調をなす上昇トレンドを明らかにし、その勾配を正当に指摘できるのである。少なくとも本稿で提唱したアプローチは、法則化された諸時期、ないし本質的に同構造の諸段階が継起するものとして、［歴史的］変化を概念化する歴史叙述の有効性に、異議を唱えるものなのだ。

最後に、このアプローチによって、地域的差異をないがしろにせず、それらを組み込んだ中国史の全体像を指し示すことができる。必要ならば最初に挙げた華北と東南中国という二例を想起していただきたい。両者の互いに異なる発展の軌跡が立証するように、多様性をひとしなみに一般化したり、さまざまな地域システムの平均を取ったのでは、統合された中国史の全体像の研究を進めることはできないのだ。むしろ、この文明史の全体性は、別個ではあるが依存的な相互関係を持つ、その構成部分ごとの歴史を、包含し調整することによって支えられているのである。

適切な分析単位を選ぶうえで決定的な意味を持つのは、まさに中国史の**構造**なのである。その分析単位とは、機能的にふさわしい時間範囲のなかで、関連する階層において最適のレヴェルにある領域システムである。もし歴史的・時間的パターンがたしかに体系性をもつならば、それは適切なシステムに焦点を当て特定化してこそ、確実に立証されるだろうし、実際にはっきりと認識できるのだ。この意味でも、歴史分析は地域分析と不可分なのである。

註

（1）　華北における中世期の発展サイクルについては、ロバート・M・ハートウェルの先駆的な分析（1967）に多くを負っている。

（2）　都市建設も、隋から宋にいたる数世紀を通じて、ますます華北の東部・東北部エリアに集中していった。商業中心地としての開封の初期段階の発展は、唐末における経済統制の弛緩（Twitchett 1966 を見よ）と一致している。それは事実上、行政上の地位に関わらず、輸送上の利便性をもつ諸中心地に有利に作用したのである。

（3）　補完的な地図として、Hartwell 1967:103 と、Shiba 1970:42 を見よ。

（4）　一〇七七年において毎年の商税額が銅銭三万緡を超える都市は、全国で二十九であったが、そのうち十が華北にあった。Ma 1971:165-71 を見よ。

（5）　七四二年における道ごとの人口の内訳は、Bielenstein 1947 に示されている。ビーレンシュタインの省ごとの人口推計は、後の数世紀分の推計と合わせて、Durand 1960 の附編に収める包括的な諸表として公刊されている。

（6）　北京エリアの部分的に重なる地点に、三つの帝都がつぎつぎと建設された。一一五〇年代に金朝によって、一二五〇年代に元朝によって、一四二〇年代に明朝によってである。三つの王朝の交替期にともなう破壊と混乱は、華北における持続的発展を妨げた。そして一一五〇年から一四五〇年にいたる三世紀は、広い視野から見れば、上述した中世期の大サイクルと、帝政後期におけるかなり異なったサイクルとの間の移行期と見るべきかもしれない。この移行期は、多くの点で二歩前進・一歩後退的な連鎖を含むのだが、その過程で、首都への糧食補給の問題が解決され、首都エリアが［華北］地域の最重要な都市的市場として成長し、地域の輸送ネットワークは新たに方向づけられ、再構築された交易システムのアウトラインが策定された。

もっとも重大な発展は、華北平原を縦断し、旧来の大運河の長江下流部分と、北京［大都］のすぐ東の通州を結ぶ長大な運河が、元朝によって建設されたことであった。この第二の大運河システムは、最初の大運河よりも大がかりで維持も困難であったが、一二八九年に完成された。杭州から北京にいたる石造の堤防に沿って、水路と並行する舗装道路も敷設されている。さらに首都からは他にも四つの主要な幹線国道が建設された。元朝は兵部のもとに、北京から放射状に広がる駅伝制を組織したが、それは当時としてはきわめて効率的であった。その後、明朝がこれらのシステムを復旧し完成させたことにより、十五世紀の華北には、ふたたび放射状の輸送ネットワークがしっかりと賦与された。それは地域の行政と商業を構造化し、農業・手工業が専門化するうえでの空間的パターンを形づくったのである。しかしこの時代には、その中軸［である北京］は、地域の地理的中心からはるか離れた、資源豊富な中心部のもっとも北方の辺縁に位置していた。

（7）　これらの推計は、Durand 1960:250-55 において示された省ごとの数値と、Ho 1959 におけるより広範な分析に基づいている。人口成長を抑止する災厄を論じるうえで、何炳棣は一五八三年〜一六五〇年の人口減における疫病の重要性を看過しているようだ（Elvin 1973:310-11 を参照）。一五八八年と一六四一年にそれぞれ頂点に達した大疫病については、井村興善

（1936−1937）が地方志によって確認しており、関連する旱魃や飢饉については、Helen Dunstan（1975）が分析している。いずれの災厄も、華北と長江下流に甚大なインパクトを与えた。

（8）南フランスのラングドック地方の事例が、もっとも著名で充実している。Le Roi Ladurie（1974）は、二つの長期的な農業的サイクルを追跡している。それはおおよそ一〇〇〇年・一四五〇年・一七五〇年に最下点を、一三三〇年・一六八〇年に最高点を迎えている。また Abel 1980, Braudel and Spooner 1967, Margairaz 1984, Metz 1984 を見よ。

（9）Shiba 1970:183. また一五〇〇年ごろの福建における特産品や交易を論じたものとして、Rawski 1972:61-67 を見よ。しかしこの論考では、一三〇〇年以降の衰退期と、それ以前のより繁栄した時期とが区別されていない。

（10）Shiba 1970:187 より引用。

（11）この人口統計によれば、福建だけで一三三万戸を数える（Elvin 1973:206）。他の人口調査によって補えば、浙江の温州・処州・台州エリアは少なくとも四十万戸、広東の潮州・嘉定州エリアは二十五万戸と推計される。

（12）一〇七七年には、毎年の商税額から見て、福州は全国の商業都市の第十七位に位置していた。温州は四十六位であり、台州（やはり甌江・霊江地域に属する）はそれよりやや下位であった。

（13）この大地域の造船業では、鉄釘は福州からの移出に依存し、また釉薬・桐油や、木材までも温州からの移出に依存していた。泉州からは綿織物や鼈甲の櫛を福州に舶送し、福州からは絹や磁器を泉州に舶送した。東南アジアから泉州に輸入された産品は、さらに東南沿海の諸港へと転送された（Shiba 1970:183-84）。

（14）経済的衰退が人口に与えた結果は、このケースでは評価が難しい。というのは、明代における福建の人口統計がまったく不十分なものだからである（Rawski 1972:167-81 の附編「明代における福建の人口」を見よ）。もし一三九三年の人口統計を額面どおり受け取れば、この地域の人口は八百万あまりと思われ、一二〇三年の宋朝の統計における総計千二百万よりも減少している。明朝の数値はまちがいなく実際よりかなり少ないはずだが、やはりこの地域全体として、ある程度の人口減少があったと考えたい。それは高い死亡率だけではなく、外地移住の結果でもある。

（15）この第二のサイクルに関する主要典拠は、Rawski 1972:68-94 である。

（16）一九五〇年において、東南アジア華人の約三分の二が、東南沿海の南部の二つの亜地域である、韓江流域と漳泉地域の出身者か、そこからの移民の子孫であった。加えて、東南アジアの海外華人のさらに二～三パーセントは、東南沿海北部の二つの亜地域に出自していた。

(17)　私は四川・西ボルネオ・バンカにおける、もっぱら客家からなる居住区の現地調査を行っている。台湾におけるより大規模な客家居住区のなかでも、美濃と新竹はもっとも著名である。これらの住民は、ほとんど広東と福建の韓江［地域］システムに出自している。漳泉地域の出身者は、一八〇〇年以前から東南アジアだけではなく、朝鮮や日本の海外華商のなかでも最有力であった。彼らの卓越を部分的に説明したものとして、Skinner 1957:40 を見よ。中国本土の商業都市における漳泉商人の偏在については、Chang 1958 および Ho 1966 における同郷会の地理的分布に関する記述を見よ。

(18)　こうした変容を簡潔に論じたものとして、Skinner 1957:41-43 を見よ。

(19)　全般的な議論としては、Hartwell 1982, Li 1982, Skinner 1977a を見よ。特定の大地域経済に関する部分的な分析としては、Leong 1983（嶺南と贛－長江）、Hartwell 1982（嶺南と長江下流）、宮崎1951（長江下流）、Shiba 1984（長江下流）、Will 1984（長江下流）、Will 1980b（長江中流）、Rowe 1984（長江中流）、Entenman 1982（長江上流）、Lee 1982, 1984（雲貴）を見よ。

(20)　以下の数段落は、Skinner 1977a:216-17 および Skinner 1977b:281-88 における、ずっと長文で詳述した議論の要約である。

(21)　こうした議論は、白河・黄河・淮河など、華北大地域の主要河川システムに関して古典的に定式化されている（たとえば Li 1979, 1982）。長江中流・長江下流地域の水利工学的なサイクルを論じたものとしては、Will 1980b, Perdue 1982, Will 1984 を見よ。

(22)　たとえば Eddy 1980 を見よ。気候と歴史を論じた文献は数多い。重要な最近の業績には、Wigley et al. 1981, Rotberg and Rabb 1981, Lamb 1982, Libby 1983 がある。

(23)　Research Working Group 1979:493. コンドラチェフ循環、「ロジスティックス」、およびその他の長期波動については、*Review*（Binghamton, N.Y.）2, no.4（Spring 1979）で体系的に論じられている。これは有用で選択的な註釈つき文献目録を含む特集号である。

参考文献リスト

Abel, Wilhelm. 1980. *Agricultural Fluctuations in Europe from the Thirteenth to the Twentieth Centuries*. Originally published in German in 1978. London: Methuen.

Atwell, William S. 1982. "International Bullion Flows and the Chinese Economy Circa 1530-1650." *Past and Present* 95:68-90.

Averill, Stephan C. 1983. "The Shed People and the Opening of the Yangzi Highlands." *Modern China* 9:84-126.

Bielenstein, Hans. 1947. "The Census of China During the Period 2-742 A.D." *Bulletin of the Museum of Far Eastern Antiquities* 19:125-63.

Braudel, Fernand, and Frank Spooner. 1897. "Prices in Europe from 1450 to 1750." In *Cambridge Economic History of Europe*, vol.4, ed. E. E. Rich and C. H. Rich, pp.374-486. Cambridge: Cambridge University Press.

Chang, P'eng. 1958. "The Distribution and Relative Strength of the Provincial Merchant Group in China, 1842-1911." Ph.D dissertation, University of Washington.

Dunstan, Helen. 1975. "The Late Ming Epidemics: A Preliminary Survey." *Ch'ing-shih Wen-t'i* 3, no.3:1-59

Durand, John D. 1960. "The Population Statistics of China, A.D. 2-1953." *Population Studies* 13:209-56.

Eddy, Jhon A. 1980. "Climate and the Role of the Sun." *Journal of Interdisciplinary History* 10:725-47.

Elvin, Mark. 1973. *The Pattern of Chinese Past*. Stanford, Calif.: Stanford University Press.

Entenmann, Robert E. 1982. "Migration and Settlement in Sichuan, 1644-1796." Ph.D. dissertation, Harvard University.

Glover, Donald R., and Julius L. Simon. 1975. "The Effect of Population Density on Infrastructure: The Case of Road Building." *Economic Development and Cultural Change* 23:453-68

Hartwell, Robert M. 1967. "A Cycle of Economic Change in Imperial China: Coal and Iron in Northeast China, 750

-1350." *Journal of the Economic and social History of the Orient* 10:102-59.

——. 1982. "Demographic, Political and Social Transformations of China, 750-1550." *Harvard Jouranl of Asiatic Studies* 42:365-442.

Ho Ping-ti. 1959. *Studies on the Population of China, 1368-1953*. Cambridge: Harvard University Press.

何炳棣、一九六六、『中国会館史論』台北：学生書局。

Hsieh Kuo-ching. 1932. "Removal of Coastal Population in Early Tsing Period." *Chinese Social and Political Science Review* 15:559-96.

井村興善、一九三六－一九三七、「地方志に記載せられたる中国疫癘略考」『中外医事新報』八。

Lamb, H.H. 1982. *Climate, History, and the Modern World*. London: Methuen.

Lee, James. 1982. "Food Supply and Population Growth in Southeast China, 1250-1850." *Journal of Asian Studies* 41:711-46.

——. 1984. "State-Regulated Industry in Qing China, the Yunnan Mining Industry: A Regional Economic Cycle, 1700-1850." Paper prepared for the conference on Spatial and Temporal Trends and Cycles in the Chinese Economy, 980-1980, sponsored by the American Council of Learned Societies-Social Science Reseach Council Joint Committee on Chinese Studies, Bellagio.

Leong, S. T. 1983. "Ethnicity and Migrations of the Hakka Chinese: A Regional Systems Approach." Melbourne: University of Melbourne, Department of History.

——. 1984. "The P'eng-min: The Ch'ing Administration and Internal Migration." Paper presented at the fifth national conference of the Asian Studies Association of Australia, Adelaide, May 18.

Le Roi Ladurie, Emmanuel. 1974. *The Peasant of Languedoc*. Originally published on French in 1966. Urbana: University of Illinois Press.

Li, Lillian M. 1979. "Flood Control and Famine Relief in the Hai Ho Basin, 1801 ans 1917." Paper prepared for the conference on Urban-Rural Networks in Chinese Society, sponsored by the American Council of Learned Societies-Social Science Reseach Council Joint Committee on Contemporary China, Mackinac Island, Michigan.

——. 1982. "Introduction: Food, Famine, and the Chinese State." *Journal of Asian Studies* 41:687-707.

Libby, Leona M. 1983. *Past Climate: Tree Thermometers, Commodities, and People*. Austin: University of Texas Press.

Ma, Lawrence J. C. 1971. *Commercial Development and Urban Change in Sung China (960-1279)*. Ann Arbor: University of Michigan, Depertment of Geography.

Margairaz, Dominique. 1984. "Les specificités regionales des mouvements conjoncturels des prix céréaliers en France, 1756-1870." *Review* 7:649-73.

Metz, Rainer. 1984. "Long Waves in Coinage and Grain Price-Series from the Fifteenth to the Eighteenth Century." *Review* 7:599-647.

宮崎市定・一九五一・「明清時代の蘇州と軽工業の発達」『東方学』二：六四-七三。

Perdue, Peter C. 1982. "Water Control in the Dongting Lake Region During the Ming and Qing Period." *Journal of Asian Studies* 41:747-65.

Rawski, Evelyn Sakakida. 1972. *Agricultural Change and the Peasant Economy of South China*. Cambridge: Harvard University Press.

Research Working Group on Cyclical Rhythms and Secular Trends. 1979. "Cyclical Rhythms and Secular Trends of the Capitalist World-Economy: Some Premises, Hypotheses, and Questions." *Review* 2:483-500.

Rotberg, Robert I., and Theodore K. Rabb, eds. 1981. *Climate and History: Studies in Interdisciplinary History*. Princeton: Princeton University Press.

Rowe, William T. 1984. "Economic Change in the Middle Yangzi Macroregion, 1736-1838." Paper prepared for the conference on Spatial and Temporal Trends and Cycles in the Chinese Economy, 980-1980, sponsored by the

American Council of Learned Societies-Social Science Reseach Council Joint Committee on Chinese Studies, Bellagio.

佐久間重男．一九五三．「明朝の海禁政策」『東方学』六。

Shiba Yoshinobu. 1970. *Commerce and Society in Sung China*. Trans. Mark Elvin. Ann Arbor: University of Michigan, Center for Chinese Studies.

——. 1984. "Agrarian and Commercial Change in the Lower Yangzi, 980-1550." Paper prepared for the conference on Spatial and Temporal Trends and Cycles in the Chinese Economy, 980-1980, sponsored by the American Council of Learned Societies-Social Science Reseach Council Joint Committee on Chinese Studies, Bellagio.

Skinner, G. William. 1951. *Report on the Chinese in Southeast Asia*. Ithaca: N.Y.: Cornell University, Southeast Asia Program.

——. 1957. *Chinese Society in Thailand: An Analytical History*. Ithaca: N.Y.: Cornell University Press.

——. 1964. "Marketing and Social Structure in Rural China, Part I." *Journal of Asian Studies* 24:363-99.

——. 1976. "Mobility Strategies in Late Imperial China: A Regional Systems Analysis." In *Regional Analysis*, Vol.1, *Economic Systems*, ed. Carol A. Smith, pp.327-64. New York: Academic Press.

——. 1977a. "Urban Development in Imperial China." In *The City in Late Imperial China*, pp.3-31. Stanford, Calif.: Stanford University Press.

——. 1977b. "Regional Urbanization in Nineteenth-Century China." In *The City in Late Imperial China*, pp.211-49. Stanford, Calif.: Stanford University Press.

——. 1977c. "Cities and the Hierarchy of Local Systems." In *The City in Late Imperial China*, pp.275-364. Stanford, Calif.: Stanford University Press.

Twitchett, Denis. 1966. "The T'ang Market System." *Asia Major* 12:202-43.

Wang, Shao-wu, and Zong-ci Zhao. 1981. "Droughts and Floods in China, 1470-1979." In *Climate and History*, ed.

T. M. L. Wigley, M. J. Ingram, and G. Farmer, pp.271-88. Cambridge: Cambridge University Press.
Wigley, T. M. L., M. J. Ingram, and G. Farmer,eds. 1981. *Climate and History: Studies in Past Climates and Their Impact on Man*. Cambridge: Cambridge University Press.
Will, Pierre-Etienne. 1980a. *Bureaucratie et famine en Chine au XVIIIe siècle*. Paris: Mouton.
——. 1980b. "Un cycle hydraulique en Chine : La province de Hubei du XVIe au XIXe siècles." *Bulletin de l'Ecole Française d'Exthême-Orient* 68 : 261-87.
——. 1984. "The Occurrences of, and Responses to, Catastrophes and Economic Change in the Lower and Middle Yangtze, 1500-1850." Paper prepared for the conference on Spatial and Temporal Trends and Cycles in the Chinese Economy, 980-1980, sponsored by the American Council of Learned Societies-Social Science Reseach Council Joint Committee on Chinese Studies, Bellagio.
竺可楨．一九七二．「中国近五千年来気候変遷的初歩研究」『考古学報』一九七二：一五-一八。

【訳者附記】

本稿は G.Willam Skinner, "The Structure of Chinese History," *Journal of Asian Studies*, vol.44, no.2, 1985 の翻訳である。ウィリアム・スキナー氏は一九二五年生まれ、アメリカにおける社会人類学的・経済地理学的中国研究の第一人者として知られる。コーネル大学、スタンフォード大学を経て、現在もカリフォルニア大学デイヴィス校人類学部教授の任にある。

スキナー教授の業績は、大きく三つの分野にわたっている。第一は東南アジア華僑社会史の研究であり、主著として *The Chinese Society in Thailand: An Analytical History*, Cornel University Press, 1957 がある。第二は、経済地理学の中心地階層論を応用した中国農村の市場・社会構造の研究であり、一九四九～五〇年に四川盆地で行ったフィールドワークに基づき、階層的な市場ネットワークの構造を分析した、"Marketing and Social Structure in Rural China", *Journal of Asian Studies*, 24-1～3, 1964（今井清一・中村哲夫・原田良雄訳『中国農村の市場・社会構造』法律文化社、一九七九年）で知られる。第三は、農村市場構造の成果を踏まえた、中国全土の階層的地域・都市システムの研究である。膨大なデータの定量分析に基づくその成果は、編著 *The City in Late Imperial China*, Stanford University Press, 1977 に収められた二編の論文、"Regional Urbanization in Nineteenth-Century China"、"Cities and the Hierarchy of Local Systems" にまとめられた（上記二論文の訳として、『中国王朝末期の都市——都市と地方組織の階層構造——』晃洋書房、一九八九年）。上掲論文では、帝政後期の農業中国を、八つの大地域（macroregion）に区分する（満洲を含めれば九大地域）。大地域は主として河川水系により統合される完結性の強い経済システムであり、資源・人口・交通・行政・商業化・都市化が集中する中心部（core）と、それらが希薄化する周辺部（periphery）からなり、農村市場圏を基底とする階層的な地域システムの最上部をなす。こうしたスキナー「地域システム論」の全体像については、すでに斯波義信『中国都市史』（東京大学出版会、二〇〇二年）などに明快な紹介があり、ここで訳出した論文でも簡潔に概括されているので、あらためて冗言する必要はないであろう。

「地域システム論」は、七〇年代末以降の欧米における明清・近代中国史研究に重大な影響を与えた。この時期に展開された「中国自身に即した」アプローチ（China centered approach）では、中国社会・経済の内発的変化が注目されるとともに、基層社会の実態分析が重視され、かつ特定地域の研究で得られた知見を中国全体に一般化するのではなく、諸地域の偏差や多様性を立体的に把握しうるような全体像を構築しようとした。「地域システム論」はこうしたアプローチによる研究が共有しうる基礎理論として迎えられたのである（ポール・コーエン［佐藤慎一訳］『知の帝国主義——オリエンタリズムと中国像——』平凡社、一九八八年、二三六—二四二頁）。

地域システムは、空間的には完結性の強い経済システムであるとともに、時間的には各地域が固有の発展サイクルをもつ。「各地域の経済発展・人口史・社会政治的ダイナミクスは、それぞれ独自なリズムを持ち、中世・帝政後期には、こうした地域サイクルは、特定の頂点都市を中心とした都市システムの構築と、その後の（少なくとも部分的な）解体をともなっていた」（*The City in Late Imperial China*, "Introduction," p.16）。つまり地域システムは、同時的な空間分析の枠組みであるだけでなく、通時的な時間分析の枠組みでもある。ほぼ同時期に宮崎市定氏も、周期的な長期経済変動を古代以来の中国史の基調とみる構想を提示しているが（『中国史』上、岩波書店、一九七七年）、スキナー理論では、中国全体の同調的な発展サイクルではなく、各地域が非同調的な独自のサイクルをもつとみる点に特徴がある。

スキナー氏の地域システム論は、明清・近代史のみならず、本論集で対象とする宋代史研究にも大きな影響を与えた。特に重要な論考として、唐宋変革期から明代中期までの長期的変容を定量的手法を活用して分析した、Robert M. Hartwell, "Demographic, Political, and Social Transformation of China, 750-1550," *Harvard Journal of Asiatic Studies*, 42-2, 1982がある。ハートウェル氏は地域システム論を適用して、雲南を除く七大地域を、さらに亜地域（subregion）に区分し、各大地域・亜地域に中心部と周辺部を設定した。各大地域・亜地域、およびそれらの中心部・周辺部は、いずれもフロンティア定住期・急速発展期・システム的衰退期・平衡状態という発展サイクルをもつ。フロンティア期に中心部から始まった開発は、発展期に周辺部にも波及し、衰退期には逆に周辺部から後退する。全体としては人口的・社会経済的・政治文化的な重心の北方諸地域から南方諸地域へのシフトが顕著である。こうしたプロセスと並行して、政治的には行政権力の重心が朝廷から広域行政区（路・省）へ、州（府）から県へと移る。同時にエリート階層は、国都周辺を拠点とし、代々中央官僚を輩出する、北宋までの「職業的エリート」（professional elite）から、地方社会を基盤とし、任官を移動戦略の一選択肢とみなす、南宋以降の「地方紳士」（local gentry）へと変容したという。以上のハートウェル氏の議論は、ロバート・ハイムズ氏をはじめとする、八〇年代以降の宋代社会史研究の出発点となった。

ここで訳出した「中国史の構造」は、Association for Asian Studies の一九八四年大会における会長演説（Presidental adress）を論文化したものである。会長演説という性格上、*The City in Late Imperial China* のような大量データの分析に基づいた実証研究ではなく、自らの研究と多くの関連文献に基づいた理論的問題提起を中心としている。

本論文では、すでに *The City in Late Imperial China* で提示した、各大地域における固有の発展サイクルという構想を、まず華北（North China）・東南沿海（Southeast coast）という二つの大地域について具体的に検証し、こうした地域的発展サイクルの、王朝サイクルや気候変動との連関を考察する。さらに下位の地域システムも独自の周期的発展サイクルを持ち、それらの相互関係によって大地域全体の発展サイクルが形成されることを示す。そして階層化した空間構造（地域システム）と、それに対応する階層的な時間構造（地域的発展サイクル）からなる時空間システムを、唐宋変革期以降の中国史の大枠をなす「構造」として提示するのである。ここでいう「構造」とは、ブローデルの場合とほぼ同じく、歴史の展開を全体的に規定する、長期持続的な空間的・時間的枠組みをいうとみてよいだろう。

八〇年代以降、欧米の中国史研究では、地域システム分析を踏まえ、特定の地域・時代を対象とする研究の成果を、中国全体に一般化するのではなく、適切な時間的・空間的構造に適切に位置づけるという方法がとられるようになった。一方で日本における、いわゆる「地域社会論」的アプローチでは、どちらかといえば特定の地域・時代をひとつの実験場として、中国史を通底するメタ・ルールないし理念型を抽出しようとする志向性が強いようだ。この意味で本論文は、日本における地域社会研究にも新たな視角や構想を提供しうるのではないか。

なお最後に、本書に収めた地図について説明しておきたい。これまでスキナーの大地域システムを図示した地図として紹介されてきたのは、*The City in Late Imperial China*, pp.214-215 所掲の Map 1 であった。ただし“The Structure of Chinese History”, p.213 所掲の地図1では、上記の地図に重要な改訂が加えられている。大地域の境界に若干の修正があるほか、最大の変更点は、鄱陽湖・洞庭湖・漢水水系を包摂していた長江中流大地域（Middle Yangzi macroregion）から、鄱陽湖水系を贛—長江大地域（Gan Yangzi macroregion）として独立させたことである。これによって大地域の数は、それまでの八から九（満洲を含めれば十）に増加した。

“The Structure of Chinese History” では、特に贛—長江大地域を設定した理由に関する説明はなされていない。しかしその後スキナー氏が、Sow-theng Leong, *Migration and Ethnicity in Chinese History: Hakkas, Pengmin, and Neighbors*, Stanford University Press, 1997 のために作図した中国中南部の地図（p.22, Map I.I.）には、次のような附記がある。「贛—長江は（長江中流地域のサブシステムではなく）、別個の地域システムとして描かれている。十九世紀の前半には、贛—長江地域は長江中流よりも、むしろ長江下流とより密接に連関していたからである」。さらにこの地図では、それまで一つの連続したエリアとして描かれてきた東南沿海大地域の中心部《コア》が、亜地域ごとに四つに分離されるなど、各地域の中心部の範囲にも変更が加えられている。

さらに今回、“The Structure of Chinese History” の訳出に際し、スキナー氏から直接に、**地図1**「一八九三年ごろの農業中国における大地域システム」と、**地図2**「一八四三年ごろの東南沿海大地域」の改訂版を提供していただいた。スキナー氏は訳者への私信において、改定の理由を次のように説明している。「地域システム分析の方法論をより深めてゆくうち、*The City in Late Imperial China* 以来、各大地域がひとつの連続的な中心部を想定してきたことは実態にそぐわないことがわかった。むしろ各亜地域がそれぞれ別個の中心エリアを持つとみた方が実態に即している。そこで改訂版の地図では、東南沿海大地域については四つの非連続的な中心部を、雲貴大地域については二つの非連続的な地域を図示することにした」。**地図2**でも、東南沿岸大地域について、連続的な「地域中心部」(regional core) に代わり、四つの独立した「亜地域中心エリア」(subregional core areas) が図示されている。特に東南沿岸・雲貴の両大地域に複数の亜地域中心エリアが存在するのは、他の大地域が大河川とその支流の流域からなるのに対し、東南沿岸・雲貴は複数の分離した河川流域を含み、亜地域の独立性が強いためであろう。さらに**地図1**では、満洲・華北・長江中流・贛―長江・嶺南の各大地域における中心部の境界にも、従来の地図から変更が加えられている。このように、本書に収録した上記の二地図は、スキナー「地域システム」論を図示した地図として、国内外を問わず、現時点では最新のものである。

　原論文の英文はかなり難解であり、さらに経済学・地理学など社会科学系の述語や理論が頻出するが、こうした領域に対する訳者の知識不十分のため、不適切・不明瞭な訳語・訳文も少なくないと思われる。読者のご批正をいただければ幸いである。なお訳出に当たっては、上述のようにスキナー教授から最新版の地図をご提供いただくとともに、カリフォルニア大学ディヴィス校のカズエ・チャヴェス教授には翻訳原稿を校閲し、不適切な箇所を訂正していただいた（むろん誤訳等は訳者の責任である）。また本論集の編者である青木敦氏には、スキナー教授との連絡に際し多くのご助力をいただいた。以上のみなさまにあらためて深く感謝を申し上げたい。

Ⅱ 長江流域の諸相

静海・海門の姚氏——唐宋間、長江河口部の海上勢力——

山根直生

はじめに

西暦九五六年（後周顕徳三年、南唐保大十四年）二月、華北の後周と江南の南唐という二国の拮抗状態は、後周世宗の対南唐親征によって転機を迎えていた。この時、南唐国の支配域に属する長江河口部北岸の一帯から、一万余の集団が呉越国へと亡命している。呉越国の歴史を記した銭儼『呉越備史』には、これについて以下のようにある。

二月、王師 淮南に入る。静海軍制置使姚彦洪 家属・軍士・戸口等一万余人を率い、王に奔る（同書巻四、丙辰三年）。

ここでの「王」とは、後周との同盟関係に基づいて南唐国を挟撃しようとしていた、呉越国の銭氏である。同様の記事を載せる司馬光『資治通鑑』巻二九二、顕徳三年二月癸巳の註では、静海軍にほど近い狼山島一帯から長江を南下すれば呉越国の蘇州に達すると触れており、姚彦洪らの呉越国への亡命が故地を放棄した上での物理的な移動であったことを暗示していた。また、二年後の後周による静海軍の占領でも戦闘は生じていたらしく（同書巻二九四、顕徳五年正月壬辰）、姚氏以外の兵力が南唐国の指揮下で同地での最終的防衛に当たっていたと知られる。後周の支配域に入った同地は県へと昇格され、新設された通州の州治とされた。

一方、王象之『輿地紀勝』巻四一、通州の条は、同地および姚氏について他には見られない詳細な記録を多々伝える中で、あわせて以下のような俗話も載せている。

初め、李王　師を遣わし姚彦洪を収む。城の陥るに、彦洪　聚族自焚し、金宝を以て井中に投ず。故老の伝えるに、金の擣石有り、今風雨の夜、光の天を燭《てら》す有り、意《おも》うに其の金の宝気なり、と（同書同巻、通州、景物、上、「宝気」）。

南唐国王李氏の包囲下で集団自殺に至るというここでの姚彦洪の姿は、隣国への亡命を遂げた先の歴史事実とは相反しているけれども、同地で後世へと伝えられた姚氏像をうかがわせてくれる。それは、南唐国に対する行動の自律性という一点において、史上における実態とも通底していたのである。

姚彦洪一党とは何者であったのか。これを考察することはどのような意義を有するか。第一にそれは、海域史研究上での意義である。二国間関係史・交渉史といった従来の枠組みの超克を目指すその視座は、すでに中国史においてもいくつかの論考の上梓を見るに至っている（京都女子大学東洋史研究室編　二〇〇三、松浦　二〇〇三、など）。

しかし、相対的に史料に乏しい明清以前の時代史では、その歴史的展開の担い手となった海上・海辺の諸勢力に関して、突出した事例(1)以外の具体像を見出すことは元来きわめて困難である。すなわち、海賊行為や反乱に及んだ領袖の履歴・事跡について指摘するにとどまらざるをえず、集団としての構成や生業との関連などについてはあまり知るところとなっていない。こうした問題について従来の研究から知りうる最初期の事例は、おそらく元末方国珍の乱であろう。この乱を担った明州沖合いの蘭秀山の居民については、同時代人からも明確に「海民」「辺海の民」などと認識され、やがて倭寇との関連でもとらえられていたことが明らかにされているからである（奥崎　一九九〇、藤田　一九九七、檀上　二〇〇三）。海上・海辺の環境に応じた独自の生活形態を持つ漢族の具体像を探るとしても、南宋福建の海船戸の事例が従来の歴史的上限であろう（大崎　一九八六、一九八九、廖　二〇〇二、深沢　二〇〇三）。

こうした研究状況において姚氏一党の事例からは、唐末五代における海上勢力の内部構造、その生業や根拠地とする一帯との地域的関連性についてうかがい知ることができ、中国海域史上の早期における事例として貴重であると考える。

第二の意義は、これまた転機を迎えているという「宗族」研究上のそれである。この分野はとりわけ明清史研究において一九八〇年代以降多くの研究成果を見、また宋代史研究でも士大夫を焦点に据えての考察が蓄積され、すでにその通代的・理論的な整理と展望とが模索される段階を迎えているようである（小林　二〇〇一、遠藤　二〇〇二、井上・遠藤　二〇〇五、など）。

しかし、ここにおいても小林義廣氏は、宋代史における「宗族」研究の課題として「宗族を全面に据えて地域社会との関連を探る研究は緒についたばかりである」と述べられている（小林　二〇〇一）。氏の指摘された状況はその後の諸論考の提出によって急速に改められつつあると思うが、「宗族」と地域との相互関連を問うことは、宋代という時代の位置づけからして元来重要な意味を持っている。というのも宋代は周知の通り中国社会の一大変動期たる「唐宋変革」の一端にあたり、かつ明清時代へとつながる「近世宗族」の創成が想定される時期でもある。とすればそこでの「宗族」については、他時代史での考察にも増していっそう生成論的に展開される必要があろう。すなわち、従来注目されてきた祠堂・家譜・族産といった「宗族」の制度的側面もさることながら、そうした整理が為される以前の原基的な結合体――本論ではこれを「宗族」と区別し「同族」と呼ぶ――自体がいかにして叢生したものであったかを、唐宋間の歴史過程において、またそれぞれの地域との関連においてこそ、問い直す必要があるのではないか。

すでに筆者は同時代の徽州について、こうした関心からの微視的考察を試みた（山根　二〇〇五－A）。これは徽州特有の豊富かつ多様な史料群によってこそ可能であったが、それだけにこれと対照できる他地域の事例を求めたい。姚氏一党の中核にも同族集団の紐帯があり、後に紹介する新出墓誌では累世同居・大家族集居のそれのごとく表現されている。徽州の帯びるいくつかの特性、すなわち山間の盆地群という地勢、六朝時代には在地有力者を輩出する開発史上の早熟性、などに比して、本論に見る通州は陸地化の過程にある島嶼部であり、開発は唐末からの急進に始まるといったように、両地域はきわめて顕著な対照性を示している。と同時に、呉国・南唐国の支配下で両地域にはともに制置使という特異な官僚が配置され、政権にとっての要地と見なされていたことも知られており（畑地　一九七三）、政権と「宗族」との関連について相互に比較を図る上でも興味深い事例にできるだろう。

以下本論での主要な史料、『資治通鑑』・『輿地紀勝』・『太平寰宇記』・『続資治通鑑長編』については、それぞれ『通鑑』・『紀勝』・『寰宇記』・『長編』と略称する。また特に頻用する『紀勝』の通州の条については、初出以降その巻数を省略するものとする。

1　姚氏登場の前提――通州の地勢と王郢の乱始末――

本論の主な舞台となる通州静海県、現在の江蘇省南通市（図1参照）は、清末の実業家張謇の故郷として中国近代史上に名高い一方、前近代史研究において考察の対象とされることは稀であった。しかし唐末から五代にかけての同地は歴史地理学的情況において、また交通や産業など社会経済的情況において、きわめて興味深い特色を持つ。まず

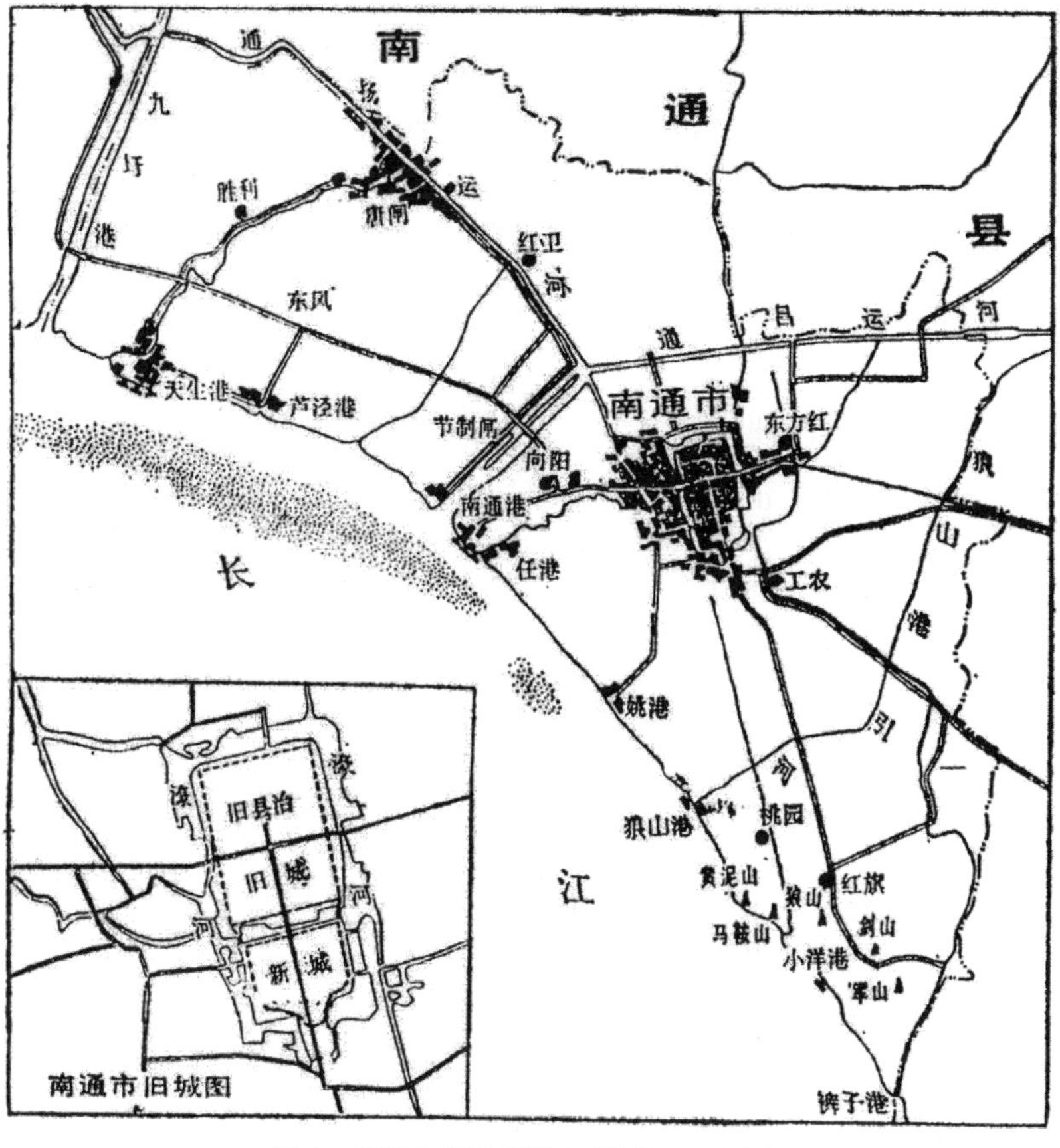

図１　南通市交通形勢図（羅輯1982より）

はその陸地化の過程について確認しよう。

唐代までの同地は、現在の崇明島に類似する中洲または小群島であった。南朝梁代には胡逗洲なる洲が出現していたことが知られ、流配者による製塩も始まっていたという。[2]その地勢の詳細をうかがう手がかりのひとつとして、王闢之『澠水燕談録』巻八、事誌に載せる狼山広教寺の記事をあげよう。

　通州狼山広教寺、唐に在りては慈航院たり、江中の山上に在り、（中略）前後乃ち江と海と相接する処なり。舟　二山の間に出づれば、水　凝石に湍《ぶつか》り、率ね覆溺するもの多し。昔、僧の其の徒を率いて楫を操り以てこれを護る有り、舟触石の患無し、故に慈航の名有り。

複雑な浅瀬や激しい潮流の展開するこのような場所での大地の形成は唐末に始まった。[3] この急速な沙漲には、唐後半期以降に進められた淮南の海岸線一帯での海塘の建設と、長江流域の開発による泥沙の流出とが働いていた（本田一九八一、北田　一九八九）。長江河口部北岸にあって海洋へと突出する半島であるという現在の地勢は、ようやく宋代に原形を現したようである。

静海県治の南に位置して長江に面する狼山ほか狼五山（図1参照）は、宋初には依然として小規模の群島であった。北宋元豊二年（一〇七九）の進士にして海門県主簿も務めた劉弇は、狼山に関して以下のような言を残している。

既にして僧の余に語る者有りて曰く、「今の山の跗するは皆な平陸と雖も、然れども前の五十載には海なり。其の深きこと蓋し碇糸千尋、能く測る莫し。而して軍山より左に転ずれば、皆な閩艘呉艦の与《とも》に渡りて、漁し且つ漕する者の出入する所なり。山の前後の石、齧蝕すること鐘釜の若し。然る者　皆な水の湔漱する所なり…」、と。

（劉弇『龍雲集』巻二三、「独遊狼山記」）。

『滬水燕談録』巻八でも、先に引用した記事に続けて「近年江水　南に徙り、山の前後みな陸田なり」とある。狼五山すべてが図2のように完全な陸地化を果たすには、実に清の康熙年間を待たねばならなかったという（羅　一九八二）。

一方、この一帯における固有の行政単位の初出は、乾符二年（八七五）の「王郢の乱」で反乱側の根拠地とされた、狼山鎮であった（『通鑑』巻二五二、同年四月）。狼山に位置したと思われるこの鎮に次いで呉国の下で現れるのが、姚氏の所在たる静海鎮と、そこから「東南、海水を隔てること二百余里」[4] の東洲鎮（のち豊楽鎮）であり、さらに崇明鎮・大安鎮などが周辺の諸州に設置された。静海鎮・豊楽鎮が後周の併呑後に静海県・海門県に昇格され、通州の領域を形成する一方、狼山・崇明・大安の三鎮はこの時すべて廃されている。[5] なお通州という名称と領域とが画定され

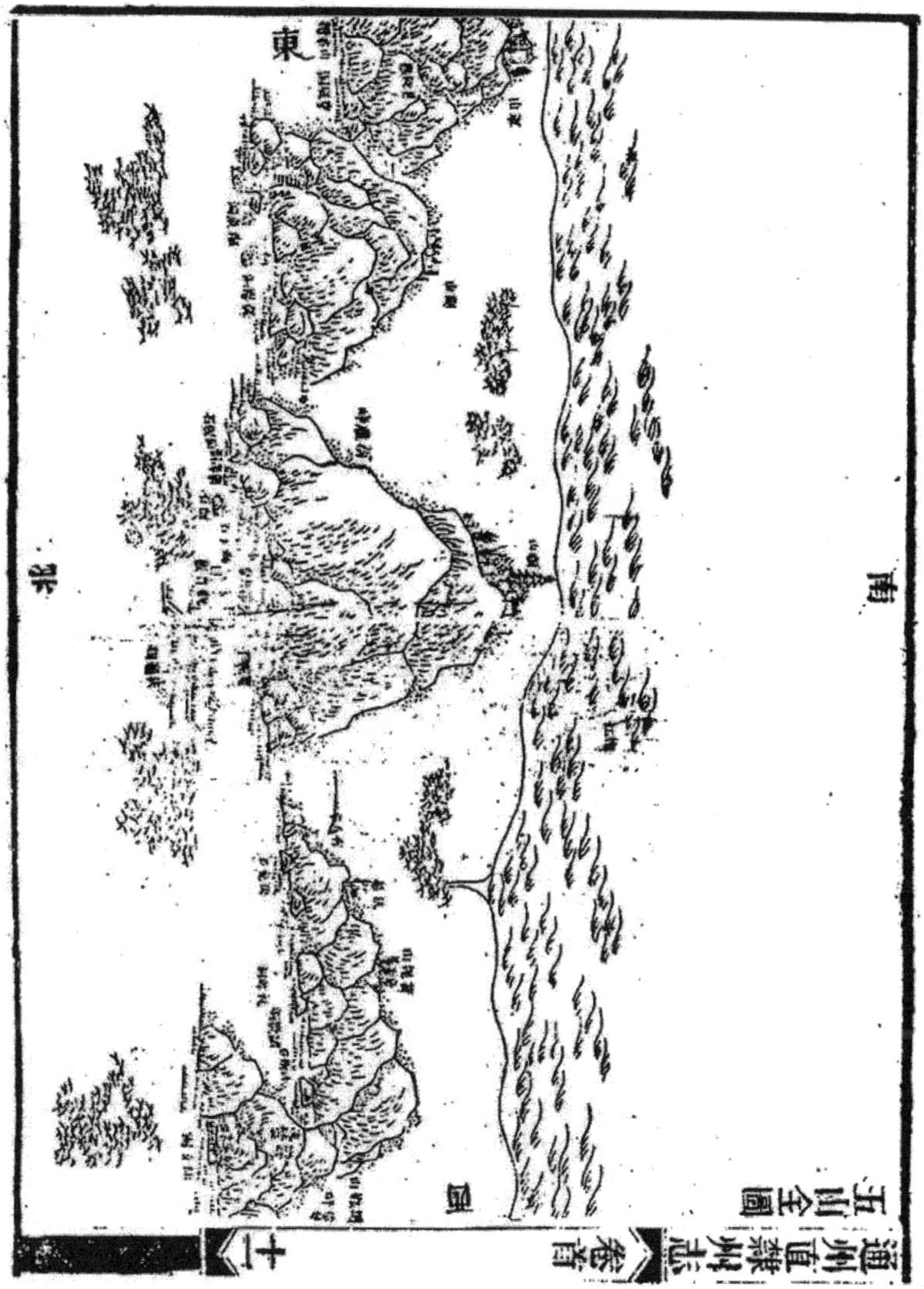

図2　光緒『通州直隷州志』巻首　五山全図
左から、軍山、剣山（刀刃山）、狼山、黄泥山（塔山）、馬鞍山。

るのは、このように後周による占領の時点であるけれども、以下本論ではこれに先立つ唐五代に関しても、その地理的空間を指して「通州」の語を用いることとする。

同地の社会経済的概況に関しては、『紀勝』巻四一、通州の風俗形勝の条に、諸人の言説を引用する形で簡潔にまとめられている。「淮南の形勢、江海の会に拠る。襟帯の藪を握ること、吾が州 多と為す」、「通の郡為るや、海に瀕して江を控し、南すれば閩粤に通じ、北すれば斉魯に通ず。民 魚塩を以て業と為す」、「南は呉会に瀕し、列壌を相い望む。旁わら呉・越に通じ、外邦に迨《およ》ぶ。風帆海道、瞬息千里たり」、「訟庭は虚多く囹圄は空隙たり、殆ど古の淳風有り」——宋代の知州によるこれらの言からは、海上交通の要衝としての通州の位置づけ、漁業・塩業を主とするという同地の産業上の特徴、などが見て取れよう。

つぎに、通州の戸口の変動に関して簡単にまとめれば以下のようである。

北宋初期	主戸	八、〇八七	客戸	二、七〇〇	（『寰宇記』、通州）
北宋中期	主戸	二八、六九二	客戸	三、二四七	（『元豊九域志』巻五、通州）
北宋末崇寧	主戸	二七、五二七	口	四三、一八九	（『宋史』巻八八、地理四、通州）
明洪武九年	戸	一六、七一四	口	六九、六四九	（『万暦通州志』巻四、戸口）
明永楽二〇年	戸	一二、四二〇	口	六一、二〇八	（同右）

本論の主題からこれらの数値を見れば、北宋初期～中期における主戸数の三倍以上もの急増が注目されよう。その要因の詳細についてここで考察する余裕はないが、先にもふれた海塘の建設、とりわけ范仲淹による天聖五年（一〇二七）の范公堰の建設が、海潮に対する農地・塩場の防護に力があったものと思われる（本田　一九八一）。唐末五代における姚氏の活動とは、これ以前の通州、すなわち入りくんだ浅瀬や潮流、大小の群島といった環境において展開されたものであった。

ここで、唐乾符年間に起こった狼山鎮遏使王郢の反乱についてやや詳細に見ておきたい。というのもこの反乱の中心こそ狼山に他ならず、姚氏の登場以前における通州一帯の情勢をうかがう恰好の事件と言えるからである。まず王郢の乱の経過を、『通鑑』巻二五二〜二五三から抜き出せば以下のようである（註記は略した）。

［乾符二年（八七五）四月］浙西狼山鎮遏使王郢ら六十九人 戦功有るも、節度使趙隠 賞するに職名を以てして衣糧を給せず。郢ら論訴するも獲ず、遂に庫の兵を劫して乱を作し、行《ゆ》くゆく党衆を収め万人に近し。蘇・常を攻陥し、乗舟往来、江にうかび海に入り、転じて二浙を掠め南して福建に及び、大いに人患を為す。

［乾符三年十一月］王郢 温州刺史魯寔に因りて降るを請う。寔 屢しば之が為に論奏し、郢に勅して闕に詣らしむ。郢 兵を擁して遷延し半年するも至らず、固く望海鎮使を求む。朝廷 許さず、郢を以て右率府率と為し、仍お左神策軍をして以て重職を補せしめ、其の先に掠する所の財、並な給与とせしむ。

［乾符四年正月］王郢 魯寔を誘い舟中に入りて之を執う。将士の寔に従う者 皆な奔潰す。朝廷 之を聞き、右龍武大将軍宋皓を以て江南諸道招討使と為し、先に徴せる諸道の兵の外、更に忠武・宣武・感化の三道、宣・泗二州の兵を発し、新旧合して万五千余人、並な皓の節度を受く。

［乾符四年二月］王郢 望海鎮を攻陥し、明州を掠め、又た台州を攻めて之を陥す。刺史王葆 唐興に退守す。二浙・福建に詔し、各おの舟師を出し以て之を討たしむ。

王郢 浙西に横行す。鎮海節度使裴璩 厳兵し設備するも之と戦を与《とも》にせず、密かに其の党朱實を招き之を降し、其の徒六、七千人を散じ、器械二十余万を輸し、舟航粟帛 是に称《かな》う。勅して實を以て金吾将軍と為す。是に於いて郢の党 離散す。郢 余衆を収め、東して明州に至る。甬橋鎮遏使劉巨容 筒箭を以て之を射殺し、余党 皆な平らぐ。

唐末諸反乱を通観された日野開三郎氏は、この王郢の乱について「鎮兵・水賊という大軍賊の事例は（中略）唐末期においても他に比類を見ない異色のものである」と評し、蜂起するや即座に一万人にも拡大した経過から「反乱予備軍としての流亡や群賊（この場合は、特に水賊）が所在に充満していたことを示す」としている（日野　一九九六・第一章、四－Ⅱ－2「王郢の叛乱」）。「襟帯の藪を握」り、「海に瀕して江を控」するという通州全体の中でも、要衝としての狼山の重要性を知らしめる事件であったと言えよう。（写真1、図2、図3参照）。

反乱そのものについてこれ以上加えるべき点はなかろうが、乾符二年四月条の胡註には、狼山の位置に関し「上れば大江に接し、下れば巨海に達す。江を絶《わた》り南に渡れば蘇州常熟県福山鎮に抵《いた》り、江に順い東すれば崇明沙に至り、帆を揚げ順に乗り、南すれば明州定海県に抵る」とあって、王郢の寇略の対象が狼山を起点とした海流・海風の便に沿うものであったことを示している。また、先掲『通鑑』の諸条において王郢らの活動の活発化が伝えられる四月・正月・二月とは、華北から両浙への渡洋にも安全を期せる春季二・三月（日野　一九八四－B・第七章、Ⅱ「貿易路と貿易期」）に前後しており、狼山周辺から洋上を南下するにも適切な時期であった。こうした動向から筆者は、王郢の乱への参加者には、少なくともその一部において広く長江河口部から両浙までの沿岸・海洋を日常的な生活圏として

写真1　狼山広教寺支雲塔より長江を望む。
写真左より東〜南〜西（2002年6月山根撮影）

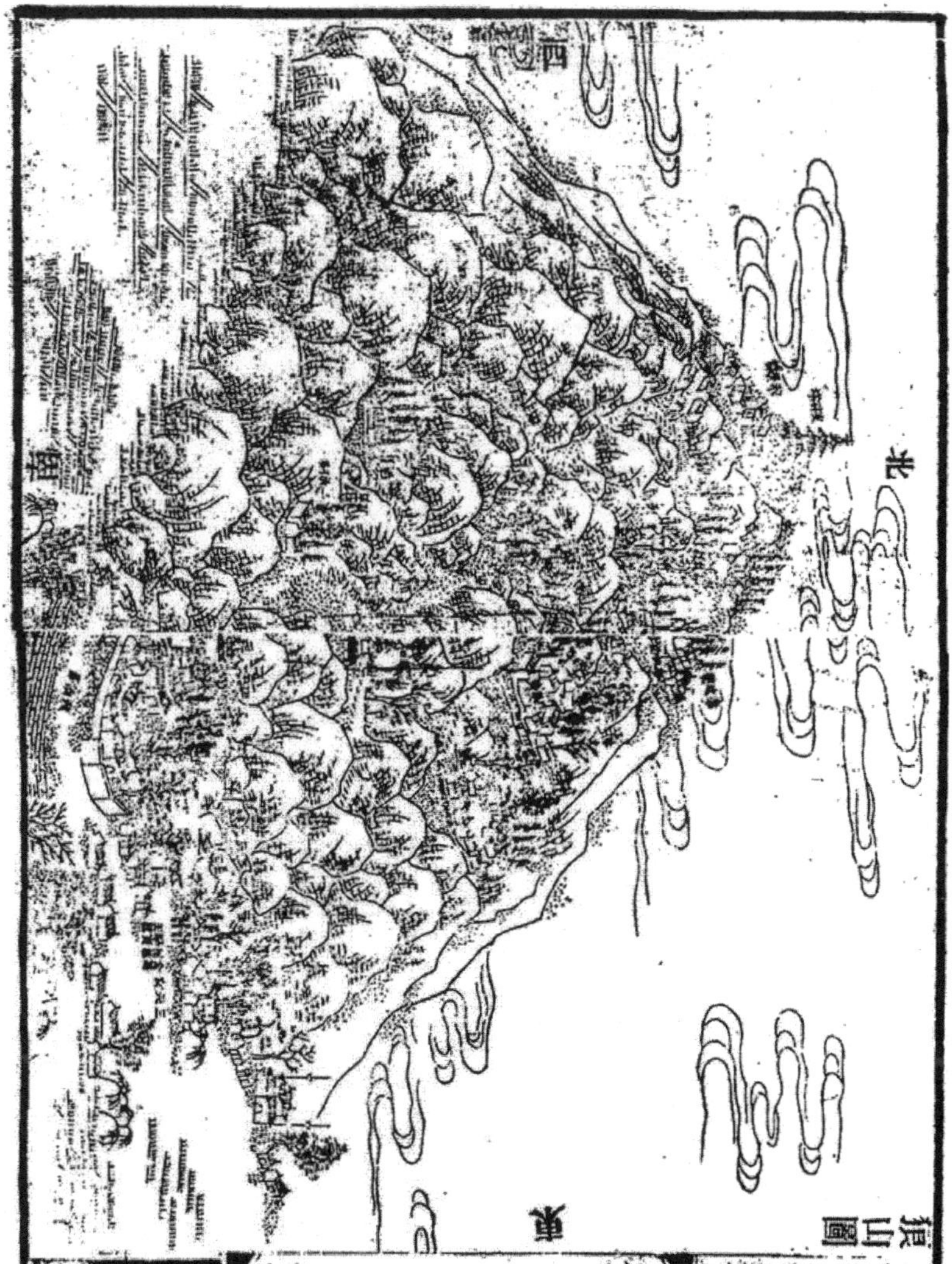

図3　光緒『通州直隷州志』巻首　狼山図
山頂に描かれているのが支雲塔。

いた存在があったと考える。

また、反乱そのものは上記のように乾符四年に終結をみたとはいえ、これに与《くみ》した勢力がその後も長江河口部一帯に残存していたと思わせる証左がある。そのひとつは、いち早く招安に応じて乱の転機を導いた朱實の処遇である。『通鑑』その他の史料では、彼に与えられた金吾将軍という招安の条件が知られるのみであるが、実は『咸淳毘陵志』巻七、歴代郡守の唐の条には「朱實　中和二年」とある。唐一代の各州刺史の人事を考証した郁賢皓氏は、この朱實について、『新唐書』巻七四、表第一四下に見える朱可南の子の實としつつも、最終的な判断を保留している（郁二〇〇〇・巻一三、常州）。中和二年（八八二）ともなれば降伏した元反将を刺史とすることは他にも例が見られ[6]、『咸淳毘陵志』の朱實はもと王郢の配下にあった朱實と見るのが妥当ではなかろうか。とすれば、長江を遡行して狼山の西南に位置する常州に、王郢の乱から五年にしてかつての乱の副将ともいうべき人物が刺史として任じられたことになる。

いまひとつの証左は、これ以後も長江河口部から下流の一帯に集散した、水戦に習熟する勢力の存在である。光啓二年（八八六）、徐州の感化節度使の下からわずか三百の衆とともに逃亡した牙将張雄と馮弘鐸（宏鐸）は、狼山の対岸である蘇州を自力占拠するや「稍く聚兵五万に至り、戦艦千餘、自ら天成軍と号」した（『通鑑』巻二五六、光啓二年十月）。翌年四月には他の勢力によって逐われるものの、「其の衆を帥いて逃れて海に入」り（同書巻二五七、光啓三年四月）、翌月には早くも再起して揚州東屯へ、さらには昇州上元を根拠地と定め（同書同巻、同年四月）、「遂に版築を増し、其の城を大にして戦守の備えと為」した（『九国志』巻二、馮宏鐸伝）。天復二年（九〇二）、宣州の田頵との水戦に敗れた際には「残士を収め海に入らんと欲」したが、彼らの三度目の興起を畏れた楊行密が自ら乗りこんで慰撫し、ついに傘下に収めたという（『旧唐書』巻一九〇、張雄伝および馮弘鐸伝）。このような彼らの浮沈の過程で、常に「海」が勢力回復の場となっていることに注意したい。

以上を要するに、唐宋間の通州一帯はようやく陸地化を遂げつつある複雑な地形の島嶼部であり、両浙・福建方面に対する——そしておそらくは山東方面に対しても——海上交通の要衝として、周囲を往来する海上勢力の集散した地域であったと想定される。姚彦洪一党が史上に姿を現すのは、このような環境を前提としてであった。

2　既存の史料に見られる姚氏一党

さて姚彦洪とその系統について従来最もまとまった記述を残しているのは、『紀勝』、通州の州沿革に引かれる『通川志』である。『通川志』は早くに失われたと思われ、その記述は後の地方志にも管見の限りほとんど残されていない。ただ『宋史』巻二〇四、芸文三によれば、撰者は孫昭先、書名は正しくは『淮南通川志』といい、全十巻であったという。『紀勝』の当該の条では、「南唐李氏、海陵県の東境に静海都鎮制置院を置く」の本文に続けて、註として以下のようにある。

五代史に云う、通州、もと海陵の東境、静海制置院を置く、と。通川志に云う、海陵の東、二洲有り、唐末割據す。存制 之に居し、東洲鎮遏使と為る。制 卒し、子の廷珪 之に代り東洲静海軍使と為る。廷珪 始めて城を築く。銭鏐 水軍を遣わして之を攻め破り、廷珪を虜とす。而して呉 又た廷珪の猶子彦洪に命じて静海都鎮遏使と為し、城池を修め、官廨を静海都鎮と号す、今城 是れなり。東洲を改めて豊楽鎮と為し、顧俊沙を崇明鎮と為し、布洲を大安鎮と為し、狼山の西を狼山鎮と為す。南唐李璟の位を嗣ぐに至り、始めて静海制置使に補す、と。

通鑑、顕徳三年にいう、唐静海制置使姚洪(7) 兵民万人を帥いて呉越の地に奔す、と。

この記事のみからも、彼ら姚氏が五代末までに少なくとも「存制」、「廷珪」、そして彦洪の三代に及んだ同族集団であったこと、静海・東洲を起点としつつ周辺の諸洲にも鎮を置き勢力を及ぼす存在であったこと、は明らかであろう。なお、ここにいう呉越国王銭鏐による水軍の派遣とは、貞明五年（九一九）三月から「戦艦五百艘」の兵力をもって行われ、狼山周辺で水戦を展開し呉越国側の勝利に終わったものである。呉国が独自に改元し「百官を置き、宮殿文物は皆な天子の礼を用い」始めたこの時期、呉越国との間では何度かの戦闘がくりかえされていた（『通鑑』巻二七〇、同年三月・四月、および六月・七月）。

いまひとつ、姚氏の一員自身が残したとされる興味深い史料が、狼山北面に現存する「狼山姚存題名」である。これは、劉弇『龍雲集』巻二三、「独遊狼山記」の先掲部分に続けて「而して其の天祚と鑱する者有るは、尚お五代姚存 艤舟の時に識を題するなり」と触れられ、また『石刻史料新編』第十三巻所載の『江蘇金石志』、金石七でも、その拓本に基づいて紹介されているものである。その全文は以下のようである。

天祚□□□□
十四日東(8)
海都鎮遏使
姚存上西都
朝覲回到之

このうち第二行末尾にはさらに「洲静」の二字をおぎなうべきであるという（穆　一九七九）。「天祚□□□□十四日、東洲静海都鎮遏使姚存、西都に上り朝覲し回りて之に到る」という、ごくごく短い内容にすぎないこの一文は、それが刻まれた時と場所をあらためて検討することで、姚氏の狼山における地位や呉国における政治的立場について、いくつかの示唆を与えてくれる。

まずその立地について、筆者は二〇〇二年一月に現地に赴き、現存する「狼山姚存題名」を参観し確認した。現在では「狼山天祚崖題刻」の名で認定されている同石刻は、拓本に基づく『江蘇金石志』の記述からはうかがえないこととして、壁面ではなく写真のように傾斜した地面に刻まれている（写真2参照）。狼山北面の絶壁には、地層に沿った直線的な剝落が現在でも一面に大規模に見られ、先掲「独遊狼山記」中の「山の前後の石、齧蝕すること鐘釜の若し。然る者、皆な水の湍漱する所なり」との言をまざまざと思い起こさせる。姚存が舟から降り立ってこの字を題したという「独遊狼山記」の説明も、十分に首肯されよう。

つぎに天祚とは呉国最後の年号であり、それが用いられた九三五年九月から九三七年十月までの、約二年の間に刻まれたものであることが知られる。この間同国では徐知誥による簒奪が、大元帥府の設置、独自の百官の整備、東都揚州に対する金陵（徐氏の治所）の西都への昇格、等々を通して、急速に実体化しつつあった。文中に見える西都とはこの金陵を指すものであり、したがってさらに同文は「金陵を以て西都と為」した天祚二年（九三六）十一月癸巳（『通鑑』巻二八〇、天福元年同月同日）以降に刻まれたものと判明する。このような時期、西都金陵での「朝覲」を狼山島において誇示するこの題名の主には、呉国の実権を掌握し簒奪の実行を待つばかりとなった徐知誥との強い結びつきがあったのではなかろうか。三代にわたって一地域を実質的に支配し続けたという『通川志』中の姚氏像からすれば、そのひとりの実態としてむしろ意外とも言うべきであろう。

ところでこの姚存の存在を、先の『通川志』で語られた姚氏三代の系統に照らせば、その第一世代「存制」は「存」・「制」のふたりと解すべきであろう。いち早く「狼山姚存題名」と『通川志』の記述を対照された穆烜氏は、ふたりという可能性も呈示しつつ、「制」の一字が誤りであるか、名は「存」、字《あざな》「存制」であろうとしてひとりという説をとっているけれども（穆　一九七九）、実はこれでは『通川志』と「狼山姚存題名」との間に編年上の矛盾が生じることになる。というのも、第二世代の「廷珪」は第一世代「制」の死後に任じられ、貞明五年（九一九）の呉越国との戦闘で捕虜とされたはずであるのに、第一世代「存」が同題名を刻んだのは、先述の通りこれより後の九三六年から

写真２　狼山北面天祚崖。矢印の箇所に姚存題名がある。
（2002年１月、山根撮影）

九三七年の間と推定されるのである。万一この水戦が九一九年のそれでなかったとしても、呉越国王銭鏐は九三二年に死亡しており（『呉越備史』巻一、長興三年三月）、これより後ということはありえない。

したがって姚氏第一世代から第二世代への継承とは、姚存・姚制の両頭首という状態から、姚制の死に際会して第二世代がその欠を補う、という過程を描いたと思われる。そして、築城などの治績は残したものの第二世代は呉越国の虜囚となり、呉国・南唐国の間の簒奪劇に際しては残った姚存が働いて、かの題名を刻むに至った、と解すべきであろう。

なお姚氏に関しては、この二種の史料以外にも従来看過されていたものとして、徐鉉『稽神録』巻四（『太平広記』巻四七一、水族八にも所載）に載せる、「姚氏」という説話を加えることができる。同書は怪異譚を中心とする説話を収集したものだが、撰者徐鉉は南唐国で高官に昇り、同国の官僚に関する任命書・墓誌をも多数残していて[9]、怪異の如何はともかくもそこでの姚氏の姿が実態からかけ離れているとは思えない。その全文は以下のようにある。

東州静海軍姚氏　其の徒を率いて海魚を捕らえ以て歳貢に充つ。時、已に将に晩れんとして魚を得ること殊に少なく、方に之を憂う。忽ち網中に一人を獲る。黒色にして身を挙げて長毛たり、拱手して立ち、之に問うも応えず。海師　曰く、「此れ所謂《いわゆる》海人なり、見れば必ず災い有るべし」、と。之を殺し以て其の咎を塞がんことを請う。姚　曰く、「此れ神物なり、之を殺すは不祥なり」、と。乃ち釈して之を祝いて曰く、「爾《なんじ》　能く我が為に羣魚を致し、以て職を闕くの罪を免れれば、信じて神と為さん」、と。毛人　水上数十歩を却行して没す。明日、魚《すなど》るに乃ち大獲、常歳に倍せり。

冒頭の「東州」とは「東洲」の誤りであろう。これを漁業史の観点から見た場合、唐宋時代までの「沿海岸漁業」の数少ない事例であるという（中村　一九七五－A）。またその操業形態については「数船にのりくんだ漁人十余人」による大網・小網を用いた漁として、隣接地域の事例から時代的妥当性が確認できる（中村　一九七五－B）。ここでは、姚氏が自ら船上にあって漁業集団の長としてふるまいつつ、「海師」とはまた異なる知識を呈示する存在として描かれていることに注意されたい。海辺に展開するにふさわしい、姚氏の生業との関わりをうかがわせる史料であると言えよう。

姚氏についてはこれらに加え、近年二種の墓誌が出土している。次節ではこれを紹介し、姚氏一党に関するさらなる知見を加えたいと思う。

3　新出史料に基づく姚氏一党の考察

（一）新出墓誌「東海徐夫人墓誌」・「姚鍔墓誌」紹介

近年南通市周辺ではいくつかの新史料が出土しており、本論が主題とする唐宋時代に関するものも少なくない。本節で紹介するのは、管見の限り現時点まで石刻集などには掲載されていない、姚氏同族集団に関わる二基の墓誌、「東海徐夫人墓誌」および「姚鍔墓誌」である。

ただし紙幅の関係から、書き下し・語釈などの詳細については別稿で述べさせていただいた（山根二〇〇五―B）。あわせてご参照くだされば幸いである。なお、墓誌全文はあえて旧字で記している。

〈「東海徐夫人墓誌」〉

まず「東海徐夫人墓誌」（以下「徐夫人墓誌」と略称）は、一九七一年に南通市の北西「南通県陳橋公社第九大隊第九生産隊」より出土したという（穆　一九七九）。本文の横に付けた丸数字は、内容に沿って便宜的に設けた段落のまとまりを示す。墓主名・撰者名以降の各段落の概要をここに示せば、①前文、②墓主たる徐夫人の系統、③夫たる姚氏の系統と事跡、④夫人自身の性質、⑤夫人とその子・家族・宗族との関係、⑥夫人と姚氏との関係、⑦夫人の死の経緯、そして銘、というものである。

なお、本墓誌では異例なことに墓主の卒年は明記されていない。後述する姚氏一党の複雑な政治的立場に起因するものであろう。よって卒年を確定することは不可能だが、夫である姚公の肩書きなどからすれば呉国から南唐国への交替は経ているので、九三七年から九五六年の間であったことが知られる。また姚公については、穆烜氏によって姚彦洪その人であろうと推定されており（穆　一九七九）、筆者もこの見解に同意する。

1　大唐国右軍散兵馬使充静海指揮使兼都鎮遏使屯田鈐轄使把捉私茶塩巡檢使東
2　都場官銀青光録大夫檢校禮部尚書右千牛衛将軍員外置同正員兼御史大夫上柱国
3　呉興姚公夫人東海郡徐氏墓銘　并序
4　　　　　　　　　　　　義豊屯田都院判官　朱　延著紀
5　粤[1]若文化區分挺鎔萬類、雖賢愚異稟而泡幻一同、矧茲寒暑逓遷春秋迭換。念隟駒之□
6　速、嗟逝浪以遄飛。繇是聖人與夢奠之文、大士著苦空之論。蓋彰厥理式序其由
7　夫[2]人家縁　上因軒冕中朝、令望弥高、風猷素遠。曾祖諱容字表儀、祖諱宗字徳衆、倶仕唐
8　歴官清途。史□家譜煥然明具、故不繁載。考諱執字茂荊、仕呉歴官左押衙知江陰鎮、県東

9 黒雲長剣両指揮都虞侯、沿江遊□使、金紫光録大夫、検校尚書右僕射、兼御史大夫上柱国。
10 夫人即令第四女也。處鍾愛中最、為淑慎中規。年十五適于
11 呉興公。其③先始祖於姑蘇蝉聯位望、為代所称。其後枝分派引、従宦過江、佐　唐呉二朝、歴
12 官四世。鎮東陲江海之奥府、静邊鄙安民庶務耕桑。復竭家財贍義勇将士一千人、設官吏
13 烈将校、上佐　国家。已安邊地、司煮海、積塩醝、峙山岳、専漕運副上供。此　公家世之積業也。
14 夫④人既偕齊體、克篤賓敬。克執婦道、柔順利貞、積善成家、雍睦親黨、履坤順義、致家肥之□□。
15 易著牝馬之貞、詩有關濉之詠、其在茲乎。夫⑤人生五子、長承鉅知東洲鎮事、　次承鏸當直□
16 都軍頭、　次承欽當直都十将。二子尚居幼稚。六女、　長適陳氏、次適席氏、次適程氏、次適王氏。二女[毀]
17 [歯]。夫人孜孜撫訓、愓愓居懐、致忠孝之道、成貞和之風、立欝成一家之規範、与衆所欽、六親所則。
18 東西両鎮家事、内外僅三百口。公⑥以邊防警過戎庶事繁、無暇留心室家、以

19　夫人貞幹恭和訓齊不二、家道翕然而匪有隳紊。公敬之以嘉賓、重之如家寶。本[7]兼

20　椿松等壽、金石方堅。無何遘疾弥留、□祈不應。縱神醫上藥復何救焉。竟於其年十月二

21　十日終于静海都鎮官舍。享年三十有八。以其年十二月十七日、葬于静海都

22　鎮管下永興場王鐸鋪界、新河北永興場運塩河東二百歩、以安玄寢。

23　公含悲茹歎、児女等哀毀咽絶。止吉日葬禮畢備。復慮桑田之變故銘。其委之□□□

24　敏。幸久依　門承命、恭謹敢讓其拙、故直書其辞。

25　有赫華宗　乃鍾淑徳　窈窕容儀　芳華窕則

26　親睦厥柔　黨規厥式　含章可貞　齊體爰克

27　繁詠伊何　無失其職　婦敬伊何　以怡其邑

28　幹家之風　朋攩大易　忽染微恙　俄悲過隙
29　筵彼玄宮　是遷斯宅　舉世皆有　其孰不忘
30　公華麗而方盛、逝水去而何忙鶩。埋玉而地厚、将刻石号天長

〈「姚鍔墓誌」〉

次に示す「姚鍔墓誌」は一九九一年に南通市区城市内より出土し、現在まで紹介記事は出されていない。その内容は、墓主名、①姚鍔の享年、死亡の年月日、②姚鍔の系統、③姚鍔の事跡、④姚鍔の兄弟と妻子、そして葬儀における彼らの様子、と簡潔なものにとどまり、銘も付されてはいない。「徐夫人墓誌」に比べれば字体もはるかに粗略である。

本墓誌でも墓主の卒年には一切年号が用いられておらず、これまた姚氏一党の政治的立場によるものと思われる。ただし「乙巳歳」とあることから、華北五代王朝でいう後晋開運二年（九四五）と見て間違いなかろう。

【録文】

1　唐故静海指揮都知兵馬使兼監察御史馮翊姚公墓誌
2　公[①]諱鍔字子明。享年二十有七、於乙巳歳仲冬月十五日、遘

3 疾奄終。　曾祖②諱□、　東洲都鎮使撿校戸部尚書。
4 祖諱珪、知西面兵馬事撿校工部尚書。　皇考諱裕、
5 呉左軍押衙充静海指揮使兼東洲静海鎮遏使撿校
6 吏部尚書。母李氏、即故旬水廉使之女也。　公乃　先使
7 第二子。祖宗之盛徳、輝煥鼎鍾、家門之高風、馨香遠邇
8 故、不更備載矣。　公③幼有奇節、長無濫為、年未及
9 冠即掌戎伍。　先使於諸子中偏嘉惜之。而自侍従
10 先使季父司空、更移雄鎮、開拓狼峯、鹽鐵之場監
11 殷繁、軍庶之営居綿廣。乃兼充都鎮都虞候。布畏
12 愛可知矣。　公④之昆仲数人、各主轄契闊、雖痛□

13　手足、而莫面別離。公娶朱氏、生子二人、倶在髫齓。於

14　戯顧倐短之命、在今古難移於吉善之門。何松椿易

15　折孰不悲哉。以其年當月二十一日、葬于都鎮東

16　北、禮也。謬奉

17　高請、敬而直書、以紀松楸。俟于陵谷、謹誌

以上が両墓誌の全文である。その内容に基づく考察を次節で述べていくこととする。

（二）姚氏一党の実態

さてまずは、姚氏同族集団のより詳細な系統を復原しよう。ここまでに見た姚氏関連の諸史料から、明らかに言える系統は以下のようである。

姚存・制 ⟶ 廷珪 ⟶ 彦洪（『通川志』）

徐容→宗→執→徐夫人
姚公（彦洪）
→承鋸ら
（「徐夫人墓誌」段落②、⑤）

姚□→珪→裕→鍔（「姚鍔墓誌」段落②）

その他、家系図復元の手がかりとできるのは、第一に呉国から南唐国へという政権の交代が、それぞれ廷珪→彦洪、執→姚公（彦洪）、裕→鍔、の間にみられること、第二に徐夫人の子らまでに「歴官四世」に及んでいたこと、などであろう。また姚鍔の名と、徐夫人の子の承鋸らの名の間に排行らしき金偏の一致が見られることから、彼らはともに第四世代に属したものと考えられる。

ここで重要となるのは、「姚鍔墓誌」に現れる墓主姚鍔の祖父にして姚氏第二世代、知西面兵馬事の珪である（段落②）。『通川志』に記された姚氏第一世代が、実は「存」・「制」のふたりの人物であろうことは先に考証した。珪の存在からすれば、第二世代「廷珪」の記述も実は先代と対になるもので、すなわちこれまた「廷」・「珪」というふたりの人物を示し、彼らはそれぞれ東洲軍使・静海軍使に任じられていた、と考えられる。「姚鍔墓誌」中でその名の一字が確定できない曾祖とは、「制」ではないだろうか（段落②）。そして姚鍔が仕えて「雄鎮に移」ったという父の季父《すえのおじ》（段落③）とは、姚鍔から見てのおじ、制置使としての権限で東洲ほか周囲の諸鎮を「雄鎮」静海鎮から統べていた姚彦洪その人であり、姚彦洪が「廷」・「珪」から見て「猶子」であった（『通川志』）というのも、同族として実子と同等の扱いを受けていたという意味に解せば、姚氏の系統全体を最も矛盾なく再構成できる。

以上の考証に加え、姚氏の後裔と知られる宋代人の墓誌、「朝請大夫知吉州姚公墓誌銘」（黄庭堅『予章黄先生文集』巻二二）、およびその夫人の「寿安県君張氏墓誌銘」（劉弇『龍雲集』巻三二）からの知見を以て作成したのが、図4である。

次に、この家系図に現れた姚氏同族集団の構成や個々人の事跡などを、前章までにみた彼らをとりまく通州一帯の環境と照らしあわせれば、その特色、注目すべき点として何を指摘できるであろうか。まず第一に気づかされるのは、姚氏が一貫して静海・東洲の両鎮を拠点とし、そこでの運営の担い手に次々と同族を充てつつ、同族結合によって諸鎮の結束を維持し続けた、その実態である。これは比較的若年での職歴が記されていると思われる姚鍔ら第四世代の職掌から如実にうかがわれることで、すなわち鍔は他の鎮（おそらく東洲鎮）から静海鎮の幹部職へ（「姚鍔墓誌」段落③）、静海鎮を治所とした姚彦洪の息子承鉅らは逆に東洲鎮の知事・軍将を務めている（「徐夫人墓誌」段落⑤）。世代上の位置づけを特定することは困難だが、「朝請大夫知吉州姚公墓誌銘」から南唐国時代での存在が知られる姚瓚も、静海・東洲の周辺に設置された鎮名を思わせる「東布洲鎮」[10]で鎮遏使[11]にまで昇ったとあり、これら後発の諸鎮へも同様の展開が行われていたことと思われる。静海鎮から東洲鎮への「海水を隔てること二百余里」の距離も彼らにとっては大きな障壁とはならず、ゆえにこそ「徐夫人墓誌」中にも、「東西両鎮の家事、内外僅《ほと》んど三百口」（段落⑤）といった累世同居のそれのような表現[12]が用いられたのであろう。姚彦洪が南唐国から任じられた、通州の諸鎮を統括する静海制置使の役職（畑地　一九七三）も、このような広域的同族結合の上にこそ実効的に機能するものであった。

つぎに指摘するべきは、このような姚氏同族集団およびこれを中核とする姚氏一党が、経済的な基盤としていた産業についてである。

「已に邊地を安んじて、煮海を司り、塩醝を積み、山岳に峙し、漕運を専らにし、上供に副う。此れ公の家、世《よよ》の積業なり」（「徐夫人墓誌」段落③）

姚氏家系図

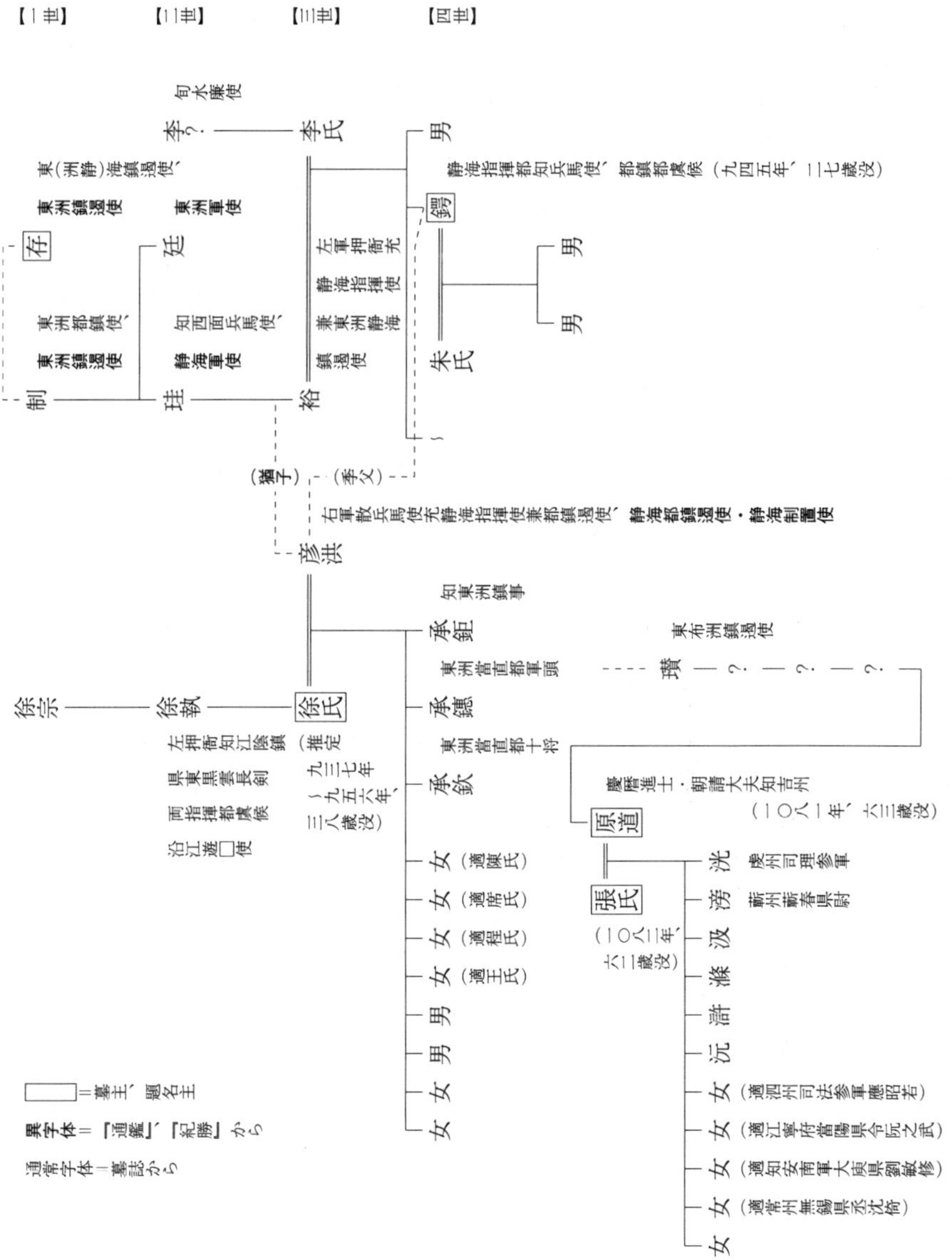
【一世】
【二世】
【三世】
【四世】
制
東洲都鎮使、東洲鎮遏使
存
東(洲静)海鎮遏使、東洲鎮遏使
珪
知西面兵馬使、静海軍使
廷
東洲軍使
裕
左軍押衙充静海指揮使兼東洲静海鎮遏使
李?
句水簾使
李氏
(猶子)
(季父)
彦洪
右軍散兵馬使充静海指揮使兼都鎮遏使、静海都鎮遏使・静海制置使
男
静海指揮都知兵馬使、都鎮都虞候(九四五年、二七歳没)
锷
朱氏
男
男
徐宗
徐執
左押衙知江陰鎮県東界雲長剣両指揮都虞候沿江遊□使
徐氏
(推定九三七年~九五六年、三八歳没)
承鉅
知東洲鎮事
承鐬
東洲営直都軍頭
承欽
東洲営直都十将
女(適陳氏)
女(適常氏)
女(適程氏)
女(適王氏)
男
男
女
女
璜
東布洲鎮遏使
?
?
?
原道
慶暦進士・朝請大夫知吉州(一〇八一年、六三歳没)
張氏
(一〇八二年、六三歳没)
洸
虔州司理参軍
滂
蘄州蘄春県尉
汲
滌
滸
沅
女(適泗州司法参軍應昭若)
女(適江寧府當陽県令阮之武)
女(適知安南軍大庾県劉敏修)
女(適常州無錫県丞沈倚)
女
□＝墓主、題名主
異字体＝『通鑑』、『紀勝』から
通常字体＝墓誌から

「而して先使の季父司空に侍従し、更に雄鎮に移り、狼峯を開拓して自り、鹽鐵の場監は殷繁にして、軍庶の営居は綿廣なり」（「姚鍔墓誌」段落③）

とある通り、それはまずもって塩業であった。と同時に彼らの開発は、あくまでも独占的な専売制度の下にあり、権力と不可分のものであった。姚彦洪の帯びた職のひとつには把捉私茶塩巡検使なるものがあり（「徐夫人墓誌」冒頭の墓主名）、周辺での私茶塩に対する機動的な巡邏に当たらされていたことが知られる。[13] その義父徐執もまた沿江遊□使なる職を帯びており（「徐夫人墓誌」段落②）、これは「私茶の徒の取り締まりを主任務に、船舶の機動力によって水上交通路を警邏する」唐末以来の遊奕使であろう（山根　二〇〇二）。

しかし、陸地化の緒についたばかりの通州という環境において、技術と資本と販路の確保とを要する塩業を中心にしたものとしては、このような形態での開発も大きな矛盾を生じるものとはならなかったのではないか。『紀勝』、通州、人物、呉、では、姚氏同族集団とまさしく重なり合う時期の、蒋司徒という人物について伝えている。

蒋司徒　本と呉郡の人なり。呉の大和中（九二九～九三五）、布洲に至り、民をして煮海を経営せしむ。塩利の獲、賦せずして羨たり、未だ幾くならずして其の竈の数を籍して国に帰す。是れより風帆浪船、奔走附集し、民区吏廛、日益《ます》ます繁夥たり。没後、民 之を祠る。保大中（九四三～九五八）、通利公に封ぜらる。

特色あるこの地方神について、残念ながら管見の限りこれ以上の知見は見出せない。しかし唐から五代にかけて、とりわけ南唐国の下においても、地方の人格神に対する廟額・封号の下賜が始まっていたことは、須江隆氏によってすでに明らかにされている（須江　一九九四）。「竈」とは、煎煮の行程に用いる盤を設置した竈屋か、あるいは製塩労働者を指す竈戸の意であろう（河上　一九九二・第四、第三章）。布洲には制置使姚彦洪の下で大安鎮が設けられており、蒋司徒自身も浙西方面から渡来するなど姚氏に類似する来歴を持っていて（「徐夫人墓誌」段落③）、直接的言及はないものの両者相互の関連を思わせる。民の區《すまい》と吏の廛《やしき》が日一日と賑わっていったという讃辞の示す官民一体の発展、そしてこれを領導する一個人・一族の突出した役割は、布洲だけでなく当時の通州一帯に、すなわち「軍庶の営居は綿廣なり」（「姚鍔墓誌」段落③）という姚氏の治績に対しても、当てはめられるものではなかろうか。

続いて注目したいのは、おそらくこうした経営を財源として彼らが形成した集団の構造、いいかえれば、呉越国への亡命の段階における姚氏一党の内実についてである。それは、冒頭に紹介した『呉越備史』に「家属・軍士・戸口等一万余人」と表されるものであった。特に「徐夫人墓誌」中にはまさしくその実態に相当する「東西両鎮家事、内外僮三百口」（段落⑤）、「義勇将士一千人」（段落③）なる記述があり、三百程度の同族、一千程度の将士という、より具体的な数字が明らかとなった。こうした一見明瞭すぎる数値は、唐宋間という時代に照らせば大きな説得力を持つ。「内外僮んど三百口」との表現が、累世同居型同族集団に対する表現に類することは前述の通りである。また、一千程度の将兵とは、唐末五代の鎮においてきわめて普遍的な兵力規模であった（日野　一九八四－A・四）。

とすれば、一万余からこれら中核的な一千数百をさし引いた、残り数千の人員が「戸口」に当たることになる。ついには姚氏に従って長江を越える亡命すら果たした彼らこそ、王郢の乱以来長江河口部に集散していた水戦に習熟する勢力や、あるいはまた船上で網を操り姚氏に従った漁民たちや、あるいはまた姚氏や蔣司徒の指導下で塩の生産に当たった竈戸などと、相互に重なり合う存在であったろう。明代蘭秀山の居民に対する「辺海の民」などのような、同時代人による独自の呼称・概念規定は無いものの、筆者は彼らの存在をもって中国史上のより早期における「海民」として理解することにしたい[14]。すなわち姚氏一党とは、第一に、その中核となっていた大型の同族集団たる姚氏ら三百人程度、第二に、姚氏により独自に養われその命令に服する将兵一千人程度、最後にこれらの外縁にあって、漁業・塩業から水戦にまで従事しつつ集散する通州一帯の「海民」、という、三層の構造をなすものであった。

最後に、姚氏同族集団の本質に関わる問題として、果たして彼らがその初発において何者として静海に現れたのか、端的に言って彼らは呉・南唐国の政権とどのような関係にあったのか、を論じておこう。唐宋間の徽州に関する先の拙論で見出された、徽州婺源県における制置使（山根　二〇〇二）の事例と比較すれば、同じく制置使でありながら三代にわたって一帯を掌握してきた姚氏同族集団は、一見きわめて土着的な存在と思われるかも知れない。

しかし、結論から言って元来姚氏はむしろ政権と非常に接近した存在ではなかったかと思う。たしかに「徐夫人墓誌」でも一千の独自の兵力と官吏・将校を設けたと記され、ほとんど独立した勢力とさえ映るけれども、一方で「狼山姚存題名」に見るように彼らは政権との連絡を有し、それを在地に誇示してもいた。第二世代の廷・珪が帯びたという「軍使」の肩書きは、静海・東洲が早くから軍号を帯びていたことを示しており、[15]このことからすれば元来両鎮は現地の自衛力の結集によって成立した「義軍鎮」ではなく、むしろより広域的な軍事力を背景として設置された「外鎮」であった可能性もある（日野　一九八四―A・四）。あらためて『通川志』をふりかえれば、そもそも通州一帯における行政機関の初出であり、王郢の乱では周辺に集散する海上勢力の拠点となった狼山鎮が、姚氏同族集団にとっては当初の根拠地とはされていない。むしろこれを東西から挟むかのように展開する静海・東洲両鎮の築城と拡充ののち、「狼山の西を狼山鎮と為す」ことによって、ようやく狼山の名が再登場している点に注意すべきであろう。「徐夫人墓誌」でも先の箇所は「復た家財を竭《つ》くして義勇の将士を贍《みた》すこと一千人、官吏を設け将校を烈《つら》ね、上に国家を佐《たす》く」と記されており（段落③）、ここであえて「上に」という一語が添えられているのは、姚氏同族集団の帯びた官僚的にして在地的という二面性を象徴するものであるという。[16]

あえて言えば姚氏とは、王郢に始まり馮弘鐸などへと移った海上勢力の指導者としての地位を内部から引き継いだわけではなく、呉国からのいわば監視役として「宦に従いて江を過ぎ」（「徐夫人墓誌」段落③）、静海・東洲に到来したのではなかったか。『稽神録』の「姚氏」が伝える漁業集団の長としての姚氏も、彼らの指導者であるとともに「海師」との異質性を強調される存在であった。徐執が長江対岸の江陰鎮で政権直属とも言うべき黒雲都駐屯部隊の幹部職に就いていること（「徐夫人墓誌」段落②）、そして何よりもこの婚族の姓が南唐国宗室の元来の姓と同じであることも、[17] 姚氏同族集団と政権中枢部との結びつきを示すものであるように思う。

このような当初の性質を超え、姚氏同族集団に独立した一勢力のごとき実力を醸成することを許し、ついには大挙亡命を可能とさせたものは何であったか。それは、江と海とに面して陸地化の過程にあったという当時の通州の特異な地勢、呉・南唐国と呉越国との境界付近という政治地理上の位置、そして、王郢以来そこに集散し姚氏の庇護下にも入った海民たちの機動的な特性、などであった。かくて姚氏一党は呉越国へ、往年の王郢の軌跡をなぞるかのように渡り、他方、その故地たる通州には、『紀勝』「宝気」に語られる順《まつろ》わぬ悲劇の一族との伝承が残されることとなったのである。

4　通州の宋代

九五八年に後周の支配域に入った通州は、同盟国である呉越国への連絡と、南唐国（この時点では江南国に改称）への侵攻という両面から枢要な地と見なされ、軍、そして県・州へと昇格された（『通鑑』巻二九四、顕徳五年正月壬辰）。静海県（鎮）城内に置かれていた「鬻塩之所」にも、この時収塩機関である利豊監が設置され、さらに宋の太平興国八年（九八三）には狼山へと移された。ここで後周・宋朝の獲得した専売塩収入の大きさからも、通州の開発の進展をうかがうことができよう。[18] 利豊監の管下には、かの徐夫人が埋葬された永興場（「徐夫人墓誌」段落⑦）ほか八場の製塩所があった。また崇明鎮・東北洲の二カ所でも太平興国五年（九八〇）から配役者による製塩が始まっている（河上　一九九二・第四）。

狼山には広教寺（または広教院）が建てられた。すでに唐代にその前身として慈航院があったことは先に述べた通りである。広教寺、およびその僧侶の知幻による山頂の支雲塔の建立時期については、宋代の史料に明確な記述がなく後代の地方志でも二説あって定かでないが[19]、知通州を務めた王随（一〇二一～一〇二三在任）が広教院記を撰していること（『紀勝』通州の碑記の条）から、太平興国年間（九七六～九八三）という説が最も信頼できる。先にあげた「独遊狼山記」に見られるように、狼山、広教寺、そして支雲塔にはこれ以後多くの科挙官僚らが訪れ、その景観をしばしば詩文に残した。それらは『紀勝』通州の詩の条、また元代以降のものは『通州直隷州志』巻二、山川志の狼山の条に一覧できる。

このような官僚・文人の旅游は宋代の社会史像からすればごく一般的なものであろうが、ここまでに見た通州一帯、中でも狼山の唐末五代史をふり返れば、統一政権による官僚制的統治の浸透に隔世の変化を見るべきであろう。

無論、新たな海上勢力が「寇」・「海賊」と称されつつ興起する局面もあった。淳化四年（九九三）、長江での「盗」の多発から江南水運の監督に当たった内殿崇班楊允恭は、通州の江上で「海賊」と戦闘している。彼自らも負傷するに及んだが、奮戦の結果ようやく「士卒 争いて進み、賊 水に赴き死する者大半、数百を擒《とりこ》にす。是れより江路 剽掠の患無し」という（『長編』巻三四、同年十二月）。これに関して重要なのは単に楊允恭が勝利したということではなく、その三年後の至道二年（九九六）、江淮発運使となっていた彼に捕縛され開封に送られた「販私塩賊三十九人」が、太宗皇帝に許され「団して一軍と為し、以て舟檝の役に備うべし、号して曰く平河と」（『長編』巻四〇、同年八月）とある通り、新たな水戦の部隊として宋朝に吸収されていることである。無頼・不逞の徒をもって新たな兵力とする宋朝の方策は、狼山あるいは通州という地域の立場から見直せば、地域から軍事力を吸い上げ剝奪する機能を発揮したところに要諦があると言えよう。

一方、宋朝の下で通州に派遣された兵員とは何者であったのか。それについてうかがわせる史料がまさしく狼山から出土している。それが、本論で紹介する第三の石刻史料、「駐軍題名石刻」である。同石刻は縦五四×横三〇×厚七センチ、一九七六年に狼山の登山道を整備する過程で出土したという（南通博物館　一九七九）。

1　□江兩岸海内都巡檢司　第一番自大中祥符五年参月内

2　宣差到　捌拾玖人係西京廣徳第十二指揮

3　捌拾玖人節級長行楊據　黄定　王招　盧鐸　毛祐　盧勝　陳濛

4　康千　呉超　麦忠　梁歸　歐千　鍾興　黎福　朱宗　何崇

5　鄭千　陳榮　王受　蔣貴　鄧意　岑嗣　巫進　胡聰　陳招

6　林探　儀欽　李榮　張嗣　謝慶　李祐　周慶　朱記　陳聰

7　柒拾人廣済軍雄武弩手第肆指揮　壹名都頭趙進

8　李方　陳賛　蘭謙　高通　張興　陳璘　王緒　賈祚　朱榮

9　楊賛　郭遇　張九　成謙　高賛　趙榮　崔進　李辛　黄嗣

10　闞順　王進　趙榮　歐榮　黄勝　施榮　叚倫　田進　劉福
11　宋榮　孫則

巡検司とは先にも述べた巡検使の官衙であり、宋代でも水陸の要衝からその周辺を巡検し、賊や私茶・私塩の徒の捕縛を主任務としたという（『宋史』巻一六七、巡検司）。「□江兩岸海内」とは、広く長江河口部一帯を管轄下としたものであろう。ここまでに見た狼山の前史からすれば、姚彦洪の帯びた把捉私茶塩巡検使や徐執の沿江遊奕使に代わったものであると言える。

以下同じく『宋史』兵志によれば、広徳軍とは殿前司の歩軍であり、広南南漢国の平定にともなってその残兵から編成され、以後にも「広南諸州兵」から補充が行われている（巻一八七、兵一、禁軍上）。広済軍とは廂兵の歩軍であり（巻一八九、兵三、廂兵）、雄武弩手は侍衛歩軍司に属した（同書巻一八七、兵一、禁軍上）。『宋史』の説く諸部隊の配置と、「駐軍題名石刻」上のそれには若干食い違う部分があるが、『宋史』兵志の内容はおよそ慶曆八年（一〇四八）のものとされており（菊池　一九八六）、「駐軍題名石刻」の大中祥符五年（一〇一二）時点からは変動があったと思われる。ここでは、広徳軍に見られるように、少なくとも額面上彼ら将兵には通州および狼山との地縁による結合の見られないことが重要である。また、石刻に見える総勢六四人の名から各姓の多少を数えても、楊姓が二人、黄姓三人、盧姓二人、陳姓六人、歐姓二人、朱姓二人、李姓四人、張姓三人、高姓三人、あとはすべて一姓一人で、陳・李など一般的な姓をのぞけば何らかの傾向を見出すことはできない。すなわち彼らが同族あるいは同姓の結合を持つものでもなかったことを示すものと言える。

地縁結合、同族結合のいずれとも無縁な彼らのような存在が、通州に置かれた暴力装置の新たな担い手であった。

このような、通州における諸機関の設置と運営の姿からは、宋朝の支配構造のあり方が地域の視点から見直せると思う。それはすなわち、一地域に対しては兵・民・財という諸権能を分割し、統一政権の行政網をもってその担い手を多地域間で組み換えるというものであった。

『澠水燕談録』巻九、雑録に載せる一記事は、通州および対岸の江陰軍において官衙の政務がきわめて閑散で、それぞれ「兩浙道院」「淮南道院」と称されたとし、その社会的背景を「士大夫の至ること罕《まれ》にして、居民 魚鹽を以て自給して盗を為さず、訟は稀にして事は簡たり」と述べている。潤色が加えられているにせよ、前代までとの変化は明らかであろう。と同時にこれはけっして、通州、あるいは広く長江河口部一帯の社会を、宋朝の官僚制的統治があますところ無く掌握した、などというものではない。示唆的なことに、「士大夫」の観念を語る同文では江陰軍の地勢を「北、大なる江に距《いた》り、地僻にして、過客鮮《すく》なし」とし、また通州のそれを「南、江を阻《へだ》つ」としていて、唐末以来一帯の海民がまさに活動の舞台としていた「江」は、往来を妨げるものとしか見なされていない。長江河口部から福建までの海上に依然彼らの活動が見られ、むしろ史料上明瞭となっていくことは先にも触れた通りである（大崎一九八六、一九八九）。つまりここでの「士大夫」の地理観念は、海民の活動範囲とはまったく反転していると言えよう。これらの記事で語られる通州の一種牧歌的な風俗とは、かつての王郢や姚氏のような突出した海上勢力への伸張を構造的に抑止しつつ、これに至らぬ段階に対しては官衙がむしろ放任的であったことの反映ではなかろうか。ここに、海民の自律性を許容する余地が残されていたように思う。

さて呉越国へと亡命した姚氏同族集団は、その後いかなる命運をたどったのだろうか。呉越国における彼らの事跡は管見の限り定かでない。しかし、先の家系図に示した通り、東布洲鎮遏使姚瓚の子孫には科挙官僚となった原道がおり、その墓誌によれば姚瓚は南唐国の滅亡に際して「田に帰し」、以後三世にわたって「みな潜徳を有し田里に在」ったという（「朝請大夫知吉州姚公墓誌銘」）。原道は明確に通州の人と称され、またその夫人張氏も同地の人であった

（「寿安県君張氏墓誌銘」）。すなわち、かつての姚氏同族集団のうち少なくとも一部は、故地通州へと帰還していたのである。

政治的軍事的状況さえ許せば、彼らにとってこうした往復はさしたる困難ではなかったのかも知れない。地方の下級官とはいえすでに男子二人は官途に就き、娘もまた同様の官吏に嫁いで、知吉州事の原道自身は遠く江西の任地で元豊四年（一〇八一）に病没している。姚氏の後裔もまた宋朝の体制下で変容を遂げつつ、その存続を図ったのである。

まとめ

五代末通州の姚彦洪一党とは何者であったのか。以上の筆者の考察によればそれは、同地一帯を実質的に支配しその開発を領導した姚氏同族集団を中心に、彼らの命に服した独自の将兵ら約一千人、同地周辺に集散しながら姚氏の下での漁・塩の労働に集まっていった「海民」という、三層の構造に基づく集団であった。急速な陸地化の途上にあった通州という環境における彼らの営みは、後世において同地の主産業となる塩業の確立に働くことになった。ただし、この営為の背後には、姚氏同族集団がおそらく通州への到来の当初から有した、政権との強い結びつきもまた不可分に作用していたのである。

さてこのように導き出された姚氏一党の実態からは、筆者の期するところであった海域史研究・「宗族」研究における意義として、いかなるものを主張できるだろうか。まず海域史研究上での、集団の内部構造を知り得る早期の事例としては、先にもくりかえした同族集団・将兵・「海民」という、三層を為していたことを指摘できた。実はこれは、唐末の黄巣集団に関して堀敏一氏の指摘した、同族たる「群従」、その保護を受けこれに依存する「亡命」、乱に際して集合する数千の「衆」という構造と、その形態において、また各層の規模においてもきわめて似通っている（堀　一九五七）。陸上海上の別を越えて、流動性の顕著な集団・勢力の間に共通した構造と言えるのではなかろうか。

またここから「宗族」研究上での意義に移れば、少なくとも姚氏の場合、三百口に達したという同族集団もけっしてそれのみで完結的に運営されていたわけでなく、同族以外の存在をその外縁に多数ともなって初めて成り立つものであったことを、特に強調しておきたい。通州一帯の直接的支配をもはや担うことはなく、文臣官僚としての変容を遂げた宋代の姚氏においては、累世同居型同族集団としての言辞も実態も見られなくなる。「徐夫人墓誌」において「六親」・「与する衆」と並置されていた両者の関係は（段落⑤）、きわめて相互補完的だったのである。

註

（1）唐代史においては、日本僧円仁との関連でも知られる新羅人張保皐（張宝高）などがあげられよう（李　二〇〇一、田中　二〇〇三、など）。

（2）『寰宇記』巻一三〇、泰州海陵県の条。胡逗洲の位置については、河上光一氏は現在の崇明島とし、羅輯氏は南通市すなわち静海県としている（河上　一九九二・第四・第三章の通州、羅　一九八二）。厳密な特定は困難であろう。

（3）『寰宇記』巻一三〇、通州、静海県の条には、州北にあったという「古横江」のこととして、「もとこれ海、天祐年中（九〇四～九〇七）に沙漲す。今、小江の東して大海に出づる有り」とある。

（4）『紀勝』、通州の海門県の条に引く『通川志』。

（5）以上の行政区分の変遷は『寰宇記』および『紀勝』の通州の条に基づくとともに、河上光一氏の整理を参考とした（河上　一九九二・第四、第三章、通州）。文中では特にふれないが、県以下の塩場の変遷についても河上氏の整理によって理解している。

（6）一例として、兗州で反乱を起こしたのち招安に応じ、浙東観察使として越州へ赴任するに至った劉漢宏を挙げておく（『呉越備史』巻一、光啓二年に付する劉漢宏伝）。

(7)『通鑑』巻二五二、顕徳三年二月癸巳の同条には「姚彦洪」とあり、『紀勝』の引用は一字を欠いている。
(8)『江蘇金石志』では「十」ではなく「廿」とされている。
(9)徐鉉『騎省集』(『徐公文集』)、三十巻。
(10)東布洲鎮という鎮名そのものは他の史料には見えないが、類似する地名として東洲鎮や、後に大安鎮の置かれた布洲が存在し、さらに泰州から通州の江上には東沛洲・東布洲があったという(『通鑑』巻二九四、顕徳五年三月辛卯の条とその註、および『紀勝』通州、景物下、「東布洲」)。
(11)史料上でも鎮将という語でまま総称されている鎮の主将は、その在任期間・軍歴によって、鎮将から鎮遏将、鎮使、鎮遏使へと昇格していくものであったことが知られる(日野　一九八四・六)。すなわち鎮遏使は鎮主将のうちでも最高位のものである。
(12)たとえば、累世同居の例として著名な江州徳安県の陳氏の場合、『永楽大典』巻三五二八、「陳氏義門」に、「七世同居して内外二百口」とある(佐竹　一九七三)。
(13)羽生健一氏の考察によれば、五代における巡検使はそれぞれ「専売違反の検挙にあたるもの、或いは集権の治安警察にあたるもの、或いは又外敵防御にあたるもの等」多様な任務を帯びるものがあったという(羽生　一九六五)。長江をはさんで呉越国を臨むという通州の地勢や、「徐夫人墓誌」中の「東の陲《ほと》り、江海の奥府に鎮し、邊鄙を静め民庶を安んじ、耕桑に務む」(段落③)「公　邊防・警遏・戎庶の事繁なるを以て、室家に留心の暇無し」(段落⑥)といった記述から、姚彦洪らの場合には外敵防御という職責・権限もこの職によって付されていたと見てよかろう。
(14)筆者の「海民」理解は日本中世史・民俗学の成果に多くを学び(金谷　一九八八、小川　二〇〇一など)、具体的には網野善彦氏の「湖沼河海を問わず水面を主たる生活の場として、漁業・塩業・水運業・商業から略奪にいたるまでの生業を、なお完全に分化させることなく担っていた人々」(網野　一九七一)との定義をとっている。
(15)軍使の例としては、『通鑑』巻二五七、光啓三年四月に見える淮寧軍使鄭漢章をあげておく。同条の註は、淮寧軍が淮南節度使高駢によって淮口に置かれたものであったことを明らかにしている。
(16)広島大学の市来津由彦氏のご教示による。

（17）宗室と姻戚関係にあれば、当然墓誌でもその点が明記されるものと思われるかも知れない。しかし本論で紹介した両墓誌では、先述したようにどの政権の紀年も用いず、服属関係への言明も避けられている。さらに南唐国においては開祖の徐知誥が元来養子であり、即位後に李姓に改めるなど複雑な背景があって、これら墓誌中で宗室との姻戚関係を秘すことも十分ありえたと考える。ただし宗・執といった徐氏の系統を他の史料から裏づけるには至っておらず、ここではあくまで可能性の指摘というにとどまる。

（18）『宋史』巻二七〇、邊玥伝に、後周の顕徳二年以降のこととして「通州を知す。玥 鬻塩を狼山に課し、歳に万余石を増す」とある。

（19）おそらく慈航院・広教寺・支雲塔という三者の建立時期が混同されているためであろう（『嘉靖通州志』巻五の方外、『万暦通州志』巻五の寺観および巻八の遺事、『光緒通州直隷州志』巻二の山川志および巻末雑記の二氏）。なお『万暦通州志』巻五の寺観の条は、広教禅寺（広教寺）の建立者として、僧幻公とともに姚彦洪の名を挙げている。同記事は建立の年代について「唐総章間（六六八～六七〇）」としており信頼しかねるが、これは後代の通州地方志が姚氏について言及する数少ない記述であり、こうした誤伝の背景にいかなるものがあったか甚だ興味を引かれる。しかし現在残念ながらこれ以上の史料を見出せない。今後の課題としたい。

参考研究

網野善彦（一九七二）「日本中世における海民の存在形態」（『社会経済史学』三六―五）
井上徹・遠藤隆俊（二〇〇五）『宋―明宗族の研究』（汲古書院）
遠藤隆俊（二〇〇二）「宋代の地域社会と宗族―その学説史的検討―」（『高知大学学術研究報告』五一、人文学科編）
大崎富士夫（一九八六）「瀕江海域の自衛態勢―とくに、福建の瀕江海域を中心として―」（『史学研究』一七三）
――（一九八九）「南宋期、福建における擾乱―とくに、走私貿易との相関において―」（『修道商学』二九―二）
小川徹太郎（二〇〇一）「海民モデルに対する一私見」（『地方史研究』二九三、五一―五）
奥崎裕司（一九九〇）「方国珍の乱と倭寇」（明代史研究会『山根幸夫教授退休記念　明代史論叢』、明代史論叢編集委員会）

金谷匡人（一九九八）『海賊たちの中世』（吉川弘文館）
河上光一（一九九二）「宋代塩業史の基礎研究」（吉川弘文館）
菊池英夫（一九八六）「北宋時代一僻地聚落の盛衰―軍隊の駐屯と引き揚げによる―」（『中村治兵衛先生　古稀記念東洋史論叢』、刀水書房）
北田英人（一九八九）「唐代江南の自然環境と開発」（『シリーズ世界史への問い1　歴史における自然』、岩波書店）
京都女子大学東洋史研究室（二〇〇三）『東アジア海洋域圏の史的研究』（京都女子大学）
小林義廣（二〇〇一）「宋代宗族研究の現状と課題―范氏義荘研究を中心に―」（『名古屋大学東洋史研究報告』二五）
佐竹靖彦（一九七三）「唐宋変革における江南東西路の土地所有と土地政策―義門の成長を手がかりに―」（『東洋史研究』第三一巻四号）
須江　隆（一九九四）「唐宋期における祠廟の廟額・封号の下賜について」（『中国―社会と文化』九）
妹尾達彦（一九八二）「唐代後半期における江淮塩税機関の立地と機能」（『史学雑誌』第九一編第二号）
田中俊明（二〇〇三）「アジア海域の新羅人―九世紀を中心に―」（京都女子大学東洋史研究室『東アジア海洋域圏の史的研究』、京都女子大学）
檀上　寛（二〇〇三）「方国珍海上勢力と元末明初の江浙沿海地域社会」（京都女子大学東洋史研究室『東アジア海洋域圏の史的研究』、京都女子大学）
中村治兵衛（一九七五―A）「唐朝の漁業政策と魚類の流通」（『中央大学文学部紀要』史学科二〇。いま、同氏『中国漁業史の研究』、刀水書房、一九九五年、第一章、に所収）。
――――（一九七五―B）「唐代の漁法と漁場」（『鈴木俊先生古稀記念東洋史論叢』山川出版社。いま、同氏先掲著書、第二章、に所収）
畑地正憲（一九七三）「呉・南唐の制置使を論じて宋代の軍使兼知県事に及ぶ」（『九州大学東洋史論集』一）
羽生健一（一九六五）「五代の巡検使に就いて」（『東方学』二九）
日野開三郎（一九八四―A）『唐末五代初自衛義軍考　上篇』（汲古書院）

――――（一九八四－B）「五代呉越国の対中原貿易」（『日野開三郎東洋史学論集』第十巻、三一書房）
――――（一九九六）『唐末混乱史考』（『日野開三郎東洋史学論集』第一九巻、三一書房）
藤田明良（一九九七）「『蘭秀山の乱』と東アジアの海域世界――14世紀の舟山群島と高麗・日本――」（『歴史学研究』六九八）
深澤貴行（二〇〇三）「南宋沿海地域における海船政策――孝宗朝を中心として――」（『史観』一四九）
堀　敏一（一九五七）「黄巣の叛乱－唐末変革期の一考察－」（『東洋文化研究所紀要』一三）
本田　治（一九八一）「唐宋時代・両浙淮南の海岸線について」（布目潮渢編『唐・宋時代の行政・経済地図の作製研究成果報告書』、昭和五三・五四年度文部省科学研究費（B））
松浦　章（二〇〇三）『中国の海商と海賊』（山川出版社）
山根直生（二〇〇二）「唐末五代の徽州における地域発達と政治的再編」（『東方学』一〇三）
――――（二〇〇五－A）「唐宋間の徽州における同族結合の諸形態」（『歴史学研究』、八〇四）
――――（二〇〇五－B）「南通市出土、五代十国期墓誌紹介」（『福岡大学研究部論集』第五巻A：人文科学編第二号）
李　基東（二〇〇一）「張保皐とその海上王国（上・下）」（『アジア遊学』二六・二七）
郁　賢皓（二〇〇〇）『唐刺史考全編』（安徽大学出版社）
南通博物館（一九七九）「江蘇南通狼山発現宋代駐軍題名石刻」（『文物』一九七九年二）
穆　烜（一九七九）「対《唐東海徐夫人墓志》的一点研究」（『文博通迅』二四）
羅　輯（一九八二）「南通歴史地理」（南京師範学院地理系江蘇地理研究室編『江蘇城市歴史地理』、江蘇科学技術出版社）
廖　大珂（二〇〇二）「宋代海船的占籍、保甲和結社制度述略」（『海交史研究』二〇〇二年第一期）

〔付記〕本論の執筆までには実に多くの方々のご協力をいただいた。史料撮影のため、南通博物苑への紹介状の執筆をお願いした浙江大学人文学院歴史系の何忠禮老師。史料の閲覧・撮影および現地での調査にご協力いただいた南通博物苑、南通図書館の諸氏。調査に同行していただいた新潟大学の榎並岳史氏。「徐夫人墓誌」「姚鍔墓誌」の検討に際してご指導をいただいた、広島大学の市来津由彦氏、同じく広島大学の岡元司氏、日本大学の須江隆氏。以上、特記して謝意を表すものである。

宋代長江中下流域における農業と訴訟

小川快之

はじめに

中国伝統社会のあり方を明らかにするためには、近年、多くの研究者が言及しているように、地域社会という視点から、また、地域的多様性に着目しながら、宋代から清代の各時代の社会像を検証する作業も必要であるとおもわれる(1)。宋代以降、経済の中心が中国南方に移り、長江中下流域において経済が発展したことを考えれば、宋代の長江中下流域（主に両浙東路、両浙西路、江南東路、江南西路）における地域社会のあり方についても明確にする必要があると考えられる。宋代長江中下流域の社会経済的状況については、所謂地主佃戸論争が行われる過程で、多くの研究者が研究を行ってきた(2)。しかし、それらの研究をみてみると、農村社会を地主・佃戸といった生産関係から論じたものが多く、農業のあり方など生産的状況から論じた研究はあまり多くはなかったように感じられる。こうしたことから考えれば、宋代の長江中下流域における農業のあり方やそれと関連した社会状況について検証しながら、この地域における地域社会のあり方について考察する必要があると思われる。

ところで、宋代の長江中下流域では、「健訟」「好訟」などと言われる（以下ではまとめて「健訟」とする）、訴訟好きの社会風潮が認識されていた(3)。例えば、黄榦の『勉斎集』巻六復漕楊江西通老にはこのように書かれている。

大抵江西健訟成風、砍一墳木、則以発塚訴。男女争競、則以強姦訴。指道旁病死之人為被殺、指夜半穿窬之人為強盗。如此之類、不一而足。

［だいたい江西では「健訟」が気風となっている。墓地の木が一本切られれば、墓が盗掘されたと言って訴訟が起こされる。男女が争い合えば、強姦されたといって訴訟が起こされる。道端で病死した人を指さして殺されたと言い、夜半に忍び込んだこそ泥を指さして強盗であると言っている。この類のことはいろいろある］

また、『名公書判清明集』（以下『清明集』と略称）巻一二懲悪門・為悪貫盈には、「饒信両州、頑訟最繁」［（江東の）饒信の両州は頑訟が最も激しい］とあり、楼鑰の『攻媿集』巻三六吏部員外郎雷潀直煥章閣知平江府には、「地大物阜、訟訴実繁」［（浙西の蘇州は）土地が広く産物が豊かで、訴訟が本当に激しい］とあり、『清明集』巻一三懲悪門・資給人誣告には、「婺州東陽、習俗頑嚚、好闘興訟、固其常也」［（浙東の）婺州の東陽県では、かたくなな態度をとりうそをつくことが習俗となっており、人々はたたかいを好み、訴訟を起こすことが、もともと常態となっている」とある。こうした状況は元末明初の両浙江西でも認識されていたようで、『教民榜文』第二三の条には、「両浙江西等処、人民好詞訟者多。雖細微事務、不能含忍、径直赴京告状」［両浙江西などでは、訴訟好きの人民が多い。ちょっとしたことでも、我慢しないで、すぐに首都にやってきて告訴する」とある。

もちろん、こうした「健訟」に関する記述は当時の人々の認識を示したものなので、実際の状況がどうであったのか、ということについてはさらに検証する必要がある。また、何州で「健訟」的な社会風潮がみられると書いてあっても、実際にその州全体がそうなのか、州の内部で違いは見られないのか、といった点についてさらに検証する必要もある。しかも、「健訟」という言葉は漠然とした概念であり、その意味する内容はそれを使う人によって若干異なる場合もある。しかし、こうした点について今後検証すべき余地があるものの、宋代の人々が長江中下流域の地域社会において訴訟が頻発する不安定な社会風潮を認識していたことは事実であるように思われる。

そこで本稿では、こうした「健訟」的な社会風潮との関連についても意識しつつ、江南西路（江西）を中心に農業のあり方とそれに関連した社会状況について検証してみたい[4]。具体的には、農業のあり方は、地理的環境（自然条件）により大きな影響を受けていたと思われるので、デルタ地域（主に鄱陽湖周辺に位置するデルタ地帯）と河谷平野地域（ゆるやかな傾斜のある扇状地）を区別して分析してみたい。なお、その際、鄱陽湖周辺のデルタ地帯に位置し、筆者が以前にその状況について検証したことがある江南東路（江東）の饒州の状況も含めて分析することにしたい[5]。

一　江西デルタ地域における農業と訴訟

まず以下では、デルタ地帯が多かった洪州、饒州、臨江軍の状況を中心にみてみることにする。洪州の状況については、『方輿勝覧』巻一九隆興府形勝所掲「南豊門記」に、「其田宜秔稌、其賦粟輸于京師、為天下最」［この地の耕地は穀物の生産に適しており、税として納められた穀物は首都に輸送されていて、その量は全国一である］とある。また、黄震の『黄氏日抄』巻七五申安撫司乞撥白蓮堂田産充和羅荘には、「大江以西、隆興吉州等処、皆平原大野、産米居多」［大江以西の隆興府や吉州などには、みな大きな平野があり、穀物が多くつくられている］とある。このように、洪州（隆興府）は、平原が多く、全国的に見ても穀物生産が盛んな州であると認識されていた。そして、洪州のデルタ地帯では、『新唐書』巻四一地理志・江南道・洪州豫章郡に、

（南昌）県南有東湖。元和三年、刺史韋丹開南塘斗門、以節江水、開陂塘以溉田。……（建昌）南一里有捍水隄。会昌六年、摂令何易于築。西二里又有隄。咸通三年、令孫永築。

［南昌県の南には東湖がある。元和三（八〇八）年に刺史の韋丹が南塘斗門をつくり、河川の水量を調節し、陂塘を建設して耕地を灌漑した。……建昌県の南一里のところには防波堤がある。これは会昌六（八四六）年に摂

県令の何易于が建設したものである。また、西二里のところにも堤防がある。これは咸通三（八六二）年に、県令の孫永が建設したものである］

とあるように、唐代後半より、堤防を建設することによって耕地が作られていた。ところが、こうしたデルタ地帯では水害もあったようで、『宋史』巻四二六程師孟伝には、「知洪州、積石為江隄、浚章溝、揭北閘、以節水升降、後無水患」［程師孟が知洪州となって、石を積んで川岸に堤防を建設し、章溝をさらい、北に水門をつくって、水位の調節を行ったので、以後、水害がなくなった］とあり、『宋史』巻四三〇李燔伝にも、「洪州地下。異時贛江漲而隄壊、久雨輒澇。燔白于帥漕修之。自是田皆沃壌」［洪州は土地が低い。ある時贛江の水かさが増して堤防が破壊され、長雨で水浸しになった。そこで李燔は路に上申してこれを修繕させた。これより耕地は肥沃な土壌となった］とあるように、度々、堤防の整備がなされていた。一方、臨江軍のデルタ地帯でも、『宋史』巻四三三程大昌伝に、

清江県旧有破坑、桐塘二堰、以捍江護田及民居地幾二千頃、後堰壊、歳罹水患且四十年。大昌力復其旧。

［清江県にはもともと破坑と桐塘という二つの堰があり、河川を防いで耕地と宅地約二千頃を守っていたが、のちに堰が壊れたので四十年もの間人々は水害にあっていた。そこで程大昌がその復旧につとめた］

とあるように、水利施設が建設されてはいたが、その維持は十分ではなく、水害が発生していた。饒州については、別稿で検証したので、詳しく述べないが、洪州や臨江軍と同様、土地が肥沃であったが、デルタ地帯が多く、水害も発生しやすく、やはり、水利施設が唐代より建設されていたが不十分な状況であった(6)。

そうした状況下で、人々はどのような農業をしていたのであろうか。洪州のデルタ地帯の状況について呉泳の『鶴林集』巻三九隆興府勧農文にはこのように書かれている。

豫章之農、只靠天幸。故諺曰、十年九不収、一熟十倍秋。惰所基也。勤則民富、惰則民貧。

［豫章（＝洪州）の農民は、ただ天のめぐみに左右されているだけである。ゆえにことわざにも、「十年に九年は

不作であるが、一度豊作になれば十倍の収穫がある」とある。これが人々が堕落する原因となっている。勤勉であれば富めるが、怠ければ貧しくなってしまう」

また、饒州のデルタ地帯の状況については、元代の史料ではあるが、張伯淳の『養蒙先生文集』巻三余干陞州記にこのように書かれている。

其東近接彭蠡。雖広袤沃衍、水潦時至則為壑。民不勤且匱。南広信、西豫章、境内穀粟絲枲仰焉。然分乎両郡、姦慝易於出没。……自昔号難治。

［饒州余干県の東方は鄱陽湖に面している。肥沃な土地が広がっているが、雨が降ると水たまりができる。民は勤勉ではないので困窮してしまう。ゆえに南の広信（＝信州路）や西の豫章（＝龍興路、宋代の洪州）から穀物や絹・麻を搬入している。そのためこの両方の郡にわたって邪悪な行為が横行している。……ゆえに昔から治めにくい土地であるといわれている］

このように洪州や饒州のデルタ地帯における農業は、土地が肥沃なので、労働力を投下しなくても、数年に一度豊作が来ることによって成り立つような不安定なものであった。こうしたことから考えると、江西デルタ地域では粗放なデルタ型の農業が行われていたものと思われる。(7)

ではこうした農業に関連してどのような社会状況が展開していたのであろうか。デルタ地帯があった饒州の状況について、『景定建康志』巻二三城闕志・諸倉・平糴倉所掲「嘉定省箚」には以下のような記述がある。

惟饒信旧来産米、郤縁溪港夏漲、則販糴貪価、多輸泄於下流。歳事或稍不登、則秋冬水涸、縦使有米接済、亦無逆水可致之利。

［饒州と信州で以前より生産されている穀物は、夏に谷川の水かさが増すと、人々がそれを売却して利益を貪っているので、多くは長江下流に流出する。少しでも不作になると、秋冬には水が涸れるので、たとえ救援するた

めの穀物があっても、運び入れることはできない」

このように人々は、金銭を得るため、生産した穀物を売却していたようである。このことから人々が利益を重視した行動をとっていたことが窺える。

また、民田（私有の耕地）の状況について、劉克荘の『後村先生大全集』巻一九二饒州州院申徐雲二自刎身死事には、「豪家欲併小民産業、必捏造公事以脅取之」［豪家は小民の財産を兼併したいと思うと、必ず事件を捏造して訴訟を起こしてそれを脅し取る］とある。このように豪家（有力者）が事件を捏造して訴訟を起こし、他人の土地を奪う行為があちこちで見られたようである。このことから考えると、民田では、訴訟を伴う土地争いが起きていたと思われる。(8) さらに民田の状況については、デルタ地帯が多かった臨江軍新淦県の父老に向けて黄榦が書いた「新淦勧農文」（『勉斎集』巻三四所掲）にもこのように書かれている。

田主債主与夫貪黠誅求、侵刻欺詐、以害我農人者。盍亦深思均気同体之義与吾衣食之所自来、相賙相給。使我農人亦得遂其生平之願、争訟不興、里閭安静。

［地主や債権者はともに貪欲に誅求を行い、人をあざむき騙し、農民に害を与えている。彼らはなぜ深く均気同体の義と自分の衣食が来たところを考えて、農民を救済しようとしないのか。もし農民たちの日ごろの願いをとげさせれば、訴訟も起こらないし、郷里も静まるであろう」

この記事から考えると、地主が農民を欺いて彼らに害を与えたことにより、訴訟沙汰が起きていたようである。具体的な状況についてはさらに検証する必要があるが、以上の内容から、江西デルタ地域の民田では、訴訟を伴う土地争いや地主と農民間の利益争いが起き、訴訟が多くなっていたらしいことは確認できる。

ところで、以上では江西デルタ地域にある民田の状況についてみてきたが、以下ではさらに没官・絶戸田（家の断絶などを理由に、官が没収した耕地）の状況についてみてみたい。陸九淵の『象山先生全集』巻八与蘇宰には以下のような記述がある。

其初出監簿陳君、初官江西。因見、臨江之新淦、隆興之奉新、撫之崇仁三県之間、有請佃没官・絶戸田者。租課甚重、罄所入不足以輸官。佃者因為姦計、不復輸納、徒賄吏胥以図苟免。春夏則群来耕穫、秋冬則棄去逃蔵。当逃蔵時、固無可追尋。及群至時、則倚衆拒捍、其強梁姦猾者如此。若其善良者、則困於官租、遂以流離死亡、田復荒棄。由是侵耕冒佃之訟益繁、公私之弊日積。

［監簿となっていた陳君は、初め江西の地方官となった。そこで彼は次のような状況を目の当たりにした。臨江軍の新淦県、隆興府の奉新県、撫州の崇仁県の三県の間では、請負耕作をさせている没官・絶戸田がある。租課（小作料）はとても重く、収穫物を全部納めても官に納入するには足りない。そのため佃戸は悪巧みをして、納入せず、胥吏に賄賂を渡して免除を受けようとしている。春夏にむらがってやって来て耕作・収穫したら、秋冬には収穫物を持って逃げてしまう。持ち去ってしまうと、もとより探し出すことはできない。むらがってやって来た時には、多いのを頼んでこばみ、その頑強で狡猾なさまはこのようなものである。そして、善良な者は、租課に苦しみ、ついには離散したり死ぬことになり、耕地も再び荒れ果てることになる。ゆえに勝手に耕作する問題に関する訴訟が多く、公私の弊害が日々増加している］

臨江軍の新淦県、隆興府の奉新県、撫州の崇仁県の三県の間は、デルタ地帯が最も多い地域である。当時官田（官有地）には、こうした没官・絶戸田以外に、屯田や営田などがあり、そこでは佃戸に請負耕作をさせ、租課を納入させていた(9)。しかし、この地域の没官・絶戸田では租課が重かったので、佃戸が納入できなくなり、佃戸は各々、租課を払わないですむように画策していた。その結果、むらがってやって来て耕作・収穫したら、収穫物を持って逃げる行為や、勝手に他人の耕地を耕作する行為が頻発し、その結果、訴訟も多くなっていた。つまり、人々は租課が高いことから、請負地にはあまり執着しなくなり、むしろそこからあがる利益をめぐって争っていた。こうした土地に定着しない農作業が可能であったのは、その農業のあり方が前述したようなデルタ型の経営形態であったからであると思われる。ところで、このように租課が重くなった背景について、同じ記事にはつづいてこのように書かれている。

陳既被召為職事官、因以此陳請、欲行責括、減其租課。以為、如此則民必楽輸、而官有実入。此其為説、蓋未為甚失、其初下之漕台、布之州県、施行之間、已不能如建請者之本旨。遂併与係省額屯田者、一概責括、亦鹵莽矣。蓋佃没官・絶戸田者、或是吏胥一時紐立租課、或是農民遞互増租剗佃、故有租重之患。因而抵負不納、或以流亡拋荒、或致侵耕冒佃、而公私俱受其害。陳監簿之所為建請者、特為此也。

［陳君はすでに職事官になっているので、このことを上申して、この耕地を統括して、租課を下げようとした。こうなれば民はきっと納入しやすいだろうし、官にも収入がある。この考え方にはとりたてて悪いところはなかったのであるけれども、路の官庁や州県をへて施行される間に、提案者の主旨が失われ、ついには省額屯田と併せて、一緒に統括され、いいかげんに措置されてしまったのである。考えるに請負耕作されている没官・絶戸田は、胥吏が臨時に租課をもうけたり、農民が互いに租課の額を増やして、剗佃をさせようとしたため、租課が重くなったのである。ゆえに租課を納めないで、ある者は耕地を捨てて逃亡し、またある者は勝手に他人の土地を耕作するようになって、公私ともに害を受けているのである。陳監簿の行った請願は、そのためになされたものだったのである］

つまり、この没官・絶戸田では請負地争いが激しく、人々は互いに租課を多く払うと言っては、剗佃（佃戸の交替）をさせていたため、租課が重くなっていたのである。この剗佃は、地主佃戸論争においてしばしば注目された事象の一つである。例えば、近世的な現象と見る宮崎市定氏の見解や、佃権が発生しない状況下で起きたとする周藤吉之氏の見解、それとは逆に佃権との関連を指摘する草野靖氏の見解などが出されている。(10) しかし、これらの研究は、必ずしも剗佃が起きた環境を十分に踏まえてなされたものであるとは言えないように思われる。再度、剗佃がどのような状況下で起きたのかということについて検証した上で、その意味について考える必要があると思われる。

ところで、こうした剗佃は、訴訟を誘発していたようである。江西デルタ地域に限った記述ではないが、『建炎以来繫年要録』巻一八〇・紹興二八（一一五八）年七月乙酉の条には、このように書かれている。

詔。諸路没官田、並令出売。時所在州県間田頗多。旧許民請佃、歳利厚而租軽。間有増租以攘之者。謂之剗佃。故詞訟繁興。

［詔にはこうある。諸路の没官田は、ならびに売却させる。時にあらゆる州県には荒れた耕地がとても多い。もともと民が請負耕作をすることを許しており、年ごとの利益が多い割に租課が安かった。しかし、次第に租課を増額して現在請負耕作をしている佃戸を追い出す者が現れた。これは剗佃と言われている。そのため訴訟が頻発するようになった］

つまり、人々は豊作時に請負地から得られる大きな利益を求めて、積極的に耕作を請負っていたが、利益を求めて相互に競合するようになり、剗佃により請負っては剗佃されるという状態が進行し、その結果訴訟が多発していたと思われる。

以上、江西デルタ地域における没官・絶戸田の状況について見てきた。そこからはデルタ地域で人々が営む粗放なデルタ型の農業のあり方に起因する不安定かつ流動的な社会状況が窺える。こうした農業経営の場合、農民はあまり労働力を投下していないため、土地への定着度は低く、彼らは個々に耕地から得られる一時的な利益を求めて行動し、互いにせめぎあっていた。こうした流動的な状況が、佃戸同士による自律的な利害調整を困難にしていたため、訴訟が頻発していたように思われる。

二　江西河谷平野地域における農業と訴訟

ここまで、江西デルタ地域の状況について主に検証してきた。では、江西河谷平野地域ではどのような状況が展開していたのであろうか。以下では、河谷平野地帯が多かった吉州と撫州の状況を中心にみて行くことにしたい。まず、吉州の状況についてでは、前掲『黄氏日抄』巻七五の記事に、「大江以西隆興吉州等処、皆平原大野、産米居多。惟本州与建昌為山郡」［大江以西の隆興府や吉州などにはみな大きな平野があり、穀物が多くつくられている。しかし、本州（＝撫州）と建昌軍は山が多い州である］とあり、『輿地紀勝』巻三一江南西路・吉州風俗形勝所掲の「宋晞顔修城状」に、「其戸口繁衍、田賦浩穣、実為江西一路之最」［吉州の戸数や人口は多く、田賦も多く、その量は江南西路で一番多い］とあり、また、同所掲の「唐皇甫湜廬陵県庁壁記」にも、「土沃多稼、散粒荊陽」［土地は肥沃で作物は多く、穀物を荊陽に搬出している］とある。さらに李正民の『大隠集』巻五呉運使啓にもこのような記述がある。

江西諸郡、昔号富饒。廬陵小邦、尤称沃衍、一千里之壌地、秔稲連雲、四十万之輸、将舳艫蔽水。朝廷倚為根本、民物頼以繁昌。

［江西の諸郡は、昔から豊かであると言われている。廬陵（＝吉州）は、とりわけ肥沃であり、一千里の土壌があり、良質米のイネが連なる雲のように（耕地に）広がっていて、四〇万石の上納があり、輸送船で河は一杯である。朝廷の重要な収入源となっており、民もこれにより繁栄している］

このように吉州は肥沃な土地が多く、穀物生産が盛んであり、人民も多くの利益を得ていた。一方、撫州に関しては、謝薖の『謝幼槃文集』巻八狄守祠堂記に、「撫於江西為富州。其田多上腴、有陂池川沢之利。民飽稲魚楽業而易治」［撫州は江西の中では富裕なほうである。その耕地の多くは良好であり、陂池川沢の利がある。民はイネや魚を十分食べ仕事を楽しんでおり、治めやすい」とあり、また、曾鞏の『南豊先生元豊類藁』巻一八擬峴台記に、「多良田。故水旱螟螣之菑少」［良好な耕地が多い。そのため水害旱魃や害虫による災いが少ない］とあるように、良好な耕地が多く農業が盛んであったようである。

では、これらの地域の人々はどのような農業をしていたのであろうか。河谷平野地帯が多かった吉州の状況について、曹彦約の『昌谷集』巻一九故利州路提点刑獄陳君墓誌銘にはこのように書かれている。

其在永豊時、訪境内水利、得旧陂十有八所。諭豪民併力疏鑿、訖事不擾。隄防既密、水積益富。用以溉田為頃二万有奇。

［陳君（元勲）が永豊県にいたとき、県内の水利を探索させたところ、もと陂だったところを十八箇所ほど発見することができた。そこで豪民を諭して開鑿させ、工事終了後徴発は行わなかった。堤防は整っており、水もますます豊かになった。それにより二万余頃の耕地が潤されている］

また、王庭珪の『盧溪文集』巻二寅陂行にはこのような記述がある。

安成西有寅陂、溉田万二千畝。歳既久、官失其籍、大姓専之、陂旁之田、歳比不登。邑丞趙君、捜訪耆老、尽得古跡。酒浚溪港、起堤閼、躬視阡陌、灌注先後、各有縄約、俾不可乱。

［安成（安福？）県の西には寅陂があり、耕地一万二千畝を灌漑していた。歳月がたって、役所の土地台帳が紛失したため、大姓（有力者）が独占して、周辺の耕地は不作となった。そこで県丞であった趙君が、耆老を尋ねて、陂の跡を全て把握した。そして、河川をさらって、堤防と堰を設け、自らあぜ道を視察して、灌漑する順番について、各々規約を定めて、混乱が起きないようにした］

このように陂（ため池）が建設され、灌漑が行われていたようである。河谷平野地帯が多かった撫州でも、前掲『謝幼槃文集』巻八狄守祠堂記に「有陂池川沢之利」とあることから考えると、やはり、陂が作られていたようである。しかし、このように陂は作られてはいたが、江西河谷平野地域の状況について、『宋会要輯稿』食貨七の四六・紹興一六（一一四六）年一一月の条に、「前知袁州張成己言。江西良田、多占山崗上、資水利以為灌漑。而罕作池塘以備旱暵」［前知袁州張成己が上申した。江西の良田は、多くは丘陵の上にあり、水利を生かして灌漑をしている。しかし、池塘（ため池）を作ってひでりに備えることはほとんどなされていない］とあるように、十分普及していると は言えない状況であった。

さらにそうした状況下における農業のあり方については、例えば『黄氏日抄』巻七八咸淳八年春勧農文に、「今撫州多有荒野不耕。……撫州勤力者、耘得一両遍、懶者全不耘」［今撫州では耕作していない荒野が多い。……撫州の働き者は中耕・除草を一、二遍するが、怠け者は全くしない］とある。大澤正昭氏の研究によれば、集約的な農業を行う手作り地主経営と粗放な農業が併存していたようである。(11)

ではそのような農業に関連してどのような社会状況が展開していたのであろうか。河谷平野地帯が多かった吉州の状況に関して欧陽守道の『巽斎文集』巻四与王吉州論郡政書にはこのように書かれている。

鋪戸所以販糴者、本為利也。彼本浮民、初非家自有米。米所従来、蓋富家実主其価、而鋪戸聴命焉。……尋常此等富家与鋪戸倶糶。小民日糴斗升於富家。既足以殺鋪戸、独糶長価之勢、而鋪戸近有此等富家可恃。若缸米偶不至、則転糴於此等、亦足以暫時応副鋪面至闕販。勧分定例之後、富家既蓄為応命之需、於是官場未開之先、鋪戸与小民、往叩其門而不応矣。……但得富家出糶価平、小民有処可糴則足矣。

［鋪戸（仲買商）が穀物を売買する理由は、利益があがるからです。彼らはもともと浮民であり、最初から自分の家に穀物があるわけではありません。穀物は仕入れに頼っていますので、富家が価格をあやつっていて、鋪戸はそれに従うだけなのです。……通常これらの富家と鋪戸はともに穀物を売却しています。小民は日々富家から穀物を購入しています。すでに富家は鋪戸を凌いでいて、独占的に穀物の売却価格を吊り上げており、鋪戸はこ

れらの富家にほとんど頼っています。穀物が船から搬入されなかった場合などは、彼らから買い入れをして、一時的に不足を補っています。公設市場が開かれる日程が決められてからは、富家は需要に応じた穀物を備蓄していて、公設市場が開かれる前には、舗戸や小民がやってきても応じません。……しかし、富家が普通の価格で穀物を売却すれば、小民は十分に買い入れることができるのです」

このように吉州の都市の富家や舗戸は都市民に穀物を売却していた。[12] このことから考えると、吉州各地で生産された穀物は県城などの都市に運ばれ、都市民を対象とした穀物売買が活発化していたように思われる。そうした状況下では、人々の売買競争が激化していたようである。前掲『巽斎文集』巻四与王吉州論郡政書には、当時の地方官が施行した、穀物価格を上げてはならないという禁令が、かえって穀物の流通を阻害し、県城の居住民を苦しめているという論旨のもと、以下のように書かれている。

市井常言。凡物之価、聞賤即貴、聞貴即賤。人聞廬陵米貴之声如此、彼有米者、豈不願乗此而争趨之。若舡隻流通趨者湊集、則即賤矣。蓋不禁米価、乃前世良守救荒之所已行也。兼糶者、但当誘之、使来不可恐之。使匿彼若米載而来、生事之徒与之喧鬨、以増価犯禁告、則所増之銭不足以了訟費。人思及此、豈復肯来。

「民間ではよく、「一般に物の値段は、安いと聞けば高くなり、高いと聞けば安くなる」と言われています。廬陵の穀物の値段がこれほど高いという話を聞けば、穀物を持っている人々は、どうしてこの機に乗じて争って赴かないでいられましょうか。そしてもし輸送船が集結すれば、ただちに値段は安くなるのです。考えますに、穀物価格の上昇を禁止しないことは、以前の名知州方が救荒（飢饉救済）の折に実施した措置です。穀物を売却する人が、誘われてやってきても恐れることはないのです。もしかくして穀物を載せてきても、ごろつきから価格を高くして禁令に違反したと言いがかりをつけられて喧嘩をふっかけられれば、高くした分の金銭では訴訟を終らせるだけの費用には足りません。人々はここまで考えて、あえて来ようとはしないのです」

この記事からは、穀物をより高い値段で売却するために、人々が争っていた状況が窺える。また、売買の場ではごろつきが暗躍しており、売却する人々との間で紛争が起きやすい状況があったようである。ここでは訴訟費用が足りないので訴訟が起こしにくい状況になっているが、逆に言えば、通常、訴訟費用が捻出できる状況下であったならば、訴訟が起こされていたとも考えられる。

ところで、以上のように穀物売買が活発化する一方で、土地交易も活発化していたようである。同じ吉州の屯田（官有地の一種）の状況について、『文献通考』巻七田賦考・官田・政和元（一一一一）年の条には以下のような記述がある。

知吉州徐常奏。諸路惟江西乃有屯田非辺地。其所立租則比税苗特重、所以祖宗時、許民間用為永業。如有移変、雖名立価交佃、其実便如典売己物。其有得以為業者、於中悉為居室墳墓。既不可例以奪売。又其交佃歳久、甲乙相伝、皆随価得佃。今若令見業者買之、則是一業而両輸直、亦為不可。而況若売而起税。税起於租、計一歳而州失租米八万七千余石、其勢便当損減上供。是一時得価、而久遠失利。

［知吉州の徐常がこのように上奏した。諸路のうち、ただ江西だけに辺境地でもないのに屯田が置かれています。この地の租課は両税に比べて特に重くなっています。というのは、祖宗の時に、民間の人々に永業（永代使用）を許していたからです。請負地交易をするときは、立価交佃という名前でなされていますが、その実態は自己の所有地を典売しているのと同じです。そこで耕作している者は、そこに家屋や墳墓がすべてあります。すでにそれを奪って売りに出すことはできなくなっています。また、交佃して久しいので、代々継承されていて、皆価に従って請負耕作をしています。今もし請負耕作者に買わせたとすれば、一つの土地に対して二つの納入額を要求することになるのでできません。まして、売りに出して税を課すことはなおさらできません。もしそうしたならば、税は租課からきていますので、州は年間八万七千余石の損失になり、上供米を減少させることになります。

これでは一時的に利益を得ても、永久に利益を失うことになります」

このように屯田では、佃戸が請負地を長期耕作しており、立佃交佃（請負地交易）も進行していた。この立佃交佃も地主佃戸論争において注目された事象の一つであり、さまざまに解釈されてきた。例えば、周藤吉之氏は、立佃交佃は佃権の売買を意味していると考え、草野靖氏は、立佃交佃の対象価銭は、佃作者が佃田に投下した資本・労働を銭額に評価したもの＝佃戸工本銭であると考えた。また、高橋芳郎氏は、立佃交佃は田土の価格に基づく承佃者相互の取引行為であると考えた[13]。この立佃交佃についても、各地域の状況に即して再検討する必要があると思われるが、そうした作業は別の機会に譲り、ここでは請負地交易が進行していた点だけを確認しておきたい。このような請負地交易の増加は、土地に関する権利関係を複雑化させ、流動的な社会状況を醸成していたと思われる。

また、江西河谷平野地域では、土地交易が活発化する一方で、水利施設に関する紛争も起きていたようである。楊万里の『誠斎集』巻一二二新喩知県劉公墓表にはこのような記述がある。

始公未仕、恤恤然有及物意。安福西寅陂、歳漑田万三千畝。擅於豪右、貧民病之。公為作均水約、上之官。事下至今利焉。

「劉公（廷直）は官僚になる前から、哀れみや慈しみを実行に移す意志をもっておられた。安福県の西部にあった寅陂は、毎年耕地一万三千畝を灌漑していた。しかし、豪右（有力者）が独占していたので、貧民が害を受けていた。そこで、劉公は水の量を均等にする規約を作成して、官に上申された。それは実施されることになり、現在に至るまで利益がある」

これは、前述した吉州安福県にある寅陂の状況について述べたものであり、前掲『盧溪文集』巻二寅陂行にある「官失其籍、大姓専之、陂旁之田、歳比不登」という事実のことを言っているものと思われる。これらの記事の内容を整理すると、南宋時代、寅陂が有力者に独占され、周辺の人々（貧民）の耕地に水が行き渡らなくなり、人々が害を受けていたため、劉廷直が水の量を均等にする規約を県に上程し、趙県丞が措置を行ったということになる。このことから、当時、水利施設の利用をめぐって、人々が争う状況があったことが分かる。また、劉廷直が危機感をもって対応策を考えたが自力では有力者の横暴を抑えられなかったので、地方官の力を借りて問題に対処したことから考えると、郷村では劉廷直のような有徳の有力者が協調的な秩序づくりを目指していたが、その指導力には限界があったようである。つまり、農業をめぐって起こされた紛争が郷村では解決されにくい状況にあったようにも思われる。

こうした状況については、さらに、曾鞏の『南豊先生元豊類藁』巻一七分寧県雲峯院記に以下のような記述がある。

分寧人勤生而嗇施、薄義而喜争。其土俗然也。自府来抵其県五百里、在山谷窮処。其人修農桑之務。……田高下磽腴、随所宜雑殖五穀、無廃壌。……富者兼田千畝、廩実蔵錢、至累歳不発。然視捐一錢、可以易死。寧死無所捐。其於施何如也。其間利害、不能以稊米、父子兄弟夫婦、相去若奕棋然。於其親固然、於義厚薄可知也。長少族坐里閭、相講語以法律、意嚮小戻、則相告訐、結党詐張、事関節以動視聴。……其喜争訟、豈比他州県哉。

［分寧県の人々は勤勉ではあるが、人への施しに関してはけちけちしており、義に薄く争いが好きである。これは土地の風俗がそうさせているのである。隆興府の府治から本県までは五百里あり、本県は山間のどんづまりにある。人々は農業と養蚕の仕事を学んでいる。……耕地の高い低い瘠せたり肥えたりしているのに応じて、適切な五穀をいろいろとまじえて栽培しているので、荒地はない。……富裕な者は耕地を千畝も兼併しており、倉の穀物や金銭は、何年もの間持ち出すことのないほどである。しかし、一銭でも人に与えるくらいなら、命と交換してもよいと思っている。たとえ死んでも人に与えはしない。この地の人々の施しに対する態度がどのようであるかはこれでわかるであろう。お互いの利害となると、ささいなことであっても、父子兄弟夫婦であっても、囲碁を打つ時のように敵味方になってしまう。親族の間でもこのようであるから、義に厚いか薄いかは分かるであろう。年長者も若者も郷里の入り口にむらがり坐って、互いに法律のことを話しあい、おもわくが少しでも違う

と互いに相手の悪事を暴き立てて告訴し、徒党を組んであざむきたぶらかし、賄賂を使って官吏の耳目をまどわしている。……この県の人々の訴訟好きは、他の州県と比べられないほどである」

以上の内容にはもちろん強調して書かれているところもあると思われるが、そこから、洪州の河谷平野地帯では、農業が盛んな一方で、人々が金銭に執着して、互いに利益をめぐって争い、訴訟合戦が頻発する傾向が見られたことは窺うことができる。こうしたことから考えると、河谷平野地帯で一定の比重をもち手作り地主経営をしていたとされる「中産」の人々（有力者）は、互いにせめぎあっていたように思われる(14)。

以上、江西河谷平野地域における農業に関連した社会状況について見てきた。そこからは、農業が盛んな状況下で、穀物売買や屯田における請負地交易が活発化していたが、人々が利害を自律的に調整せずに争いあう傾向がみられ、訴訟も頻発していたことが見てとれる。

三　浙西デルタ地域と浙東河谷平野地域における農業と訴訟

ここまで江西デルタ地域と江西河谷平野地域の状況について見てきたが、両浙西路（浙西）にもデルタ地帯は見られ、また、両浙東路（浙東）でも河谷平野地帯は見られた。では、それらの地域の農業のあり方とそれに関連した社会状況はどうだったのであろうか。以下では、この点について、従来の研究を参照しながら、初歩的な考察をしてみたい。

宋代の浙西デルタ地域の農業のあり方については、従来からさかんに研究され、多くの研究成果が存在している。そうした研究成果をもとに状況を整理するとこのようになる。圍田の造成（＝堤防で土地を囲んで耕地を整備する作業、湛水田の乾田化）も進展してはいたが、デルタ型の粗放な農業経営（豊作のときには多大な利益があがるが不安定な農業）

が主流であった。また、造成された囲田も、その造成秩序は未整備であったため、不安定な状況にあった。こうした状況であったため、この地域では、「手作り」というよりは「まるなげ」的な地主経営が行われ、大土地所有が進行していた。この地域の社会は、主に、ごく少数の大地主層と大多数の下層主戸層からなる社会であった（中産・自作農層を欠いた社会であった[15]）。

ではそうした農業に関連してどのような社会状況が展開していたのであろうか。このことについては、例えば、晁補之の『雞肋集』巻六五奉議郎高君墓誌銘に、「佃戸靳輸主租、訟由此多」［佃戸が地主に租課を納入するのを惜しんでいたため、訴訟が多かった］とある。このように民田では、佃戸が地主に対して抗租（租の不払い）をしていたようである。この抗租も、地主佃戸論争において注目された事象の一つである。ここではその動向について詳しく触れる余裕はないが、従来の研究成果によれば以下のような状況が展開していたようである[16]。宋代の浙西デルタ地域では、農業のあり方が不安定であったため、欠租（租の未払い）が起きていた。またその一方で、上記のように、収穫しても抗租をする佃戸も出現していたが、地主は自力では未回収の租を徴収できなかったため、訴訟を起こしていた。このように地主（大地主）と佃戸（下層主戸）の間で農業的利益をめぐる争いが起き、さらにそれが訴訟に発展していたようである。その実態や背景についてはさらに具体的に検証する必要があるが、上記のようにこの地域では、粗放な農業が主流で、「まるなげ」的な地主経営が広く行われていたことにより、地主と佃戸の関係が希薄になり、両者が個々に利益を追求して行動していて、相互の利害調整ができにくい状況になっていたことも関係しているように思われる。

一方、浙東河谷平野地域では、従来の研究によれば、中産・自作農層と下層主戸層が多く、中産・自作農層の人々（富戸）が小規模な陂塘（ため池）を作って集約的な農業を行っていたようである[17]。ではそうした農業に関連してどのような社会状況が展開していたのであろうか。例えば、河谷平野地帯が多かった婺州で起きた事件について、宋濂の

『宋学士全集』巻二一故王府君墓誌銘には、「里中有池塘、延袤可二十畝。其二婚家力争之、数訟於有司、不決。…」［里の中には池塘があり、広さは二十畝ある。姻戚関係にある二つの家がこの耕地を争っていて、しばしば役所に訴訟を起こしているが、決着はついていない。…］と書かれている。また、呂祖謙の『呂東萊文集』巻七朝散潘公墓誌銘には、「婺田恃陂塘為命、天不雨、尺競寸攘、闘鬩斃踣者相望」［婺州の耕地は陂塘が命綱となっており、雨が降らない時は、少しの土地を争って、たたかい倒れる者を目にする］とある。こうした記事から考えると、浙東河谷平野地域では、中産・自作農層の人々同士が陂塘や耕地をめぐって争うような相互の利害調整がされにくい状況となっていて、その結果、訴訟も起きていたようである。

おわりに

本稿では、宋代長江中下流域の地域社会のあり方を探る作業の一環として、農業のあり方とそれに関連した社会状況について検証してきた。その内容を整理するとこのようになる。

宋代の江西デルタ地域では、粗放なデルタ型の農業経営（豊作のときには多大な利益があがるが安定性は低い農業）が主流となっていた。こうした状況の下で、人々は穀物を売却するという利益を重視した行動をとっていた。民田では、不正な訴訟を伴う土地争いや地主と農民間の利益争いが起き、訴訟が多くなっていた。没官・絶戸田では、請負地争いが発生して剗佃が増え、その結果租課が重くなると、定着しなくても可能な粗放な農業経営が主流となっていたこともあって人々が土地に執着しなくなり、むらがってやってきて耕作・収穫したら、収穫物をもって逃げる行為や勝手に他人の耕地を耕作する行為が多くなっていた。その結果、佃戸同士による利害調整がされにくい状況となり、訴訟が頻発していた。浙西デルタ地域も、江西デルタ地域同様に、粗放なデルタ型の農業が主流であった。この地域では、大土地所有が普及していたが、「まるなげ」的な地主経営が主流であったため、地主佃戸間の利害調整がされにくく、そうした状況下で、農業的利益をめぐる争いが起き、さらにそれが訴訟に発展していた。

一方、江西河谷平野地域では、集約的な農業を行う手作り地主経営と粗放な農業が併存していた。そうした状況の下で、穀物売買や屯田における請負地交易（立価交佃）が活発化していた。そして、人々が利害を自律的に調整せず、争いあう傾向がみられ、穀物売買争いや有力者による水利施設の独占などが起き、訴訟も頻発していた。浙東河谷平野地域でも、中産・自作農層の人々が陂塘を作って集約的な農業を行っていたが、彼ら同士が陂塘や耕地をめぐって争うような相互の利害調整がされにくい傾向がみられ、その結果、訴訟も起きていた。

このように、宋代の長江中下流域のデルタ地域と河谷平野地域では、農業をめぐる利害の自律的な調整がされにくい不安定な社会状況が出現していた。そして、そうした社会状況は訴訟を誘発していた。こうしたことが、この地域を「健訟」の地と見なした人々の認識に大きな影響を与えていたと考えられる。ただ、その社会状況は、江西・浙西のデルタ地域と江西・浙東の河谷平野地域では、かなり異なっていた点については留意すべきである。江西デルタ地域の没官・絶戸田では、定着しなくても可能な粗放な農業経営が主流であったこともあり、佃戸同士が土地に定着せず、一時的な利益を追求してせめぎあうようになって、訴訟が頻発していた。浙西デルタ地域では、「まるなげ」的な地主経営が広く行われていたために、訴訟が多くなっていた。それに対して、江西や浙東の河谷平野地域では、集約的な農業が普及していたが、有力者（中産・自作農層の人々）同士が水利施設などをめぐってせめぎあっていたために、訴訟が頻発していた。今後は、こうした差異を考えながら、宋代長江中下流域における地域社会のあり方についてさらに探究する必要がある。そして、こうした性格の異なる社会状況が、その後（特に明代の里甲制下において）どのように変容していったのか、ということについても検証する必要がある。

なお、農業のあり方とそれに関連した社会状況に関しても、本稿では初歩的な考察しかできなかった両浙や、江西デルタ地域の民田の状況などについてさらに検証する必要がある。また、社会経済史に関する先行研究との関連についても、触れられなかった点が多く、さらに考察する必要がある。さらに、本稿では、ごく大雑把にデルタ地域と河谷平野地域を分けて分析したが、地域社会の具体的なあり方を明らかにするためには、できうる限り、地域的状況について細微な検証作業を行う必要もある。いずれも今後の課題としたい。

註

（1）以下の文献等参照。三木聰「明清時代の地域社会と法秩序」（『歴史評論』五八〇、一九九八年）。岡元司・勝山稔・小島毅・須江隆・早坂俊廣「相互性と日常空間―「地域」という起点から―」（『宋代人の認識―相互性と日常空間―〔宋代史研究会研究報告第七集〕』、汲古書院、二〇〇一年所収）。

（2）宮澤知之「宋代農村社会史研究の展開」（『戦後日本の中国史論争』、河合文化研究所、一九九三年所収）等参照。

（3）以下の文献等参照。赤城隆治「南宋期の訴訟について―「健訟」と地方官―」（『史潮』新一六、一九八五年）。大澤正昭編著『主張する〈愚民〉たち―伝統中国の紛争と解決法―』（角川書店、一九九六年）。青木敦「健訟の地域的イメージ―一一～一三世紀江西社会の法文化と人口移動をめぐって―」（『社会経済史学』六五―三、一九九九年）。植松正「元朝支配下の江南地域社会」（『宋元時代史の基本問題』、汲古書院、一九九六年所収）。拙稿「宋代信州の鉱業と「健訟」問題」（『史学雑誌』一一〇―一〇、二〇〇一年）。同「宋代饒州の農業・陶瓷器業と「健訟」問題」（『上智史学』四六、二〇〇一年）。同「『清明集』と宋代史研究」（『中国―社会と文化』一八、二〇〇三年）。

（4）検証作業を進めるにあたり、以下の文献を参照した。斯波義信『宋代江南経済史の研究』（汲古書院販売、一九八八年）。大澤正昭『唐宋変革期農業社会史研究』（汲古書院、一九九六年）。牟発松『唐代長江中游的経済与社会』（武漢大学出版社、一九八九年）。黄玫茵『唐代江西地区開発研究』（国立台湾大学文学院、一九九六年）。地濃勝利「南宋代の江南西路産米の市場流通について」（『集刊東洋学』三八、一九七七年）。許懐林『江西史稿（第二版）』（江西高校出版社、一九九八年）。

（5）前掲拙稿「宋代饒州の農業・陶瓷器業と「健訟」問題」。

（6）前掲拙稿「宋代饒州の農業・陶瓷器業と「健訟」問題」。

（7）大澤正昭「宋代「河谷平野」地域の農業経営について」（『上智史学』三四、一九八九年、後に前掲『唐宋変革期農業社会史研究』所収）参照。

（8）前掲拙稿「宋代饒州の農業・陶瓷器業と「健訟」問題」参照。

（9）柳田節子「宋代の官田と形勢戸」（『学習院大学文学部研究年報』二六、一九八〇年、後に『宋代社会経済史研究』、創文社、一九九五年所収）等参照。

（10）各氏の論文は以下のとおり。宮崎市定「宋代以後の土地所有形体」（『東洋史研究』一二―二、一九五二年、後に『宮崎市定全集』一一、岩波書店、一九九二年所収）。周藤吉之「宋代佃戸の剗佃制―官田を中心として―」（『野村博士還暦記念論文集―封建制と資本制』、有斐閣、一九五六年、後に『唐宋社会経済史研究』、東京大学出版会、一九六五年所収）。草野靖「宋代の剗佃」（『史艸』一一、一九七〇年）。

（11）前掲大澤「宋代「河谷平野」地域の農業経営について」参照。

（12）前掲地濃「南宋代の江南西路産米の市場流通について」参照。

（13）各氏の論文は以下のとおり。周藤吉之「宋代官田の佃権売買―資陪又は酬価交佃について―」（『東方学』七、一九五三年、後に『中国土地制度史研究』、東京大学出版会、一九五四年所収）。草野靖『中国近世の寄生地主制―田面慣行』（汲古書院、一九八九年）。高橋芳郎「宋代官田の所謂佃権について―その実体と歴史的位置―」（『史朋』五、一九七六年、後に『宋代中国の法制と社会』、汲古書院、二〇〇二年所収）。同「宋代官田の「立価交佃」と「一田両主制」」（『東北大学東洋史論集』四、一九九〇年、後に前掲『宋代中国の法制と社会』所収）。

（14）前掲大澤「宋代「河谷平野」地域の農業経営について」参照。

（15）以下の文献等参照。足立啓二「宋代両浙における水稲作の生産力水準」（『文学部論叢〈熊本大〉』一七、一九八五年）。大澤正昭「〝蘇湖熟天下足〟―「虚像」と「実像」のあいだ―」（『新しい歴史学のために』一七九、一九八五年、後に「宋代「江南」の生産力評価をめぐって」と題を改め、前掲『唐宋変革期農業社会史研究』所収）。宮澤知之「宋代先進地帯の階層構成」（『鷹陵史学〈仏教大〉』一〇、一九八五年）。下層主戸とは、零細土地所有者で、請負耕作などで家計を補完している者。主戸とは、税産を有して両税を負担する者。

（16）以下の文献等参照。前掲周藤『中国土地制度史研究』。柳田節子「宋代土地所有制にみられる二つの型－先進と辺境－」（『東洋文化研究所紀要』二九、一九六三年、後に前掲『宋元社会経済史研究』所収）。草野靖「宋代の頑佃抗租と佃戸の法身分」（『史学雑誌』七八－一一、一九六九年）。高橋芳郎「宋代の抗租と公権力」（『宋代の社会と文化〈宋代史研究会研究報告第一集〉』、汲古書院、一九八三年、後に前掲『宋代中国の法制と社会』所収）。丹喬二「南宋末江南デルタにおける抗租について－黄震『慈渓黄氏日抄分類』の分析を中心に－」（『史叢〈日大〉』三一、一九八三年）。徳永洋介「南宋時代の紛争と裁判－主佃関係の現場から－」（『中国近世の法制と社会』、京都大学人文科学研究所、一九九三年所収）。

（17）以下の文献等参照。渡辺紘良「宋代福建・浙東社会小論－自耕農をめぐる諸問題－」（『史潮』九七、一九六六年）。本田治「宋代婺州の水利開発－陂塘を中心に－」（『社会経済史学』四一－三、一九七五年）。前掲宮澤「宋代先進地帯の階層構成」。上田信「明清期、浙東における生活循環」（『社会経済史学』五四－二、一九八八年）。前掲大澤「宋代「河谷平野」地域の農業経営について」。

［追記］　本稿は、中国社会文化学会二〇〇四年度大会（二〇〇四年七月一〇日）自由論題報告・セッション１「宋元時代、基層社会の日常空間」において「宋代長江流域における農業と訴訟――江西地域を中心に」と題して報告した内容をもとに作成したものである。報告した際には、岡元司氏にコメントをして頂いた。また、報告内容に関してはさまざまな方々からご教示を賜わった。厚く御礼申し上げます。

南宋の国都臨安の建設――紹興年間を中心として――

高橋弘臣

はじめに

南宋の初代皇帝高宗は、靖康二年（一一二七）五月に河南の応天で即位するや、金軍の追撃を逃れて江南に渡り、以後臨安・建康・紹興等の都市を巡幸した後、紹興八年（一一三八）二月以降臨安に駐蹕し続け[1]、かくて臨安は行在・行都等と呼ばれながらも、南宋の事実上の国都と化していった。

高宗が居を定めて以来、臨安が国都としてどのように建設・整備されていったのかという点に対して梅原郁・伊原弘・徐益棠・王士倫・林正秋・陸鑒三・傅伯星・闕維民・胡安森・楊寛・満志敏等の諸氏が、宮殿の建設等を中心に、主に『咸淳臨安志』や『夢粱録』を用いて検討を試みておられる[2]。しかし、これらの研究を通観すると、なおも論を重ねる余地は残されているようである。臨安が国都として建設されていった経緯を検討することは、南宋の成立過程を考える上で少なからぬ意義を持つと考えられる。また臨安は唐の長安や元の大都のような、最初に整然とした都市プランを立て、それを平面に写して建設した都市とは異なり、杭州という長い歴史を持つ江南の地方都市に、国都としての諸機能を詰め込んで成立した都市である。従って臨安建設の経緯を検討することは、都市史の面から見ても興味深いテーマであると言えよう。

臨安の建設事業は南宋の末期まで断続的に行われたが、特に紹興年間（一一三一～六二）の、それも高宗が紹興から臨安へ移蹕した紹興二年以降、及び金との和議が確定する紹興十二年前後に集中しているようである。そこで本稿は紹興年間を中心として、臨安が国都として建設・整備されていった経緯について検討を加えてみたい。論ずべき点は多々あるが、本稿ではさしあたって宮殿・祭祀用施設がどのように建設・整備されたのか、諸官庁や財政と関連を持つ施設がどのように建設・整備されたのか、さらに都市行政の中で最も基本といえる治安・防火体制はいかに整備されたのか、の三点に絞って検討を行う。なお臨安の建設・整備は南宋政権の成立と密接な関係を持つにもかかわらず、先行研究はそうした点を十分視野に入れて検討を行っているとは見なし難い。そこで本稿においては、南宋政権の成立過程をできるだけ考慮に含めることとする。また史料について見ると、先行研究の多くは専ら『咸淳臨安志』や『夢粱録』を用いているが、それ以外に例えば『建炎以来繫年要録』や『宋会要輯稿』等の中にも、臨安の建設・整備に関わる重要な史料が数多く存在する。それらも収集して活用したい。

本稿では『建炎以来繫年要録』は『要録』、『建炎以来朝野雑記』は『朝野雑記』、『宋会要輯稿』は『宋会要』、『咸淳臨安志』は『咸淳志』、『淳祐臨安志』は『淳祐志』、『乾道臨安志』は『乾道志』と略記する。

一　宮殿・祭祀用施設の建設・整備

1　宮殿の建設・整備

高宗は建炎三年（一一二九）二月、金軍の攻撃を逃れて揚州から杭州に到着し、城内南部の鳳凰山東にある杭州の州治を行宮、その一帯を宮城とした。杭州の州治はもと五代十国時代の呉越の王宮である。州治は呉越の時代に築かれた子城によって囲まれており、南宋政府はこれを宮城の城壁としてそのまま利用した(3)。この一帯は西を鳳凰山をはじめとする丘陵、南と東を銭塘江・杭州湾に囲まれており、外敵に攻められにくく、景観も美しかったため、唐代以後、州治や王宮が置かれたのである。また杭州は古い歴史を持ち、市街が既に固定していたため、新たな宮城を建設するまとまったスペースなどそもそも存在しなかったと考えられ、州治をそのまま行宮として利用せざるを得なかったという面もあったであろう。

この後建炎三年三月～四年四月までの間、高宗は金軍に追撃されて江南各地を転々とした。そのルートとは建康→臨安府（建炎三年七月に杭州から昇格）→越州→明州→温州→紹興府（紹興元年十月に越州から昇格）である。その間杭州（臨安）の行宮の改修・増築や宮城の整備が本格的に行われた形跡はなく、それらが始まるのは紹興元年（一一三一）十一月、当時紹興に駐蹕していた高宗の臨安への移蹕が決定してからである。そこで工事の経過について見ると、紹興元年十一月、徐康国を権知臨安府に任命し、内侍楊公弼とともに臨安に赴いて移蹕の事務に当たらせた。康国はこの時行宮百余間を建て増ししている。また翌十二月にも高宗が命じて官銭を支給し、行宮を修蓋させた。二年二月には行宮一帯に近づくことが禁止され、九月になると行宮の南門が完成し、「行宮之門」という牌額が掛けられた。三年正月には朝見に赴く官僚が、雨に濡れながら泥の中を歩かなくてもすむようにと、南門から行宮にかけて渡り廊下が設けられた(4)。

さて、行宮の建設に関して指摘しなければならないのは、当時臨安と並行して、建康の行宮の建設工事も行われていたことである。高宗が初めて建康に駐蹕したのは建炎三年五月であり、この時府治を行宮とした(5)。しかし金軍の侵攻時期が迫ったため、高宗は四ヶ月後の閏八月には建康を発ち、浙西から浙東へ向かった。『要録』巻五四、紹興二年年五月庚午条、及び『景定建康志』巻一「行宮記載」等の史料によると、建康の行宮の建設工事が始まるのは、高宗が紹興から臨安に移蹕した後の紹興二年五月のことである。即ち行宮とすべく府治を改修・増築することとなり、江東安撫大使で知建康府の李光に費用として折帛銭十万緡が支給されたのである。行宮の建設工事が行われた理由であるが、『要録』を見ると、李光は工事に先立ち「建康は一都会と自《いえ》ども、望むらくは朝廷経略の意を略示せん」と奏請している。工事は高宗が中原を経略するため、将来建康へ駐蹕するのに備えて実施されたのであろう。高宗が紹興から建康ではなく臨安へ移蹕してしまったことは、金の打倒、中原の奪還を主張する人々をいたく失望させ、彼らの間から、高宗は何としても金の前面に位置する建康へ移蹕し、軍を率いて北へ攻め上り、失地回復に努めるべきであるとの意見が出されていた(6)。建康の行宮建設の命が下された背景には、恐らく李光の他にもそうした人々の強い働きかけがあったに違いない。

また紹興五年二月、主戦派の中でも強硬派の張浚が宰相となる。金に対する北伐を計画していた張浚は、討伐軍の総司令官になってもらうため、建康へ移蹕するよう高宗を説得し、高宗はそれに抗しきれず、紹興六年九月から七年三月に臨安から建康へ移蹕した。行宮の建設工事は紹興二年五月以降、断続的に行われていたが(7)、移蹕の前から本格化した如くで、六年五月、張浚は建康府の立てた計画に従って行宮・寝殿を修蓋すべきであると奏請して裁可され、高宗が建康に到着した七年三月には行宮の他、官府・営柵皆備わったという。また翌四月には太廟が臨安とは別に、

建康にも建設されている。(8)

ところが紹興七年九月、張浚は淮西の兵変の責任を取って宰相の職を辞することになり、その後宰相趙鼎と枢密使秦檜が実権を掌握する。金との武力対決を望まない二人は高宗に臨安への回蹕を勧め、結局高宗は紹興八年二月、臨安へもどってしまった。これ以後第一次和議（紹興八年十二月）、さらに第二次和議（紹興十二年四月）が締結されるが、特に第二次和議が締結された後、臨安の行宮に対して本格的な改修工事が施されたのみならず、行宮以外にも様々な宮殿が建設され、宮城が整備されていくのである。それに対して建康の行宮の建設工事は、紹興十年六月に中止された。(9)

では第二次和議締結後の臨安における宮殿の建設状況について、具体的に見てゆこう。つとに紹興九年正月、即ち第一次和議締結の翌月には、皇太后の宮殿である慈寧殿が宮城に建設された。(10) しかし何といっても重要なのは、第二次和議が成立した後の十二年十一月、崇政殿・垂拱殿という二つの大殿の建設が命じられたことであろう。『要録』巻一四七、紹興十二年十一月庚子条に

内侍王晋錫に命じて崇政・垂拱の二殿を作らしむ。時に言者、朔日視朝の礼を復さんことを請うも、行宮は止だ一殿のみなれば、故に改作す。崇政は故の射殿を以て之を為り、朔望には則ち権りに帳門を置き、以て文徳・紫宸殿と為す。按射は以て選徳と為し、策士は則ち以て集英と為す。垂拱は故の内諸司の地を以て之を為る。皇城司の北に在り。

とあり、この史料によれば崇政殿は行宮の射殿を改造したもので、毎月朔望に行われる朝見や科挙の合格発表等、宮殿の使途によってその都度牌額を掛けかえ、文徳殿・紫宸殿・選徳殿・集英殿と称した。一方、皇帝が毎日官僚を謁見する垂拱殿は内諸司の跡地、皇城司の北に新たに建設されたという。即ち皇帝が臨席して政務を処理したり、様々な儀式を行ったりする宮殿が、ここに至ってようやく整備されたのである。後述する通り、臨安にはこの後も様々な

宮殿が建設されるが、重要性においてこの二殿に勝るものはないといえる。もっとも大殿とはいえ、『朝野雑記』乙集巻三「垂拱崇政殿」に「其の脩広、僅かに大郡の設庁の如し」とあり、決して大規模なものではなかったようである。

因みに北宋では、大慶・文徳・紫宸・垂拱・集英・崇政等の宮殿を別々に建設し、必要に応じて使い分けていたのに対して、南宋では二つの宮殿ですまそうとしたことになる。その理由であるが、一つには当時の南宋の財政事情からして、建設費用をできるだけ節減したかったためであろう。このことは例えば行宮の工事が始まった時に、「務めて簡省なるを要め、更に華飾を得ざらしむ」といった詔が下されている（『宋会要』方域二―九「行在所」、紹興元年十一月六日条）ことから窺える。また陳随応の『南渡行宮記』（『歴代帝王宅京記』巻一八所引）によれば、臨安の宮城の周囲は九里あった。北宋開封の宮城の周囲は五里といわれているから[11]、周囲の長さだけを比較すれば臨安の方が広かったことになるが、臨安の宮城は西側から鳳凰山・呉山等の丘陵がせり出して来ており、実質的なスペースはかなり狭かったと推察される。恐らくそうしたことも、大殿が二つしか建造されなかった理由と考えられる。

なお先行研究でも指摘されているように[12]、大殿の名称については諸史料間にかなりの食い違いが認められる。先に引用した『要録』の他に『宋会要』方域二「行在所」・『玉海』巻一五八「紹興臨安行宮」等は、当初垂拱殿と崇政殿が建設され、崇政殿が必要に応じて文徳・紫宸・選徳・集慶殿と名を改めたとする。ところが『咸淳志』巻一「大内」は垂拱殿と文徳殿が建設され、正衙の文徳殿が紫宸殿（上寿）・大慶殿（朝賀）・明堂殿（宗祀）・集英殿（策士）と改称されたと記す。また『夢粱録』巻八「大内」は、正衙は大慶殿であり、それが時に文徳殿・紫宸殿・集英殿・明堂殿と改称されたとする。或いは『南渡行宮記』は、垂拱殿の左の一殿が事に随い端誠殿（明堂郊祀）・集英殿（策士唱名）・崇徳殿（宴対奉使）・講武殿（武挙・軍班授官）と名を改めたという。『宋史』巻八五地理志「行在所」や周密『武林旧事』巻四「故都宮殿」に至っては、垂拱殿・大慶殿・文徳殿・紫宸殿・祥曦殿・集英殿が事に随い名を易えたと記されており、他の史料と異なって名称を変えたのは垂拱殿となっている。

紹興十二年十一月の条を持つ編年史料（『要録』・『宋会要』方域二「行在所」・『宋史』本紀等）を見ると、いずれもこの時垂拱・崇政の二殿を造るとあるから、恐らく最初にこの二殿が建てられ、そのうち崇政殿が必要に応じて文徳・紫宸・選徳・集英殿と呼ばれていたのであろう。そして時代を経るに従って、崇政殿に絡まる名称が変更されていったのではないかと推測されるが、史料間の食い違いが大きすぎて整合的な解釈が難しく、先行研究の間で見解の相違も多い。ここでは紹興十二年に二つの大殿が建設されたことを確認するに止めたい。

付言すれば垂拱・崇政殿の建設が決定された後、宮城には紹興十五年に祖宗の神御を奉ずる孝思殿が、二十四年には歴代皇帝の遺品を収蔵する天章閣が建設された。二十八年には祥曦殿、高宗の寝所である福寧殿の他、高宗の休息所たる復古殿、書庫にあたる損斎等が建造された。正確な時期は不明であるが、高宗の燕間（休息）所である復古殿も紹興年間（一一三一〜六二）に建設されている。また紹興十八年、宮城の正門である南門が麗正門、北門が和寧門と正式に命名される等、紹興年間を通じて宮城の建設工事は着々と進んだ。なお城壁に対する建設・修復工事についても触れておくと、工事は高宗が臨安に移蹕した紹興二年正月以降度々行われているが、中でも大規模に行われたのは、紹興二十八年七月から、宮城の東南一帯に初めて外城を建設した工事であろう。この時には城壁五百四十一丈を建設し、そのため延べ三十万工が動員され、塼一千万片・礦灰二十万秤等が資材として用いられた。この工事も宮城建設事業の一環と見なされる[13]。

宮城には紹興年間以降も宮殿が建設された。『咸淳志』巻一「大内」を見ると、孝宗が射殿にしたという選徳殿、理宗の講筵である緝熙殿、度宗の同じく講筵である熙明殿が建設され、さらに勤政殿・嘉明殿等も度宗の時代に建設されたことが知られる。しかしこれらは総じて皇帝の私的な宮殿としての性格が強かった如くで、大殿と比べるとさして重要ではなかったと考えられる。

また宮殿は宮城外にも設けられた。紹興三十二年六月、高宗は宮城の北にあった秦檜の旧宅を改造して徳寿宮と称し、皇帝の位を孝宗に譲ると、崩御するまでここに住んだのである。以後徳寿宮には皇位を退いた孝宗や憲聖太皇太后・寿成皇太后等も住み、名称も重華宮・慈福宮・寿慈宮等と改められた。宮城一帯が南内と称されたのに対して、徳寿宮一帯は北内と称された(14)。

2　祭祀用施設の建設・整備

南宋の主要な祭祀用施設の中で、臨安に初めて置かれたのは太廟である。もっとも太廟の設置といっても、太廟の建物が新たに造営されたのではなく、紹興四年、太常少卿江端友の奏請に従い、知臨安府の梁汝嘉に詔して、高麗の使者を接待する同文館を改装して太廟に充てたのである。その場所は宮城北門（後に和寧門と命名）の北、呉山山麓東の瑞石山であり、七楹十三室からなる正殿が造られていたという。そして紹興五年四月、当時温州にあった神主を臨安へ移して太廟に奉安し、五月には高宗が神主に拝謁している(15)。

しかし臨安に太廟を建設してしまうと、高宗は臨安に居を定め、中原を回復する意志を放棄したと見なされるので、あくまでも臨安の太廟は仮の施設とし、建康にも太廟を造営し、いずれ建康に移蹕して国都とし、中原を回復する意志があることを示すべきである、との意見も主戦派の人々の間では強かった。例えば『要録』巻八五、紹興五年二月己丑条によると、知臨安府の梁汝嘉は南省倉の空き地十間を修蓋して太廟を建て、同文館を利用するのをやめようとした。ところが殿中侍御史の張絢は、正式に太廟を建設すれば高宗は臨安に居を定め、中原回復をあきらめたのではないかとの疑惑を抱かれる。この疑惑をとかなければ将士はばらばらになり、社稷の計を誤らせ、祖宗の霊は憂えることになる。今まで通り同文館を改装して仮の太廟とするにとどめ、高宗が臨安に居を定めるつもりはないということを知らしめて欲しい、と述べて太廟の建設に反対した。またこの時、張絢の他に侍御史の張致遠もやはり太廟の建設に反対し、太廟を建設するなら臨安よりも建康を先にすべきであると述べている。こうして臨安に太廟を正式に建造することは中止されたのである。

前節でも述べた通り、紹興六年、宰相張浚の奏請に従って高宗が建康へ移蹕することになると、建康にも太廟が建設されている。即ち紹興六年八月に神主が臨安を出発し、翌七年四月には神主を安置すべく、建康に太廟が新設されたのである。その一方で臨安の太廟は、一旦聖祖殿に改められた。ところが七年九月に張浚が宰相を退き、趙鼎・秦檜の勧めによって高宗が臨安への回蹕を決意すると、神主も紹興七年十二月、臨安へもどり、聖祖殿となっていた太廟に再び奉安された[16]。なお太廟は宮城の北、呉山の東側に置かれている。

この後、紹興十二年四月に第二次宋金和議が結ばれると、祭祀用施設は続々と建造されていった。その中でも注目すべきは、景霊宮・郊壇（圜丘・圜壇）・社稷壇が建設され、皇帝自らが行う祭祀の中で最も重要な郊祀の制度が成立したことであろう。

このうち景霊宮から見ていくと、景霊宮とは宋の歴代皇帝・皇后が祀られ、郊祀の際には太廟・郊壇とともに大礼が行われる重要な道宮である。臨安では紹興四年二月、行宮の射殿を仮の景霊宮とするよう詔が下されたが[17]、十月に高宗が金・斉連合軍を迎え撃つべく臨安から平江へ一旦移蹕してしまったため、実行に移されなかった。『要録』巻一四八、紹興十三年二月乙酉条によれば、その後和議が確定した後の紹興十三年二月に至って、このままでは孝を広める意にそわないとして、開封の景霊宮の旧規に従い、ようやく臨安にも景霊宮が建てられ、祖宗を祀ることになったのである。なお建設地には、城内西北の新荘橋西にある劉光世の邸宅跡地が選ばれている。またこの記事を見ると、景霊宮には三殿が設けられ、前方の殿には聖祖の像が、中央の殿には宣祖～徽宗の像が、後方の殿には皇后の像が安置された。そして内侍七人、道士十人、吏卒二百七十六人が置かれ、皇帝や皇后の忌辰（命日）には僧侶・道士四十七人を用いて法事を行うよう定められたことが知られる。景霊宮は翌三月に完成し、温州から神御を迎奉している。[18]

次に郊壇について取り上げよう。郊壇は『宋会要』礼二八—二三「郊祀御札」、紹興十三年正月十九日条に

礼部・太常寺言わく「国朝の礼制、圜壇は国の東南に在り、壇の側に青城・斎宮を建てて以て車駕の出郊宿斎に備う。今欲すらく、臨安府をして行宮の東南の城外において、先次に以て圜壇并びに青城・斎宮を修建すべき去処を踏逐せしめん」と。之に従う。

とあるように、紹興十三年正月以降、礼部・太常寺の奏請によって建設予定地の調査が開始された。そして二月に入り、外城の南門である嘉会門の南三里にある龍華寺の西に東西百二十歩、南北百八十歩の空地を得ることができたので、そこに建設されることとなった。[19] 郊壇は四つの円形の段（成）によって構成され、段を囲む形で三重の垣根（壝）が設けられた。また昊天上帝・皇地祇をはじめとする七百七十一の神位が置かれていたという。[20] このように太廟に加えて景霊宮・郊壇が建設されたことにより、「容典寖く備わる」と称され（『要録』巻一五〇、紹興十三年十一月癸酉条）、この時初めて郊祀が郊壇を用いて挙行されたのである。郊祀は以後紹興年間末までは三年毎に定期的に実施され、それ以降も不定期ながら実施されている。[21] なお郊祀以外の大礼として、明堂においてしばしば大祀が行われていた。[22] もっとも明堂について付言すれば、臨安には北宋末の開封の如く明堂が独立した形で建設されず、『咸淳志』巻三に「明堂、即ち文徳殿なり」とあるように、大祀の時に文徳殿（崇政殿もしくは大慶殿?）を一時的に明堂として使用するという方法が採られていた。

社稷壇の建設に関して見ると、『咸淳志』巻三「太社太稷壇」に「建炎より紹興の初めに至り、有司但だ祀典を奉行するのみにして壇壝未だ建たず、礼器未だ備わらず」とあるように、紹興年間の初めまで正式に壇は建設されず、祭祀だけが行われるという状況であった。それが『要録』巻一四八、紹興十三年三月乙巳条に

臨安府に詔して太社太稷を建つ。言者以為らく「社稷の祠は王者の重んずる所なり。故に漢の光武東遷すれば則

ち〔社稷壇を〕雒陽に置く。国家南渡以来、上戊の祭の仏祠に寓するは、未だ神に事え民を保んずるの意に副わず。望むらくは礼官に下して講明せしめ、地を択びて壇を為り、以て春秋の礼に備えん」と。故に是の命有り。とあり、本来社稷壇で行うべき祭祀を仏寺に仮寓して行うようでは神に事え民を保んずるの意にそわない、地を選んで社稷壇を建設すべきであるとの奏請に基づき、社稷壇が建設されることとなったのである。なお仏寺に仮寓するとあるのは、社稷壇が建設されるまでは、祭祀が仏教寺院（恵照院）や道観（天寧観）を便宜的に利用して行われていたからであろう。(23) 社稷壇建設の具体的な経緯について述べるならば、十三年三月以降建設予定地の調査が始まり、十四年六月、城内北部の観橋東の民地が選ばれて工事が開始され、十五年七月に終了している。(24)

上記以外にも、第二次和議が成立した後、祭祀用の施設は続々と建設されており、例えば紹興十二年には太常博士劉燦の請により、禖壇が行宮の東南に建設された。(25) 次いで十五年から十八年にかけて、祭祀用施設の建設が集中的に行われ、主要な施設はこの段階でほぼ整備されたと云っても過言ではない。まず十五年には嘉会門の南にある玉津園の南に藉田が設けられ、翌十六年正月、高宗が先農をまつり、藉田の礼を執りおこなった。(26) 十六年には高宗に嗣子が誕生することを祈念して禖壇が郊壇の東に改築された他、太廟が建て増しされている。即ち太廟にはこの時新たに六楹が設けられ、合わせて十三楹となった他、廊廡が増設され、西神門・冊宝殿・祭器屋庫も設けられたのである。(27) 十七年になると城内西北の新荘橋の西、景霊宮の南に、万寿観・太乙宮という、景霊宮と同様に皇室と強い結びつきを持つ道観・道宮が建設され、(28) 十八年には九宮貴神壇が宮城東側の東青門の外に設けられた。(29)

祭祀用施設の多くは臨安の城内西北のはずれ（景霊宮・万寿観・太乙宮）及び嘉会門南の銭塘江沿いの一帯（郊壇・禖壇・藉田）に集中しており、特に郊壇・禖壇・藉田は外城の外へ大きく出てしまっている。また「国朝の礼制、圜壇は国の東南に在り」（『宋会要』礼二八―二三「郊祀御札」、紹興十三年正月十九日条）と記されている如く、郊壇は本来宮城の東南にあるものとされていたが、臨安では宮城の西南の方角に設けられた。これらの地が選ばれたのは、結局それ以外に祭祀用施設を建設するまとまったスペースを確保できなかったからであろう。

二　官庁・財政施設の建設・整備

1　官庁の建設・整備

臨安に諸々の官庁がどのように建設されたのかという点については、史料が乏しく不明な点が多い。まず第一に挙げるべきは、建炎三年（一一二九）二月、金軍に追撃された高宗が揚州から杭州に移蹕して来た際、「上杭州に至り、州治を以て行宮と為し、顕寧寺を尚書省と為す」とあるように（『要録』巻二〇、建炎三年二月壬戌条）、顕寧寺を尚書省としたことであろう。因みに『咸淳志』巻四「朝省」によると、顕寧寺は宮城北門（後に和寧門と命名）の北にあった。なお、高宗に従って杭州に到達した百司の官員はわずか十分の一しかいなかったこと、三月には明受の乱が起こる等、杭州の情勢は大変混乱していたこと、高宗は早くも四月には杭州を離れ建康へ移蹕していること等を考え合わせると、恐らくこの時杭州には尚書省等の、中央官庁の中でも最も重要なものが一時的に置かれただけではなかったかと推察される。

その後、紹興二年正月に高宗が紹興から臨安へ移蹕すると、臨安には多くの官庁が設置された。『咸淳志』巻五～八を通観すると、紹興三～四年にかけて、臨安に司農寺・太府寺・将作監・軍器監・文思院・国子監・秘書省等が新設されている。『宋会要』方域四―一七「官廨」、紹興三年五月七日条に高宗の言として「近時営宇の令一たび下り、百姓の輒ち弊を受くるは、蓋し郡県便ち科配を行うに縁るなり」とあって、当時臨安では営宇の令が下り、建設工事の頻りに行われていたことが窺えるが、その中には官庁の庁舎の建設工事も多く含まれていたであろう。

さて紹興六年九月、高宗は張浚に説得され、建康へ移蹕するため臨安を離れた。そして平江を経由して七年三月に建康へ到着したが、『要録』巻一〇九、紹興七年三月辛巳条に「時に已に百司に命じて漸く行在（建康）へ赴かしむ」とある如く、この時臨安の諸官庁も高宗と行動を共にし、建康へ向かっている。移転は高宗が建康に到着する七年三月にはほぼ完了していたと見られ、既に前節で述べた如く、この時行宮の他に官府等も皆備わった。なお移転する官庁は「行宮」の二文字を付帯することとなり、史料を通観すると行宮枢密院・行宮御史・行宮戸部等の名称が散見される。[30]ところが紹興七年九月、淮西の兵変によって張浚が失脚し、秦檜・趙鼎の画策によって高宗の臨安回蹕が決定すると、建康へ移転していた官庁も臨安へもどることになった。即ち『要録』巻一一六、紹興七年十月戊子条所引の『趙鼎事実』を見ると、臨安へ回蹕すべきであるという趙鼎の奏請を高宗が嘉納したことを記した後に「是に於いて旨を降し、百司を先発し、民間をして預知せしむ」とあり、高宗が臨安へ回蹕するのに先んじて建康の諸官庁を臨安へ移転させ、回蹕を前もって民間に周知させようとしていたことが知られる。

高宗が臨安へもどった後、金との和議が確定する紹興十二年前後になると、臨安では再び官庁の建設が盛んに行われた。その様子の一端は、例えば『宋会要』方域四－一八「官廨」、紹興十一年三月九日条に臣僚の言として

近ごろ聞く、臨安府の営一ならず、創置する職事官の廨宇既に十余所、而して仁和等の県の応ずる者各おの十数処、其の間補弊増新する者、人其の幾ばくなるを知らざるなり。

と見えていて、多数の官庁の庁舎が新設されていたこと、増改築が行われる官庁に至っては数知れぬ程であったことが窺える。そこでそれらの具体例を挙げるならば、国子監は紹興三年に設置されたが、[31]その後『要録』巻一四八、紹興十三年正月癸卯条に「詔して銭塘県西の岳飛宅を以て国子監・太学と為す」とある通り、岳飛の邸宅を用いて太学とともに新設されたことが知られる。また当初法恵寺に仮住まいしていた秘書省は、西河坊北の殿前司の営寨跡に重建された。[32]なお西河坊は宮城の北、臨安府庁にほど近い場所に位置している。

さらに紹興年間の末期になると、宰執官邸の建設や六部の増築等が行われた。まず紹興二十六年正月、執政府（執政の官邸）が「比年執政府上より漏れ、下は溼り、蓋し居るに堪えず」（『要録』巻一七一、紹興二十六年正月癸丑条）との理由から新築された。なお執政府の建物は三棟あり、各々に魏良臣・沈該・湯思退の三人の執政が居を定めたという。また『宋会要』方域二－一九「行在所」、紹興二十六年正月二十八日条に「詔すらく、両浙転運司・修内司をして都省北の旧府第を将て修蓋し、左右相府第両位とせしむ」とあり、同月、都省（尚書省）の北に左右宰（丞）相府、即ち宰（丞）相の官邸が建設された。都省の北というが、『咸淳志』巻一所載の「京城図」及び巻一〇「官宇」を見ると、宰（丞）相府及び執政府は、実際には都省（ここには尚書省の他に中書・門下の二省があった）のさらに北に位置する太廟のすぐ北側に集中していたことが知られる。また三省の南には枢密院が置かれていた（『咸淳志』巻四「朝省」）。

翌二十七年には六部の増築工事が行われるとともに、宰相の執務室である都堂が建設された[33]。六部の場所は、『咸淳志』巻五「六部」によると三省・枢密院のさらに南である。都堂の置かれた場所を示す史料は目睹できないが、その性格からして三省・六部の近辺であったことは間違いないであろう。

以上に述べた通り、臨安における官庁の建設は、紹興年間（一一三一～六二）初頭と対金和議が確定する前後との二回にわたって集中的に実施され、また紹興年間の末期にも行われた。『朝野雑記』甲集巻二「渡江後郊廟官省」は、臨安に祭祀用施設・官庁が建設される経緯を概観し、紹興二十七年に六部が増築されたことを述べた後、「凡そ定都二十年にして郊廟・官省始めて備わる」と記し、紹興八年、高宗が臨安に居を定めて以降、紹興年間末までのほぼ二十年間に祭祀用施設及び諸官庁が整備されたと見なしている。事実、例えば『宋会要』方域四「官廨」等によって紹興年間以降の官庁の建設・整備状況を検討しても、六部架閣庫や大理寺等が修復された程度で、紹興年間の如く大規模な建設事業が行われたことを示す確たる史料は見い出せない。

臨安における官庁の建設に関して付言しておかなければならないのは、臨安（杭州）は北宋時代と比べて人口が増大し、空閑地にも家屋が建ち並ぶようになっていたと考えられ、従って官庁を新設したり増改築するといっても、用地の確保が容易でなかったと想像されることである。その結果、三省・六部・枢密院等の最も重要な官庁こそ宮城の北に隣接して建てられたものの、例えば唐の長安のような大規模な官庁街（皇城）は臨安には設けられず、多くの官庁が城内に広く散在するという事態を招いてしまった。また政府が庁舎を支給するといったところ、官庁の間で争奪戦が起きたり、[34]上述の国子監のように岳飛の邸宅を接収して庁舎に充てたりするケースが出現した——ただしこの場合は岳飛の邸宅が広大で庁舎に転用できた可能性も否定できないが——。或いは大理寺の如く当初複数の借家を庁舎にしており、淳熙年間（一一七四～八九）に入ってようやく大第が建設され、庁舎・官員を一まとめにすることができた[35]などというケースも出現してしまったのである。

2　財政施設の建設・整備

国都となった臨安（杭州）には皇帝とその一族、官僚・胥吏・兵士とその家族等が移住してきた。また次項に詳しく述べるように、華北や江南から難民や食いつめた人々が大量に流入したため、臨安の人口は増大の途をたどり、南宋時代末期には百二十万～百五十万人に達していたといわれている。[36]南宋政府にとって、増え続ける国都の住民のために食糧や財貨を調達し、それらを保管・供給することは極めて重要であった。ここでは臨安において、食糧や財貨の調達・保管・供給を掌っていた財政施設、特に米と財貨に関わる施設がどのように建設・整備されていったのかという点について、検討を加えてみたい。

はじめに米に関わる施設を取り上げる。北宋時代、東南六路（淮南・江東・江西・両浙・湖北・湖南路）から国都開封への米（秋苗米）の上供は、年間六百二十万石が定額とされていた。ところが秋苗米の徴収額だけでは上供の定額を充足できず、定額の二分の一～三分の一は和糴によって補われていた。南宋に入ると、淮南路が金との国境になったため上供の対象地から外され、上供の定額は年間四百六十九万石に減じられた。このように上供の定額が減じられたにもかかわらず、当時は戦乱に起因する生産の低下等によって米の徴収額が減少しており、上供の定額を満たすことはできなかった。そこで政府は不足分を補うため、北宋時代と同様に和糴を行わなければならなかった(37)。臨安では『要録』巻一一九、紹興八年四月庚申条に「初めて戸部和糴場を臨安に置き、其の後又平江に増し、歳ごとに米六十万石を糴す」とある如く、高宗が建康からもどった直後の紹興八年四月に戸部和糴場が設けられている。またこの史料によれば、戸部和糴場はその後平江にも増設され、双方で年間に米六十万石を糴したことが知られる。

上供や和糴によって臨安に米が集められるようになると、米を収納する省倉も整備された。整備の状況については『宋会要』食貨六二―一四～一五「京諸倉」、紹興十一年六月六日条に詳細な記述があり、それによるとこの時臨安にあった省倉を上・中・下の三界に分かち、総額百五十万石の糧米を収納した。因みに百五十万石とは両浙路からの上供の定額である。そして省倉のうち南倉が省倉上界と改称され、最も上等の米（上色苗米）を収納し、宰執・侍従・管軍・職事官・宗室や省・台・寺・監等の官僚に禄米として支給した。また北倉は省倉中界に改められ、次に上等な米（次色苗米）を収納し、班直・皇城親事官・輦官・五軍等の口食に充てた。東倉は省倉下界と改称され、最も下等な糙米を収納し、五軍の月糧、三衙・廂軍・禁軍、諸司庫務等の口食・月糧として支給した。

政府はこうして各倉が収納する米の種類と支給する対象とを限定してしまうことで、支給の際に複数の種類の米が混ざり合い、本来上等の米が支給されるべきところに下等な米が混入してしまうといったトラブルを防ごうとしたのである。かくて臨安における米穀の出納体制が整備された。なお『咸淳志』巻九によって各省倉の場所を調べると、省倉上界は天水院橋の北に、中界は東清門外の菜市塘に、下界は余杭門外の東倉鋪に置かれている。これらは大運河の起点である臨安の北端（上界・下界）及び菜市河のほとり（中界）であり、いずれも漕運の便の良い場所が選ばれている。

紹興十八年閏八月になると和羅の制度が改変され、これ以後臨安・平江の和羅場の他に、臨安の省倉上界・中界・下界においても和羅が行われるようになった。また地方では転運司に代わって、紹興十一年五月に設置された淮東総領所（治所鎮江）・淮西総領所（治所建康）・湖広総領所（治所鄂州）が和羅を行うこととなった(38)。年間の和羅額は『要録』巻一五八、紹興十八年閏八月甲子条にまとめられており、臨安・平江和羅場各二十万石、省倉三十六万石、淮東総領所十五万石、淮西総領所十六万五千石、湖広総領所十五万石、総計で百二十二万五千石と定められたことが知られる。またこの記事には「時に行在の歳支凡そ三百三十六万石有奇、而して浙江・荊湖の上供米綱才に三百万石、故に之を羅す」とある。当時臨安府が一年間に支出する米は三百三十六万石であるのに対して、上供額は三百万石であったから、政府は不足分を補塡するため、どうしても和羅を実施せねばならなかったのである。

ところが金と和議が結ばれた後は平和が続いたため、紹興年間の後半になると米の生産が増大し、米の徴収額が上供の定額を上回るようになり、和羅は上供の補塡を目的としたものから、戦争や飢饉に対する備蓄を目的としたものへと変化を遂げた。その結果、和羅は紹興十八年に定められた歳羅額にこだわらず、米の備蓄状況を見ながら適宜行われることとなった(39)。また和羅の目的が変更されたのに伴って、臨安には備蓄用の倉庫が省倉とは別に設けられるようになり、紹興年間においては、二十六年四月に豊儲倉が設けられた。このような倉庫は紹興年間以後も設置され、例えば乾道三年（一一六七）六月に二百万石倉が、淳熙七年には豊儲西倉が設けられている。さらに十三世紀に入り、金・モンゴルとの戦争が長期化すると、特に軍糧米の備蓄を目的とした倉庫が多数設置された。淳祐倉・端平倉・平羅倉等はその代表である(40)。

なお『咸淳志』巻九を見ると、豊儲倉・淳祐倉は省倉上界とともに、大運河の起点である臨安北端の余杭門のすぐ内側に設けられており、ここには穀物を備蓄する草料場等も置かれていたとある。また『咸淳志』巻五五によると、余杭門の内側には鎮城倉・常平倉の他に塩を収納しておく天宗倉もあり、この一帯は倉庫地帯になっていたことが知られる。

米に続いて財貨を扱う施設にも目を向けてみたい。そのような施設の中でまず取り上げるべきは、建炎四年四月、臨安に設置された榷貨務都茶場であろう。榷貨務都茶場とは塩や茶の専売を管掌する言わば専売局であり、塩鈔・茶引等の各種専売手形の出売を通じて、銅銭・金・銀・紙幣等の財貨を集積していった。榷貨務都茶場はその後紹興二年閏四月には建康に、三年四月には鎮江にも設置され、かくて南宋財政の根幹を形成する臨安・建康・鎮江の所謂三榷貨務体制が成立したのである。このうち臨安の榷貨務都茶場の収益は、銅銭に換算して年間六百万～八百万貫にも及んでいたといわれる。(41)『咸淳志』巻八によると、臨安の榷貨務都茶場は宮城の東北、三省・枢密院の東側に設けられており、そのすぐ南には設置時期は不明であるものの、禁中の物資を売買する雑買務雑売場も存在した。

臨安には榷貨務都茶場が置かれたことに加えて、建炎年間の末から経制銭・総制銭・版帳銭・月椿銭・折帛銭等の貨幣で納入される税が次々と創設され、(42)それらの収益が上供されたこともあって――もっとも上供される財貨の一部は長江沿いの屯軍地や、紹興十一年に淮東・淮西・湖広の三総領所が設置されるとそちらへも送られたが(43)――、集積される財貨の量は増大していった。『要録』巻一九三、紹興三十一年十月癸丑条に見える戸部侍郎劉岑の言の中に「紹興末年、茶塩酒算坑冶榷貨糴本和買(44)の銭を合わせるに凡そ六千余万緡、而して半ばは内蔵に帰す」とあり、紹興年間末、臨安の内蔵庫に送られる銭は三千万緡余りに達していたことが窺える。

このように中央へ送られる財貨の量が増大するにしたがって、財貨を備蓄・管理する財庫も整備された。南宋の初期において、臨安に置かれた代表的な財庫は、右にも述べた内蔵庫と左蔵庫であった。これらが何時臨安に設けられたのかは史料がないため定かにならないが、このうち戸部に所属し、中央の財庫の中核を為していた左蔵庫に関して、『咸淳志』巻八「左蔵庫」には「清湖橋の西に在り、紹興二十三年、韓世忠の献ずる所の賜第を以て之と為す」とあり、その註に「和寧門の東北隅に草剏するも、迫隘にして以て天下の灌輸を受くるに足らず、紹興癸酉（二十三年）、実に今の地に徙る」とある。即ち同庫は当初宮城の和寧門東北に置かれていたけれども、送付されてくる財貨の量が増大するに伴い手狭になったため、紹興二十三年、城内西北の清湖橋西にあった韓世忠の賜第の地に移転したことが知られる。また紹興二十七年五月には左蔵庫の査察を行う提轄官を、それまでの太府寺の官に代わって戸部の官が直接務めるようになっており、[45]戸部が左蔵庫に対する統制を強化したことが窺える。因みに『咸淳志』巻一〇「内諸司」によると、皇帝に直属する内蔵庫は宮城に置かれており、他所へ移動することはなかったようである。皇帝直属の財庫という性格からして当然であろう。

臨安には内蔵庫・左蔵庫以外にも種々の財庫が設けられた。例えば川陝地方の宣撫処置使を罷免され、臨安に召還された張浚が携行してきた財貨を保管するため、紹興四年二月、内蔵庫・左蔵庫とは別に封椿（椿管）激賞庫という財庫が設けられた（ただし場所は不明）。[46]封椿激賞庫について、『朝野雑記』甲集巻一七「左蔵南庫」には「是より先、紹興休兵の後、秦檜戸部の窠名の必すべき者を取りて尽く此の庫（封椿激賞庫）に入れ、戸部乏しきを告ぐれば則ち之に予う」とある。この史料によれば、紹興十二年に宋金和議が確定して後、秦檜は戸部の収入項目のうち、確実な収入が見込まれるものを封椿激賞庫に入れておき、戦争等によって戸部の財計が苦しくなると、内蔵庫とは別にそこから融通するようにしたという。かくて封椿激賞庫は、戦争等の非常時に備えて財貨を積んでおく財庫という性格を持つに至ったのである。例えば右の『朝野雑記』記事の続きには、紹興三十一年から乾道元年にかけて行われた対金戦争の際に、封椿激賞庫から軍事費として九百万緡が支出されたと記されている。封椿激賞庫は紹興三十二年七月、一応左蔵庫に帰属することとなり、名称も左蔵南庫と改められた。[47]

因みに紹興年間以降における臨安の財庫について概観しておくと、[48]乾道六年十月には左蔵南上庫が尚書省門内に増設され、それまでの左蔵南庫は左蔵南下庫と呼ばれた。さらに淳熙十二年には上・下庫は統合され、左蔵西上庫となった。また左蔵南庫とは別に、乾道六年、尚書省門内に封椿庫という財庫が新設された。封椿庫とは折帛銭や経制銭といったある税目の収入をそっくり納め、戦争等の非常時に備えて蓄積しておくという財庫である。封椿庫は淳熙年間に入ると左蔵庫の側にも設置され、尚書門内の封椿庫は上庫、左蔵庫の側のものは下庫と呼ばれた。なお左蔵南庫と封椿庫は同様の性格をもっていたため、紹熙元年（一一九〇）、前者が後者に吸収された。

三　治安・防火体制の整備

1　治安体制の整備

既に述べた通り、国都臨安には皇帝とその一族、官僚・胥吏・兵士とその一族が移ってきた。また北宋末に金軍の侵攻が始まって以来、『宋会要』食貨五九―一二「恤災」、建炎三年（一一二九）六月十二日条に「渡江の民、道路に溢る」とある如く、江南には華北から大量の人々が戦乱や金の支配を逃れて移住した。臨安にも華北から多くの人々が流入したのであり、その数は特に紹興二年（一一三二）正月、高宗が臨安に駐蹕してから一層増加したと見られる。紹興三年三月には「車駕臨安府に駐蹕し、屯兵既に衆く、居民浩穣たり」（『宋会要』刑法二―一四七「禁約」、紹興三年三月十八日条）という状態であり、紹興年間（一一三一～六二）後半になると『要録』巻一七三、紹興二十六年七月丁巳条に「西北の人、駐蹕の地を以て輻輳駢集し、土着に数倍す。今の富室大賈、往往にして是なり」とある如く、土着の人に数倍するとまでいわれるに至った。また臨安には華北のみならず、江南の都市や農村等からも食いつめた人々が流入した。一例を挙げるならば『要録』巻一五八、紹興十八年十二月乙卯条に

上大臣に謂いて曰く「聞くならく、紹興の飢民の江を渡る者有り、臨安をして優く路費を給して遣還せしむべし」と。時に明・越・秀・潤・徽・婺・饒・信州皆旱し、民多く流散す。上有司に命じて粟を発し賦を減じ、是に至

りて復た常平官に命じて親ら往きて之を賑給し、失所を致すことなからしむ。

とあり、この時両浙・江東一帯は旱害に見舞われ、飢民が紹興から銭塘江を渡って臨安へ流入していたことが知られる。このような人口の増大、特に大量の難民や食いつめた人々の流入は、必然的に治安の悪化や火事の頻発等、様々な問題を引き起こすこととなり、特に高宗が紹興から臨安に移蹕した紹興二年正月以降、政府はその対策に本格的に取り組んでいる。ここでは政府が講じた対策のうち、治安維持のためのものから見ていくことにしたい。

北宋時代、国都の開封において治安維持、特に夜間の城内警備を担当していたのは主に三衙及び金吾衛の兵士であり、[49]南宋の臨安においても、これらの兵士が警備に当たっている。このうち三衙の兵士による警備から検討すると、政府は高宗が紹興から臨安へ移蹕した直後の紹興二年正月、三衙の兵士を徴発するとともに、彼らの派出所に相当する軍巡鋪を城内に広く設置し、夜間の城内警備に当たらせることとした。軍巡鋪設置の状況は『宋会要』兵三―七～八「廂巡」、紹興二年正月二十一日・二十六日条に詳しく見えており、二十一日条の冒頭に臣僚の言として「銭塘の州城の内、相去ること稍や遠く、数しば盗賊有り。又た兵火の後に縁り、流寓の士民、往往にして茅屋にて以て居れば、則ち火政尤も当に厳しきを加うべし」とある。即ち臨安城内は広く〔警備が不十分であるため〕しばしば盗賊が出現する。また流入してきた人々は、往々にして茅屋を建てて住み着くので、防火体制の強化が必要である、と述べられている。

そこで盗賊の取り締まり及び防火体制を強化するため、臣僚の奏請に基づき次のような措置が取られた。原文は頗る長大であるため引用は省略するが、要するに城内を四つの廂に分かち、各々に巡検一名を置いて次（馬もしくは歩の誤り？）軍都指揮使の材能有る者を充て、また廂毎に地歩の遠近を量って鋪を設置する。そして一鋪あたり長行六名を置き、夜間鼓を撃ち鳴らしながら盗賊や火事に対する警備に当たらせ、なお消火器具を準備させる。さらに二鋪毎に節級一名を置き、節級十名毎に軍員一名を置いて節級・長行を統べる、というのである。かくして鋪は城内に全部で百十五置かれ、長行六百十二人、節級五十一人、軍員十人、合計将兵六百七十三人が選ばれて配属されることとなった。しかし実施の段階において、結局鋪に配属される将兵の半数は、三衙ではなく臨安府の兵が占めることになったという。[50]

この後紹興二十二年十月には、城内が闊遠で鋪の数が少なく、警備の人員が足りないとして、鋪は三十五増設されて百五十となり、増設された鋪に新たに配属される兵士は、やはり三衙と臨安府の兵の中から徴発することとなった。鋪は乾道年間（一一六五～七三）に入ると城外にも設けられ、乾道七年正月には、鋪の数は城内外併せて二百三十二、鋪に所属する将兵は千百五十五人に達している。[51]

次に金吾衛について取り上げよう。金吾衛の兵士は左右の街司・杖司に所属し、『宋会要』職官二二－一四～一五「金吾街杖司」、紹興二年三月二十八日条・三年八月十八日条によると、兵士の定員は左右街司各五百五十名、左右杖司各二百五十名と定められていた。ところが北宋末から南宋初めの動乱によって兵士が逃亡する等したため、残存する兵士は左右の街司・杖司併せて僅か百八十人に過ぎなくなってしまった。そこで紹興二年三月、金吾衛兵士の兵額が新たに定められ、左右街司・杖司各二百名、併せて四百名とされた。しかしこの数は多すぎたようで、翌三年八月には左右街司・杖司各百五十名、計三百名に減額されている。かくて兵士の数は減ったものの金吾衛は一応再建され、三衙の兵士とともに臨安の城内警備に当たることとなったのである。

なおこれ以降の金吾衛兵士の兵額を見ると、紹興二十八年十月には左右街杖司各百七十五名、計三百五十名と一旦増額されたが、淳熙十四年十月には右街司・右杖司百二十一人、左街司・左杖司百三十一人、計二百五十二人に減じられており、[52]警備は主に軍巡鋪が担当するようになっていったことが窺える。因みに『咸淳志』巻一四によれば、金吾街杖司は呉山に置かれていた。

兵士による警備体制の整備と並行して、夜間の治安維持のために取られた措置として、『宋会要』刑法二－一四七

「禁約」、紹興三年三月十八日条に

知臨安府盧知原言わく「車駕臨安府に駐蹕し、屯兵既に衆く、居民浩穣たり。今欲すらく、相度りて毎夜三更に断夜し、五更なれば旧に依りて人の行往を許さん」と。之に従う。

とある如く、毎夜三更から五更の間は住民の外出が禁止されたことも挙げられる。このような夜間の外出禁止令は、北宋時代の開封においても実施されていた[53]。

治安維持に関して、兵士による警備や夜間外出禁止令に続いて、廂を取り上げることにしたい。臨安の城内には、警察及び防火のための区画である廂が設けられていた。上述の通り、廂は紹興年間の初めには四つであったと見なされるが、その後時期は不明であるものの八つに増設された。『乾道志』巻二「在城八廂」には宮城廂・左一廂・左二廂・左三廂・右一廂・右二廂・右三廂・右四廂の名が見えているから、増設は遅くとも乾道年間までには行われていたと見なされる。因みに宮城廂は宮城の一帯に設けられ、それ以外は城内が御街を中心に左右（西東）に分けられ、左（西）側が三廂、右（東）側が四廂に分割されたのである。なお『淳祐志』巻六「廂隅」及び『咸淳志』一九「在城九廂」等を見ると、やはり時期は不明であるものの左一廂はさらに南北に二分されており、南宋末には城内の廂は合計九つあったことになる。城内の廂が増置、換言すれば細分化された理由であるが、恐らく難民の流入等に伴って城内の人口が増大し、火盗に対する警備をより一層強化・緊密化する必要に迫られたためであろう。特に紹興〜乾道年間にかけて、廂の数が一気に倍増したことからは、当時における人口の著しい増加ぶりが窺える。

『淳祐志』巻六「廂隅」には廂を管轄する役所（公事所）の所在地が記されており、宮城廂→嘉会門竹竿巷、左一北廂→灞頭木瓜巷、左一南廂→教坊前、左二廂→大王宮、左三廂→五房前、右一廂→朝天門、右二廂→棚橋北、右三廂→七宝寺、右四廂→通江橋、となっている。これらの役所には『夢粱録』巻七「禁城九廂坊巷」に

在城の九廂界、各廂に一員の小使臣注授せられ、其の煙火盗賊を任い、所属に収解す。其の職至って微なり。統

ぶる所の者は軍巡・火下・地分、以て其の夜分の不測を警むるのみ。

とある通り、武官が一名配置されて廂内部の火事・盗賊を管掌しており、〔火盗の犯人が連れて来られたら〕収監し、所属（県や州）へ護送していた。また武官は上記の軍巡鋪の他に火下・地分と称される捕吏を統率し、不測の事態を警戒していたのである。

廂は城内のみならず、城外にも設置された。『咸淳志』巻一九「城南北左右廂」が載せる、紹興十一年五月十日に為された知臨安府兪俟の奏請に「府城の外、南北相距たること三十里、人煙繁盛にして各おの一邑に比う」とあるが如く、城外の人口も増えてきたとの理由で、この時城外に城南左廂、城北右廂が置かれたのである。『咸淳志』「城南北左右廂」によると、城南左廂の管轄範囲は東→銭塘江、西→宮城、南→鉄井欄、北→艮山門というから、城外東南の地域一帯と見なされる。一方城北右廂の管轄区域は東→東新橋、西→余杭門西、南→慈雲嶺、北→北新橋となっていて、城外西側一帯であったと考えられる。また城南左廂の公事所は臨安南端の嘉会門の外、洋泮橋の東に、城北右廂の公事所は臨安北端の余杭門の外、江漲橋の東にあり、杖六十以下の罪はここで決することができたとも見えている。なお城外の廂について付言すれば、城南左廂の北部及び城北右廂の西部は人口の増大が甚だしく、その一帯の警備を強化する必要が生じたため、乾道三年四月に廂が細分化され、城南左廂の北部には城東廂が、城北右廂の西部には城西廂が設けられた(54)。

2　防火体制の整備

前項で述べた如く、南宋時代に入ると臨安（杭州）には多くの人々が流入し、人口が増大した結果、『夢粱録』巻一〇「防隅巡警」に「臨安の城郭広闊、戸口繁夥、居民の屋宇高森、軒を接し簷を連ね、寸尺も空無し」と表現され、或いは『宋会要』方域一〇－八「道路」、淳熙三年（一一七六）十二月十一日条にも「臨安府の都亭駅より嘉泰門裏に至る一帯、居民旧来官路を侵占し、浮屋を接造す」と記される如く、家々が軒を重ねるように密集して建てられるようになった。しかもこうした家の屋根は多くが茅草で葺かれ、且つ壁や柱等は竹木製であった。このように燃えやすい材料を用いた家が密集していたことこそが、臨安において火事を頻発させ、なおかつ延焼を招いた大きな原因であった。またそれ以外に住民の防火意識の低さ、都市生活の享楽化、仏事の火の不始末等も、火災発生の原因と言われている。南宋初期の火事の発生状況について見ると、紹興元年～六年までの間が多く、六年間に八回もの大火が起こっている。特に紹興二年五月と六年十二月の大火は民家一万余を焼き尽くし、四年十二月の大火では吏・刑・工部、御史台等の官庁が焼けたといわれる(55)。

紹興二年正月、高宗が紹興から臨安に移蹕すると、政府は当然のことながらこうした状況を放置しておくわけにはゆかなくなり、防火体制の整備に着手した。当時の防火体制は既に先行研究において論じられているが(56)、ここでは今少し史料を補足しながら検討を加えてみたい。

紹興年間初頭において、防火のため取られた措置を整理するならば以下のようになろう。第一に、前項でも述べた如く、紹興二年正月以降、城内が四つの廂に分けられるとともに、軍巡鋪が百ヶ所以上設置され、鋪に属する将兵が盗賊の取り締まりとともに火事を見回ることとなった。また鋪には消火器具が準備された(57)。

第二に紹興二年七月、消火活動には三衙のうち馬軍司・歩軍司及び臨安府の兵(58)が当たることになったが、彼らが出動の際に武器を携帯し、火事場の混乱に乗じて強盗をはたらくことが問題化した。そこで紹興三年十二月、兵士が軍営を出るに際して、武器を携帯することが禁止されている。また当時の主な消火活動とは、「撲滅」「救撲」等と表現されるように、火が赴く先にある家屋をあらかじめ取り壊してしまうことであったが、兵士は裕福な家を探し出すと、たとえ火事の現場から遠く離れていても消火を口実に押しかけ、銭物を要求し、もしその額に満足しなければ、腹いせにその家を取り壊してしまうという問題も生じていた。そこでやはり紹興三年十二月、臨安府をしてそのようなことが起きないよう覚察せしめ、犯人は計贓断罪し、重き者は旨を取ることが定められた[59]。
第三は、官庁や民家の屋根を瓦葺きにさせたことである。即ち『宋会要』刑法二―一一〇「禁約」、紹興二年十二月十二日条に尚書省の上言として

臨安府近来累りに遺火を経て焚焼に至り、官司の舎屋の間ま存在する有れば、皆是れ瓦屋なり。今措置すらく、朝天門以南は諸軍の営寨を除くの外、応ゆる官司の舎屋の旧と茅草を用いて搭蓋する者は、十日を限りて瓦屋に改造し、限満つれば官を差わし点検せしむ。

とあり、紹興二年十二月、朝天門以南の官庁のうち、屋根を燃えやすい茅草で葺いているものは、十日を限って瓦に改めるよう定められた。朝天門の南は三省六部・枢密院等の枢要官庁が集中し、さらに宮城もある等、臨安城内で最も重要な一帯と云って良く、火事は何としても阻止しなければならなかった。それ故屋根を瓦葺きにすることが他地域に先んじて決定されたのであろう。紹興三年十一月になると、朝天門内の民戸も屋根を瓦葺きにするよう命が下され、十二月には瓦屋根に改造しない者は、官は一官を降し、民戸は徒一年に処すよう詔が出された。なおこれらの規定においては、諸軍の営寨の屋根は対象から除外されているが、紹興十七年二月、殿前司の寨の屋根を瓦葺きに改めることが定められた[60]。
第四は火事を出した犯人に対する罰則の制定である。『宋会要』瑞異二―三五～三六「火災」、紹興三年十一月二十二日条所載の詔に

今後放火の人は焼毀する舎屋の多少を以てせず、並びに軍法に依らしむ。其れ失火の正犯人にして、如し焚焼する官私の屋宇の数多ければ、並びに旨を取り、亦た軍法に依り断遣し、臨安府をして榜を出して暁示し、仍お多く使臣を差わして放火の人を緝捕せしむ。

とある如く、紹興三年十一月に詔が下され、放火した者は焼失した舎屋の多少にかかわらず、軍法によって処罰する

こととし、一方失火した者の場合、主犯は焼失した規模が大きければやはり旨を取り軍法によって断遣することとされた。この規定は紹興四年三月に改められ、失火の場合の主犯は、三百間以上を焼失したら奏裁し、五百間以上なら旨を取ることとなった。また紹興二年三月には犯人の逃亡を防ぐため、臨安の住民をして五家毎に一保を結成させ、互いに監視を行わせ、犯人を捕らえて差し出させ、もし逃亡を許してしまった場合は保の住民全体を処罰するという規則も定められている(61)。

第五は延焼を防ぐための空閑地である火巷の設置である。即ち紹興三年十一月に詔が下され、延焼を防ぐため、焼け跡は五十間四方毎に、そうでないところは百間四方毎に幅三丈の火巷を設けることになった。ところがこの規定に対して、翌月知臨安府の梁汝嘉は、臨安の巷（小道・わき道・裏道等を指す）は幅一丈に過ぎず、狭いものに至っては五尺以下であり、火巷の幅を一概に三丈としてしまうと、火巷を設けるために取り壊さなければならない家が多くなる、と反対した。さらに梁汝嘉は火巷の幅について、焼け跡は一丈五尺、それ以外は一丈とすべきであると提案し、裁可された。またこの時執政・侍従の邸宅や倉場庫務（財政施設）の周囲は、幅五丈にわたって民家を取り壊して空閑地と為すよう請う者があった。しかし殿中侍御史の常同は、この計画を実施すれば民家数千を取り壊さなければならず、それでは延焼によって民家が失われるのと何ら異なるところがない、倉場務庫の周囲だけ空閑地とし、執政・侍従宅の周囲は民家を取り壊すべきではない、と奏請した。その結果、執政宅の周囲は二丈を減じ、幅三丈にわたって空閑地にすることとされ、侍従宅は焼け跡でなければ周囲に空間地をつくらないことになった。また倉場務庫の周囲については、当初の計画通り幅五丈の空閑地を設けることとなった(62)。

第六として、『宋会要』刑法二―一一〇「禁約」、紹興三年十二月十一日条に

殿中侍御史常同言わく「乞うらくは臨安府の守臣に委ねて多方措置し、緊切の地分に防火司を専置し、望火の梯楼を立て、多く人兵を差わし、広く器用を置き、明らかに賞罰を立てん」と。之に従う。

とある通り、紹興三年十二月、城内の要衝の地に防火司を置き、望火楼を立て、そこへ兵員をつかわし、且つ消火器具を備えることとした。なおここに見える防火司が何であったのか、関連史料がないため明らかにならないが、火の見櫓が建てられ、消火器具が置かれていたというのであるから、恐らく軍巡鋪等とは別に置かれた消防署の如きものではなかったろうか。以上が紹興年間初頭に整備された防火体制のあらましである。なお防火体制の整備とともに、『宋会要』瑞異二─三五～三六「火災」、紹興三年十一月二十二日条が載せる高宗の言に

　其れ火を被るの人戸は、戸部をして日下に米五百碩を支して〔知臨安府〕梁汝嘉に付し、官を差して分頭給散せしむ。所有《あらゆる》官私の白地・房銭は、貫百を以てせず、並びに半月を放つ。

とある如く、被災者に対する賑恤、白地銭・房銭（借地・借家料）の減免が為された他、家を建設するのに用いる木材や竹等を商人が臨安に持ち込む際には商税を免除する、等の措置も講じられた。また火災の責任を取らせるため、三衙の管軍や知臨安府を降格するといったことも行われている。(63)

防火体制のうち、例えば火巷について取り上げると、たとえそのような空閑地を設けたとしても、当時のように人口が増大していく状況下にあっては、民衆がそこに家を建てて住み着き、火巷はたちまち埋め尽くされてしまったのではないかと想像される。また屋根を瓦葺きに改造することも遅々として進まなかったようで、高宗が宦官や胥吏に対し、率先して改造するよう戒告している事例も検索される。(64)しかしこのような問題を内包しつつも、総じて見れば防火体制はそれなりに機能し、効果を挙げていた如くであり、紹興七年以降、小規模な火事は度々発生したものの、淳熙十三年に至るまで、民家数千～万余を焼失させるような大火は一度も発生していない。(65)具体的な史料がないため定かにならないが、三衙の兵士による消火活動の他に、城内に多くの鋪が置かれ、そこに多数の兵士が配属されて警戒に当たったこと、鋪毎に消火器具が整備されたこと等が功を奏していたのではないだろうか。

ところが十三世紀に入ると、人口のさらなる増大とそれに伴う家屋の密集、都市生活のより一層の享楽化等に防火

体制が対応しきれなくなり、再び大火が頻発するようになった。例えば嘉泰元年（一二〇一）三月の大火は四日間燃え続け、城中の実に七割が焼失し、呉山山麓にある御史台をはじめとする官庁も多く類焼を被った。また嘉定十三年（一二二〇）、嘉熙元年（一二三七）六月にも数万戸が焼失する大火が発生している。紹熙三年（一一九二）正月、淳祐十二年（一二五二）十一月にも数日間にわたって燃え続ける火災が発生した他、嘉泰四年三月、紹定元年（一二二八）三月の大火では、諸官庁はもとより宗廟までもが焼失したといわれる。このような大火の頻発に際して、政府は防火体制の見直しを余儀なくされた。具体的には開禧年間（一二〇五～〇七）、帳前四隊と称される消防隊を組織し、嘉定四年、城内に消防隊の属する火の見櫓である七つの隅を設置した。この後隅は増置され、消防隊も紹定年間（一二二八～三三）には城内に東将・西将・南将・北将計二千名が組織され、淳祐年間（一二四一～五二）になると城外にも東壁・西壁・南壁・北壁計千二百名が置かれている。こうして防火体制は再び強化され、淳祐年間以降、大火は景定五年（一二六四）に一度発生しただけであった。[66]

おわりに

以上に述べた通り、国都としての臨安の建設事業は紹興年間（一一三一～六二）、それも特に紹興二年正月に高宗が紹興から臨安へ移蹕して以降、建康へ向けて出発する六年九月まで、及び金との和議が確定する紹興十二年前後、の二つの時期に集中して行われた。

前者の時期においては臨安に太廟が設置された他、司農寺・太府寺・国子監・秘書省等の官庁が建設された。治安・防火体制もこの時点で整備されている。後者の時期においては、崇政殿・垂拱殿という大殿が建設されただけでなく、景霊宮・郊壇・社稷壇等の祭祀用施設が相継いで建設された。官庁について見ても、この時期に多数の庁舎が新設され、増改築された官庁に至っては数知れぬ程であったという。財政施設としては和糴場が建設され、その後省倉の整備が行われている。このように和議が確定するのと前後して、宮殿や祭祀用施設等、臨安が国都であることを決定づける最も重要な建物の建設が一挙に行われたのである。また建設事業とともに人口は増大し、商業も活発に営まれるようになり、かくて臨安は空前の繁栄を誇ることとなる。

もっとも主戦派の人々は一貫して建康奠都を主張しており、臨安を国都とすることには反対であった。例えば本文でも述べた通り、紹興五年、臨安に太廟を建設しようという意見が出された際、そのようなことをすれば高宗は臨安に居を定め、中原回復の意志を放棄したと見なされるとして、彼らは強い反発を示した。その後も例えば硬骨漢の洪皓は、臨安を国都として建設・整備することに対し「銭塘に暫居するも、而るに太廟・景霊宮は皆土木の華を極む。豈に中原の意無きを示すに非ざらんや」と憤慨している。[67] 臨安を国都として建設・整備していくことは、主戦派を抑え込むとともに、南宋が金に対して最早武力行使する意志を持っていないと内外に周知せしめ、和議をより確固たるものにしようとする営為に他ならなかったのである。[68]

さて、南宋の臨安に関して今後検討を要する課題は少なくない。具体的には財政・都市の社会構造・都市問題等については、なおも検討を加える余地が多く残されている如くである。それらの検討は別稿において行う。

註

（1）高宗の巡幸については、既に拙論「南宋初期の巡幸論」（『愛媛大学法文学部論集・人文学科編』一五、二〇〇三年）において検討を試みた。以下、高宗の巡幸に関する記述は、特に注記しない限り拙論に基づく。

（2）梅原郁「南宋の臨安」（梅原郁編『中国近世の都市と文化』、京都大学人文科学研究所、一九八四年）、伊原弘「中国の都市杭州――時間・空間・生活――」（『比較都市史の旅』、原書房、一九九三年）、徐益棠「南宋杭州之都市的発展」（『中国文化研究彙刊』四―上、一九四四年）、林正秋「南宋時期杭州的経済和文化」（『歴史研究』一九七九年―一二）、同「杭州南宋皇宮探索――兼補訂『宋史・地理志』――」（『中国地方史志』一九八二年―一）、王士倫「皇城九里――南宋故宮――」、陸鑒三「女牆已毀夜烏啼――城門沿革――」、傅伯星「得勢求道　祈祷永年――杭州的道観――」（以上周峰編『南宋京城杭州』、浙江人民出版社、一九九七年）、闕維民編『杭州城池曁西湖歴史図説』（浙江人民出版社、二〇〇〇年）、傅伯星・胡安森『南宋皇城探秘』（杭州出版社、二〇〇二年）、楊寛『中国古代都城制度史研究』（上海人民出版社、二〇〇三年）、満志敏「南宋皇城主要宮殿建築考」（『歴史地理』二〇、二〇〇四年）。以上の他、梅原郁訳注『夢粱録』一～三（平凡社東洋文庫、二〇〇〇年）の註の部分にも、建設に関して参照すべき記述がある。

（3）以上、高宗が杭州の州治を行宮としたこと、州治がもと呉越の王宮であること等は『要録』二〇、建炎三年二月壬戌条、『咸淳志』巻五二「府治」、『玉海』巻一五八「紹興臨安行宮」等に見えている。

（4）以上、行宮建設の経緯は『要録』五一、紹興二年正月己未条・二月癸亥条、『宋会要』方域二―九～一一「行在所」、『玉海』巻一五八「紹興臨安行宮」等による。

（5）『要録』巻二三、建炎三年五月乙酉条。

（6）建康への移蹕を主張する意見に対しては、註（1）拙論において検討を加えた（六〇～六二頁）ので参照されたい。

（7）建康行宮の建設工事は金軍の侵攻が迫ったとの理由で紹興二年八月に一旦中止され（『要録』巻五七、紹興二年八月乙卯条）、四年二月に再開されている（『宋史』巻二七、高宗本紀、紹興四年二月癸未条）。

（8）以上の記述は『要録』巻一〇一、紹興六年五月丙辰条、巻一〇九、紹興七年三月己丑条、巻一一〇、紹興七年四月癸巳条による。

（9）『要録』巻一三六、紹興十年六月丁未条。

（10）慈寧殿の建設は『要録』巻一二五、紹興九年正月癸巳・丁酉条、『玉海』巻一六〇「紹興慈寧殿」、『朝野雑記』甲集巻二「今大内」等に見えている。

（11）梅原郁「宋代の開封と都市制度」（『鷹陵史学』三・四、一九七七年）、四八頁。

（12）註（2）梅原・王・満論文。

(13) 以上、宮殿・城門・城壁の建設状況は『咸淳志』巻一「大内」、『宋会要』方域二―一八～二二「行在所」、『玉海』巻一五八「紹興臨安行宮」等による。

(14) 以上、徳寿宮に関しては『要録』巻二〇〇、紹興三十二年六月戊辰条、『咸淳志』巻二「北宮」、『玉海』巻一五八「紹興徳寿宮」、『朝野雑記』乙集巻三「南北内」等による。

(15) 以上の記述は『要録』巻八五、紹興五年二月己丑条、巻八八、紹興五年四月戊午条、巻八九、紹興五年五月乙亥条、『咸淳志』巻三「太廟」、『夢粱録』巻八「太廟」等による。

(16) 以上の記述は『要録』巻一〇四、紹興六年八月辛亥条、巻一一〇、紹興七年四月癸巳条、巻一一七、紹興七年十二月戊辰条による。

(17) 『要録』巻七三、紹興四年二月癸卯条。

(18) 『宋会要』方域二―一七「行在所」、紹興十三年三月十三日条。

(19) 『宋会要』礼二―四一「南郊」、紹興十三年二月二十五日条。

(20) 郊壇の構造については『宋会要』礼二―四～五「郊祀壇殿大小次」、紹興十三年三月十九日条に詳細な記述が見られる。

(21) 宋代における郊祀の挙行状況は梅原郁「皇帝・祭祀・国都」（中村賢二郎編『歴史のなかの都市――続都市の社会史――』、ミネルヴァ書房、一九八六年）、二八九頁の一覧表にまとめられている。

(22) 同右梅原論文、二八九頁の一覧表参照。

(23) 『宋会要』礼二三―四「社稷」、紹興二年二月六日条、八年三月十六日条。

(24) 『宋会要』礼二三―六「社稷」、紹興十四年六月十七日条、十五年七月二十日条。

(25) 『要録』巻一四七、紹興十二年十二月庚午条、『咸淳志』巻三「高禖壇」、『玉海』巻九九「紹興高禖壇」。

(26) 『要録』巻一五三、紹興十五年正月辛酉条、巻一五五、紹興十六年正月壬辰条、『咸淳志』巻三「藉田先農壇」。

(27) 『要録』巻一五五、紹興十六年八月辛丑条、『咸淳志』巻三「太廟」。

(28) 『要録』巻一五六、紹興十七年四月辛丑条・十月癸卯条、『咸淳志』巻一三「太乙宮」・「万寿観」、『玉海』巻一〇〇「紹興万寿観」・「紹興太一宮」。

（29）『要録』巻一五七、紹興十八年六月甲辰条、『咸淳志』巻三「九宮貴神壇」。
（30）『要録』巻一〇五、紹興六年九月庚辰条に「詔臨安府百司移行、並増行宮二字」とあり、臨安から建康へ移転する官庁には「行宮」の二文字が付帯されたことが知られる。また行宮戸部は同書同巻、紹興六年九月癸未条に、行宮枢密院・行宮御史は同書巻一一一、紹興七年五月甲申条に各々見えている。
（31）『咸淳志』巻八「国子監」。ただし設置場所は今のところ明らかでない。
（32）『要録』巻七二、紹興四年正月戊午条、『咸淳志』巻七「秘書省」、『宋会要』方域二―一八「行在所」、紹興十三年十二月二十二日条。ただし秘書省が仮住まいしていた法恵寺の場所は特定できない。なお法恵寺は史料によっては法慧寺とも表記されるが、本稿では法恵寺に統一する。
（33）『要録』巻一七八、紹興二十七年十二月丙辰条、『宋会要』方域二―二〇「行在所」、紹興二十七年十月二十二日条、『咸淳志』巻四「朝省」。
（34）『宋会要』方域四―一八「官廨」、紹興十一年三月九日条。
（35）『朝野雑記』甲集巻五「大理獄非得旨不許送理官宅」。
（36）臨安の人口は加藤繁「南宋の首府臨安の戸口に就いて」（『社会経済史学』三―八、一九三三年、後『支那経済史考證』下、東洋文庫、一九五三年に再録）、「臨安戸口追論」（雑誌等未発表、『支那経済史考證』下に収録）、林正秋「南宋都城臨安人口数考策」（『杭州大学学報』一九七九年―一・二）による。なお臨安の人口について、桑原隲蔵「歴史上より観たる南北支那」（『白鳥博士還暦記念東洋史論叢』、岩波書店、一九二六年、後『桑原隲蔵全集』二、岩波書店、一九六八年に再録）、池田静夫「南宋の首都臨安の戸口の再吟味」（『文化』五―一二、一九三八年、後『支那水利地理史研究』、生活社、一九四〇年に再録）は五百万とする。しかし五百万説にはいろいろと問題があるようなので（斯波義信『宋代江南経済史の研究』、東京大学東洋文化研究所、一九八八年、三三八頁）、ここでは百二十万～百五十万説に従う。
（37）以上北宋・南宋の上供と和糴との関係は、島居一康「宋代上供米と均輸法」（宋代史研究会研究報告第三集『宋代の政治と社会』、汲古書院、一九八八年、後『宋代税政史研究』、汲古書院、一九九三年に再録）、『宋代税政史研究』の四〇六～四一六頁、同「南宋の上供米と両税米」（『東洋史研究』五一―四、一九九三年、後『宋代税政史研究』に再録）、著書の四四六～

四五一頁、斯波義信『宋代江南経済史の研究』、二三四～二八三頁等による。
(38) 同右島居「南宋の上供米と両税米」、著書の四五一～四五三頁。
(39) 同右島居論文、著書の四五五～四六二頁。
(40) 豊儲倉は『要録』巻一七二、紹興二十六年四月戊戌条に、二百万倉は『宋会要』食貨六二―一六「京諸倉」、乾道三年六月九日条に、豊儲西倉・淳祐倉・端平倉・平糴倉は『咸淳志』巻九に各々見えている。
(41) 以上、榷貨務都茶場については草野靖「南宋時代の淮浙塩鈔法」(『史淵』八六、一九六一年)を参照した。
(42) これらの税については、曾我部静雄『宋代財政史』(生活社、一九四一年)、久富寿「南宋の財政と経総制銭」(『北大史学』九、一九六四年)、梅原郁「南宋両税制度雑攷――中国王朝の徴税体系――」(中村賢二郎編『国家――理念と制度――』、京都大学人文科学研究所、一九九八年)等に詳しい。
(43) 総領所に対する財貨の送付に関しては内河久平「南宋総領所考――南宋政権と地方武将との勢力関係をめぐって――」(『史潮』七八・七九、一九六二年)において検討が為されている。
(44) 広雅書局本・国学基本叢書本は「置」につくるが、四庫全書本に従い「買」とする。
(45) 梅原郁「宋代の内蔵と左蔵――君主独裁制の財庫――」(『東方学報』京都四二、一九七一年)、一四九頁、『宋会要』食貨五一―二八「左蔵庫」、紹興二十七年五月十七日条。
(46) 『要録』巻七三、紹興四年二月丙午条。
(47) 『要録』巻二〇〇、紹興三十二年七月癸丑条、『朝野雑記』甲集巻一七「左蔵南庫」。
(48) 以下、臨安の財庫の沿革は註(45)梅原論文、一五九～一六二頁による。
(49) 北宋開封の治安制度に関する専論として、久保田和男「宋都開封と禁軍軍営の変遷」(『東洋学報』七四―三・四、一九九三年)、「宋都開封の治安制度と都市構造」(『史学雑誌』一〇四―七、一九九五年)が挙げられる。
(50) ここでいう「臨安府の兵」が具体的にいかなる種類の兵を指しているのか判然としない。三衙以外に臨安に駐屯する軍(例えば廂軍や巡検土軍等)の兵士の総称であろうか。
(51) 『要録』巻一六三、紹興二十二年十月己卯条、『宋会要』兵三―一〇「廂巡」、乾道七年正月二日条。

（52）『宋会要』職官二二―一五「金吾街杖司」、紹興二十八年十月二十七日条、紹熙三年七月八日条。
（53）北宋開封の夜間外出禁止令については、註（49）久保田論文において詳細に論じられている。一方、臨安の夜間外出禁止令に関して、その推移を詳しく跡づけるにはより一層史料を博捜した上で検討を行わなければならない。今後の課題としたい。なおマルコ・ポーロは元代の杭州において、夜間外出禁止令が施行されていたことを述べている（愛宕松男訳『東方見聞録』二、平凡社東洋文庫、一九七一年、七一頁）。
（54）『咸淳志』巻一九「城東西廂」。
（55）以上、臨安の火災の原因や発生の状況は木良八洲雄「南宋臨安府における大火と火政」（『人文論究』四〇―二、一九九〇年）、三五～四一頁、及び註（2）梅原論文、九～一五頁による。なおジャック・ジェルネ『中国近世の百万都市――モンゴル来襲前夜の杭州――』（栗本一男訳、平凡社、一九九〇年）の中にも火災や防火活動について言及がある（三五～四〇頁）。
（56）同右木良論文四一～四八頁、梅原論文九～一五頁、ジェルネ著書三六～三八頁。
（57）『宋会要』兵三―七～八「廂巡」、紹興二年正月二十一日条。
（58）ここでいう「臨安府の兵」も具体的に何を指しているのか定かでない。軍巡鋪に充てられた「臨安府の兵」と同様に（註（50）参照）、廂軍や巡検土軍等の、三衙以外に臨安に駐屯する兵士の総称であろうか。
（59）『宋会要』刑法七―三四「軍制」、紹興二年七月二十七日条、刑法二―一一〇「禁約」、紹興三年十二月十七日条。
（60）『宋会要』瑞異二―三五～三六「火災」、紹興三年十一月二十二日条、刑法二―一一〇「禁約」、紹興三年十二月九日条、『要録』巻一五六、紹興十七年二月辛亥条。
（61）『要録』巻七四、紹興四年三月戊寅条、『宋会要』刑法二―一〇九～一一〇「禁約」、紹興二年三月二十八日条。
（62）『宋会要』瑞異二―三六「火災」、紹興三年十一月二十二日条、方域一〇―七～八「道路」、紹興三年十二月九日条。
（63）商税の免除は例えば『宋会要』食貨五九―二三「恤災」、紹興三年八月九日条、降格は同書瑞異二―三五「火災」、紹興二年六月四日条に各々見えている。
（64）『要録』巻一三七、紹興十年九月辛酉条。
（65）註（55）木良論文、三六～三七頁及び四二頁。

（66）以上、南宋後半の火災の発生状況及び防火体制は註（2）梅原論文、九～一五頁、同右木良論文、三六～三七頁及び四五～四八頁による。なお臨安も含めた南宋の都市の隅制については、曾我部静雄『中国及び古代日本における郷村形態の変遷』（吉川弘文館、一九六三年）、四七四～四九七頁においても検討が為されている。

（67）『要録』巻一四八、紹興十三年二月乙酉条所引の『中興聖政』・『呂中大事記』。

（68）『咸淳志』巻三「郊丘」及び巻四七「秩官五」等によると、第二次和議が締結された後の紹興十二年十一月～十三年八月までの間、王喚という人物が知臨安府に任じられ、郊壇を建設する等、臨安の建設・整備を推進している。この王喚とは秦檜の妻王氏の兄であり、秦檜の腹心であった。今のところ確たる証左は得られないけれども、臨安の建設が推進される背後で糸を引いていたのは秦檜だったかもしれない。

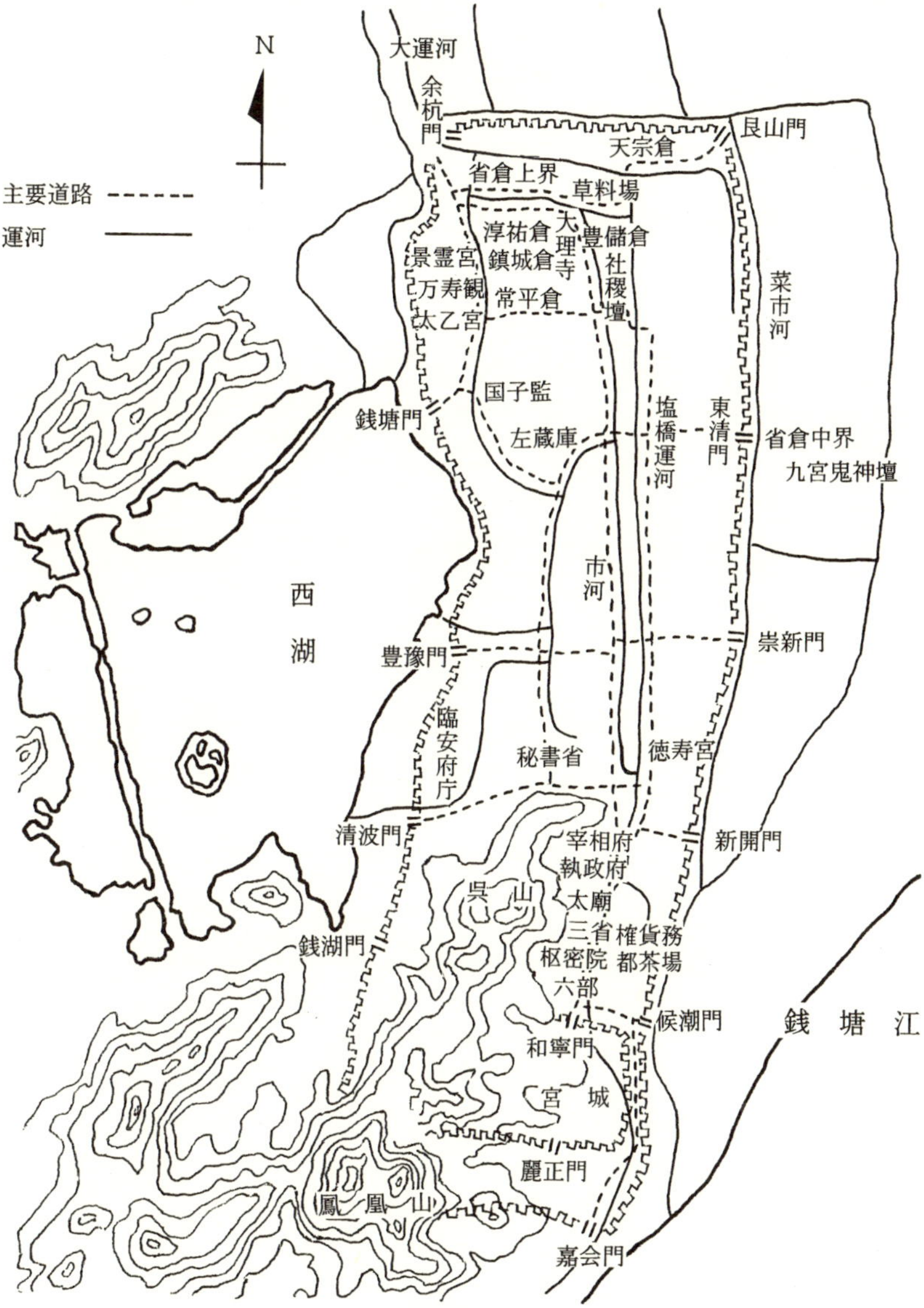

図1　南宋臨安略図

（梅原郁「南宋の臨安」付属の臨安図、及び斯波義信『宋代江南経済史の研究』、同『中国都市史』、東京大学出版会、2002年所載の臨安図等をもとに作製）

南宋期の銅銭に関する諸現象について

井 上 正 夫

はじめに

南宋時代には、金属貨幣として銅銭と鉄銭が流通したと同時に、大量の紙幣が流通したことは、周知の事実である。以下で述べる「貨幣」とは、この銅銭と鉄銭と紙幣である。

本稿は、南宋の貨幣のうち、特に銅銭について、その「不足説」を検証し、銅銭の鋳潰しや価値下落等、銅銭に関する諸現象を、より整合的に理解しようとする試みである。

1　通説的理解

①　銅銭流通量の不足説

まず、南宋の銅銭流通量が不足状態であったという理解については、戦前の研究以来の通説である。[1] しかし、南宋期には、北宋期と比較して、物価水準が上昇している以上、[2] 銅銭不足説の検証が必要となるのは当然であろう。

ただし、南宋では、銅銭に加えて、紙幣、さらに地域によっては鉄銭も発行されて流通していた。そのため、たと

グラフ１〔北宋期銅銭鋳造量〕

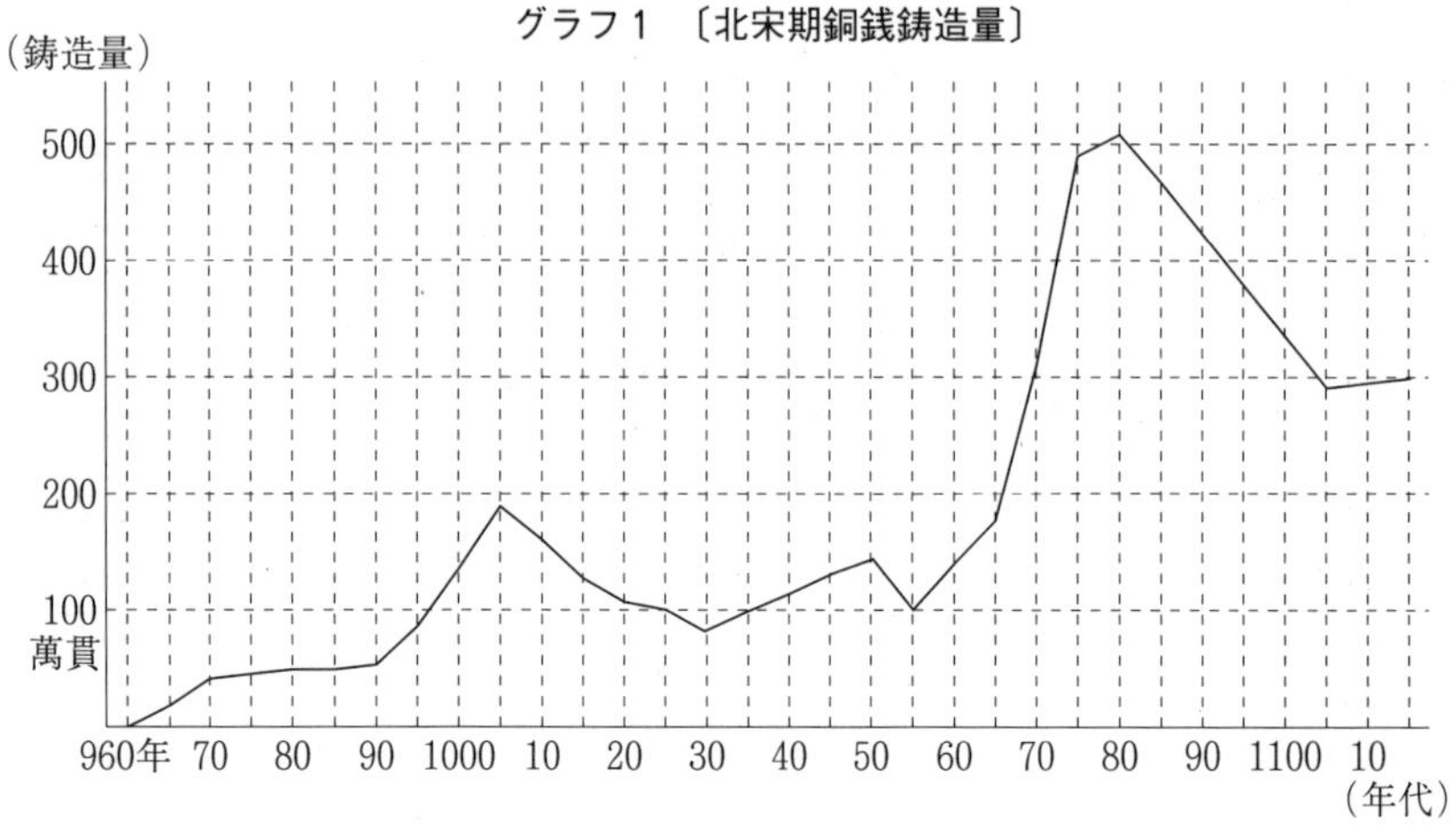

え銅銭不足の理解に立ったとしても、紙幣や鉄銭の乱発を主因として物価が上昇したと説明すれば、銅銭不足と物価上昇との関係については、一応の整合性は保たれるのである。とはいえ、銅銭不足の通説は、これまでの研究の中では、あたかも自明のものとされており、他の諸事象との関係で十分な検証がなされているといえない。

②　銅材不足と銅銭鋳造不振と銅地金価格の関係

南宋時代の銅銭の不足すなわち銅銭流通量の減少は、通説的には、「銅産出量の激減」により「銅銭鋳造が不振」となった結果として、説明されている。その史料的根拠としては、例えば、『建炎以来繋年要録』（以下、『繋年要録』と記す）巻一一一紹興七（一一三七）年五月癸酉条には、「鋳銭一司、糧食を坐費す。今、銅料継がず」とあり、確かに、銅材不足と銅銭鋳造不振との因果関係自体は認められよう。また、南宋期には、北宋期と比較して、銅銭鋳造量が激減したのも事実である（グラフ参照[3]）。

一方、銅材不足と関連して、南宋期には「銅の地金価格」が非常に高く、「銅銭の地金価格」は額面価格を超過していたという理解もある[4]。その史料的根拠としては、例えば、『繋年要録』巻一七〇紹興二五（一一五五）年一二月丙申条には、「近年民間の銭宝を銷毀するは、

グラフ２〔南宋初期銅銭鋳造量〕

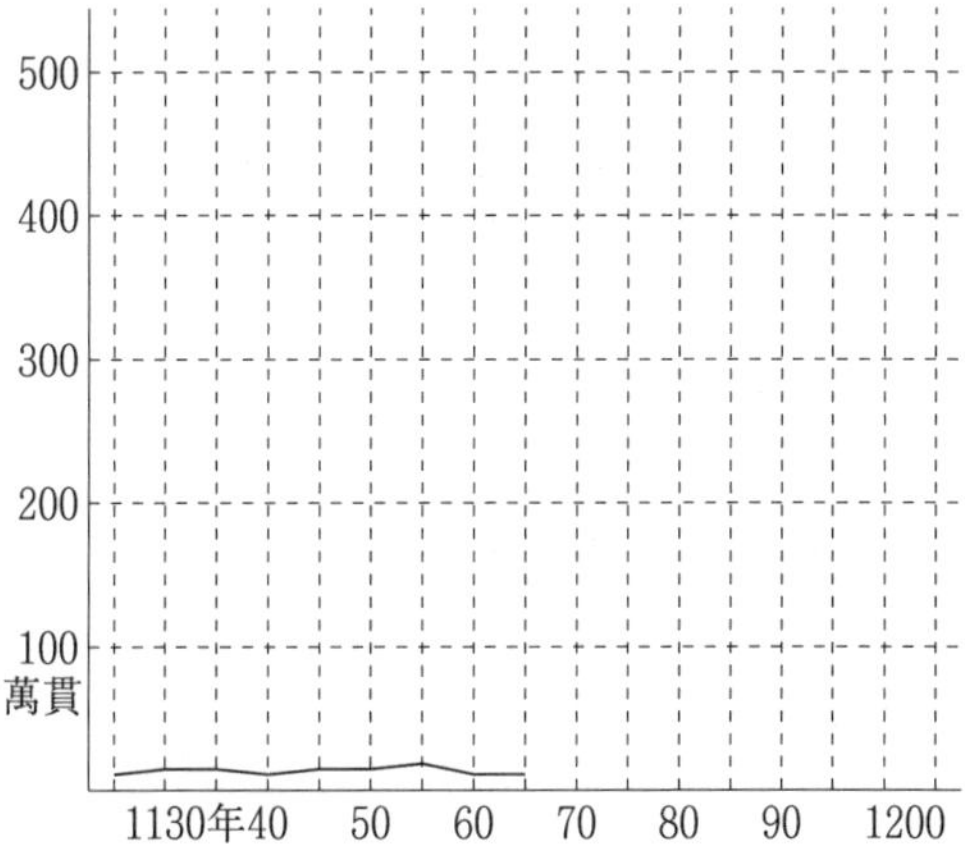

法禁厳と雖も、尚未だ止絶せず。蓋し、器皿を出売するに、其の利ただに数倍のみならざるによるものならん」とあり、銅銭の鋳潰しにより得た銅材が、額面価格の数倍に相当する価格で取引されるという現象は、確かに存在していたのである。

③　通説的理解の疑問点

以上、南宋の銅銭に関する通説的理解をまとめれば、南宋期には、銅銭も銅材も共に不足しており、特に、銅材不足の中で、銅銭の地金価格が額面価格を超過する現象が発生し、その結果、銅銭が鋳潰され、銅銭不足を激化させたということになる。

しかし、こうした通説的理解に関しては、第一に、銅銭不足説については、当時の人々が、稀少だという銅銭を、支払に充当することなく鋳潰すこと自体が、不可解である。大体、鋳潰し行為の多発こそ、銅銭不足説を疑わせるものであろう。

第二に、南宋期における銅産出量の激減に関しては、南宋は、北宋期の領土の北半分を喪失したとはいえ、主な銅産地は確保しており[5]、本来、銅の産出量自体はある程度確保されるはずである。つまり、銅の産出量の激減が、資源上の枯渇を直接の原因としていたのかという点が、疑問として残るのである。

第三には、銅銭の地金価格が高いというならば、政府は、銅材の販売によって、より多くの利益が確保できるのであり、銅の採掘が放棄される必要があるのかという疑問が生じる。おそらく、通説的理解に立てば、南宋政府は、銅器保有を禁止・制限する政策（「銅禁」という）を前提としている以上[6]、銅材を販売するという選択はありえず、銅銭不足の緩和のために、稀少で高価な銅材を銅銭に鋳造したが、鋳造損失の発生は鋳造継続を困難にしたと説明することになるのであろう。しかし、一般に、政府の貨幣発行の重要な目的の一つが、その発行利得の確保を目指すものであるから、高い地金価格を前提に、低い額面価値での鋳造を行うというような費用計算を度外視した行動を、南宋政府は意図したのかという点も、疑問である。大体、通説のいう銅地金の高価値と銅銭不足を前提とするならば、銅銭は当十銭等の高額貨幣が主として発行されるべきで、それにより、鋳潰しを防止でき、かつ物価上昇を伴うことなく銅銭不足を緩和できたはずである。

以上、南宋期の銅銭に関する諸現象について、通説では多くの点で疑問が残ることが判明した。そこで、以下では、銅銭の過剰により物価上昇が発生するという一般的な理解に立ちもどり、考察を進める。(7)

2　銅銭の鋳潰し発生の意味と銅銭鋳造不振の真因

①　銅銭の価値と銅材価格との関係及び銅銭鋳潰し発生の必然性

南宋期の銅銭に関する諸現象を正しく把握するためには、まず、銅材が市場に広く普及していたのではなく、先述のように、当時は、「銅器保有制限」があり、その結果として、銅材供給の極度の不足という「特殊性」が存在したことを、理解する必要がある。ここでは、経済学の初歩的概念によりその説明を試みる。

はじめに、ごく基本的な形で、多数の生産者と多数の消費者を想定した場合の銅材に関する需要曲線と限界費用曲線（銅材一単位を追加的に生産した場合に発生する追加的費用を示す）を描くと、**図**のようになる。(8)

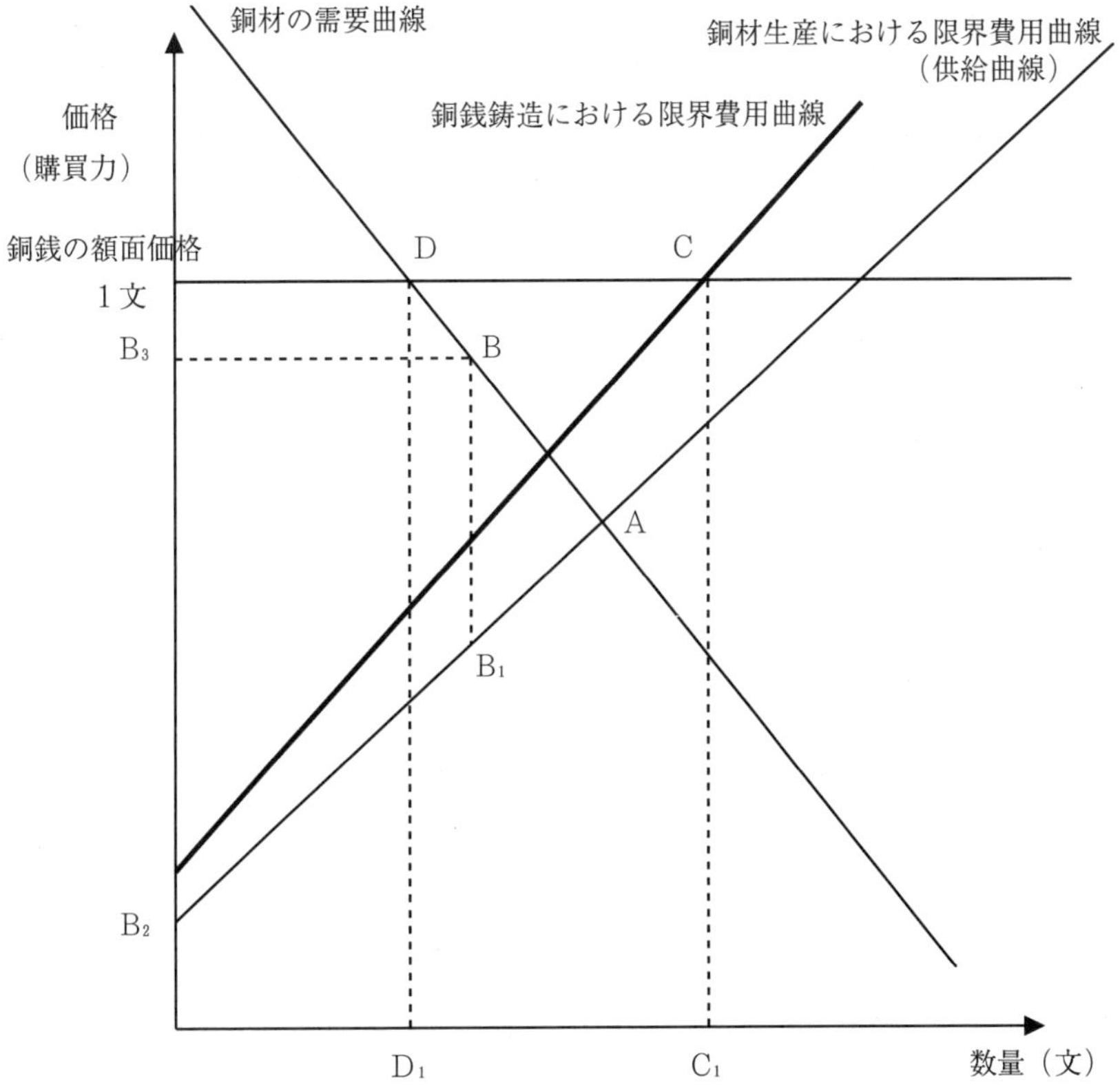

図　銅材の需要曲線と銅材生産・銅銭鋳造における限界費用曲線

まず、銅材への需要の強さ、すなわち人々が銅材を購入するのに投じてもよいとする対価について考えると、その金額は最初の銅材一単位については、非常に大きいが、追加的な銅材一単位については、それに支払ってもよいと考える金額は、次第に低下していくというのが、自然である。それゆえ、銅材の需要曲線は右下がりになる。

次に、銅材生産の限界費用については、生産設備等初期投資の費用は別とすれば、最初の銅材一単位の生産に要する費用は僅かであるけれど、銅材が追加的に生産されていくにつれて、それらの銅材各一単位の生産に要する追加的費用は次第に増加していくというのが、経済学の一般的な考え方である。実際の銅材の生産で、その曲線が、この図のような傾きで右上がりになるかどうかは確定できないが、生産を無理に伸ばそうとすれば、最終的には追加的費用は増加せざるをえない。よって、問題となるのは、その右上がりの仕方だけであり、そうした個々の生産者の限界費用の社会的総計が、その財に対する供給曲線となるのである。

そして、経済学的には、多数の消費者が存在し、かつ多数の生産者による市場への参入が自由な場合、銅材価格と生産量は、供給曲線が需要曲線と交わる点で均衡し、決定されると考えられている。図では、交点Aが、それである。

しかし、宋代においては、銅の生産供給は個々の生産者により自由に行われていたのではなく、政府による生産独占（もしくは民間生産分の政府による購入独占）の状態であった。(9) そのため、もし銅材の生産販売によって政府が最大の利潤獲得を目指すとすれば、その生産量は、短期的には、先の交点Aまでには至らずに、生産調整が行われて、点B、B_1、B_2、B_3で囲まれた部分の面積、つまり銅材の売上高と銅材の生産費用（投資費用は除く）の差額が最大になるように、「独占利潤の最大化」を目指して価格と生産量が決定されることになる。(10)

以上は、「銅材」の独占的供給者として政府が行動すると想定した場合における銅材の生産量と価格の決定のされ方である。ところが、南宋期には、先述のように「銅禁」により民間での銅器保有は極度に制限され（註（6）参照）、銅材のほとんどが銅銭の鋳造に投入されていたから、政府の生産調整に反応して消費者行動が決定されるという過程は、もとより存在しないのである。そのため、政府が銅銭の鋳造利益を最大化すべく行動した場合、銅銭の発行量は、所与の物価水準のもとでは、銅銭一枚の額面価格すなわち「一文」と、銅銭鋳造の限界費用とが一致する点まで増加させることが可能になる。(11) 銅銭一単位を発行するための限界費用は、銅材一単位を生産する限界費用と銅銭一単位を鋳造するのに必要な限界費用を加えたものと考えることができるから、結局、その限界費用曲線と銅銭の額面価格を示す線が交わる点Cまで鋳造量は拡大しうるのである。このように、一般的に銅材の取引が存在せず、しかも銅銭の価値が地金価格とは「同一ではない」結果として、銅銭鋳造における鋳造量の決定の仕方は、銅材生産における生産量の決定の仕方とは、全く異なってしまうのである。

今度は、需要曲線から銅銭鋳潰しの発生を説明してみよう。まず、銅材の需要曲線については、民間での銅器保有禁止の状況下では、先述の経済学的モデルにおけるような保有に制限がない自由な状態と比較して、より下方に位置する可能性はある。しかし、宋代における銅銭の鋳潰しの発生が示すように、銅器への需要は確実に存在していたのであるから、人々がはじめの銅材一単位を入手するために準備をしている対価は、「非常に高い」と考えられる。また、銅材の需要曲線は、先述と同様に依然右下がりとして考えるのが、自然である。ここでは、南宋期にも銅材の需要は潜在的に存在したものと想定し、先の需要曲線とそれほど変化がないものとして論を進める。

さて、こうした銅材への需要の存在を考えた場合、銅を素材とした銅銭が目前に存在しながら、銅材自体は稀少であるという状況下では、手持ちの銅銭を鋳潰して銅材を獲得するという行動が発生することは、自然である。図では、点Dより左部分の銅銭に関して、銅銭価格より地金価格が高いが、銅銭の鋳潰しが発生するのは、まさにこの範囲においてである。通説は、銅銭の鋳潰しによる利益発生をもって、宋代には銅銭の地金価格はその額面価格を超過していると理解してきたが、実際には、銅の生産費用がそれほど高いものでなくとも、銅器保有禁止のもとでの極度の銅材不足という「特殊状況」によって、銅銭の鋳潰しは必然的に発生するのである。

また、銅銭の供給過剰により一般的物価水準が上昇した場合には、銅材を入手するために投じてもよいと考える対価も増加するであろう。そのため、需要曲線は上方に移動することになり、その場合、新たな需要曲線と銅銭一文の価値を示す直線との交点は、点Dよりも右方向に移ることになる。つまり、物価上昇の結果、鋳潰し行為は、より頻繁に発生するのである。南宋初期に、それまでの銅禁に加えて、銅銭鋳潰しの禁止令が出されたことは（註（6）参照）、銅銭鋳潰しの「激化」を物語るものであり、鋳潰しの増加は、物価上昇のもとでは必然的なことだったのである。

②　物価上昇による銅銭鋳造の不振

南宋期には、首都においても紙幣が流通しはじめる。ここで、再び、図によって、紙幣発行が銅銭鋳造に与える影響を考えてみよう。紙幣の増加によって、銅銭と紙幣をあわせた貨幣流通量全体は増加するから、物価は上昇する[12]。そのため、銅材生産や銅銭鋳造に要する費用が増大し、限界費用曲線（供給曲線）は上方へと移動し、交点Cは左に移動するから、それまでと同額の鋳造をした場合には、新たな交点より右の部分において、鋳造損失が発生することになる。その結果、銅銭鋳造の規模は縮小せざるをえないのである。物価上昇が銅生産を阻害することについては、例えば、『宋会要輯稿』食貨三四―一七、坑冶、紹興一二（一一四二）年信州鉛山県の事例として、

耆老皆いう……かの時、百物倶に賤く、坑戸の得るところに贏《あま》りあり。故に常に十余万人を募集し、昼夜に採鑿し、銅鉛数千万斤を得る……数十年以来、百物翔貴し、官増価収買せず、坑戸、利を失い散じて他にいく。

とあり、物価水準が低い時代には銅の生産が盛んにおこなわれていたものが、物価上昇の中、政府の銅材買上げ価格が引き上げられなかったために、生産が阻害されていたことがわかる。一定の銅材から得られる銅銭の量が一定とすれば、銅材購入に割振ることができる銅銭の数には自ずと限界があるので、銅材の買上げ価格は容易に引き上げることはできない。そのため、銅材の確保は困難になるのである。南宋期に銅銭の鋳造損失発生の記事が多く、そうした鋳造継続の断念に関する記事は、しばしば「鋳造費用超過」の問題として論じられていることからしても[13]、この時期の銅銭鋳造の不振は、実は、物価上昇つまり銅銭価値の低下が主因である。通説は、銅銭の鋳造が停滞したことを根拠として、銅の資源的枯渇と理解してしまったのであり、しかも、銅銭を鋳潰して得た銅地金に高い価格がついたという現象発生により、銅鉱枯渇の誤認は、より強固になってしまったのであろう。あるいは、銅鉱の中には、銅資源そのものが枯渇したものも存在したであろうが、南宋でも銅の産出地帯自体は確保されていたのであるから、やはり、

南宋期の高い物価水準こそが、「急激」な銅材生産量減少と銅銭鋳造量減少との主因であると考えるべきである。南宋期の貨幣単位が、観念上、「一文」すなわち小平銭一枚で理解されているために、流通貨幣の充満とそれによる物価上昇は、必然的に鋳造継続を困難にしたのである。より明確にいえば、たとえ銅材が確保されていたとしても、物価上昇による鋳造費用の増加により、銅銭の鋳造は不振に陥る宿命にあったのである。(14)

以上、南宋の銅銭にかかわる諸現象は、銅銭不足を前提とせずとも、銅禁の下での銅材不足という特殊状況さえ理解できれば、銅銭過剰を前提として、より整合的に説明できることが示された。とはいえ、南宋時代には、別の貨幣として紙幣も発行されていたので、銅銭自体を不足したとして議論しても、諸現象は一見矛盾なく説明できる可能性が残ることは、先にも述べたとおりである。それゆえ、次には、銅銭流通量そのものについての検討を行う。

3　銅銭の流通量

①　考古学上の成果からの推定

南宋期の銅銭流通量に関して、南宋期の銅銭鋳造量、すなわち銅銭の「追加的供給」については、北宋期に比べて激減しているのは確かである。しかし、南宋期の流通銅銭には、北宋末期までの「蓄積分」が存在しているのだから、たとえ北宋の滅亡時に、北方で流通していた全ての銅銭が南宋に引継がれなかったとしても、南宋での北宋銭の流通量は考慮しなければならない。そして、その流通量については、史料のみから推定することは困難であるが、考古学的な成果により、その検証が可能となる。表では、紹興銭を最新銭とする二つの事例（以後、「前者」とする）と、南宋末期から元代の銅銭を最新銭とする五つの事例（以後、「後者」とする）をあげた。(15)最新銭から考えれば、前者は南

表１　出土銭数整理表

前者

	出土場所	五代以前	北宋銭	南宋銭					元銭	(a)紹興銭に対する建炎銭の比率	(b)南宋以前の銅銭に対する建炎銭の比率
				建炎通宝	建炎重宝	紹興通宝	紹興元宝	乾道以降南宋末までの銅銭			
1	湘西吉首	905	12106	152			60	なし		253.3%	1.17%
2	江西樟樹	256	3500	52		28	68	なし		54.2%	1.38%
	小計	1161	15606	204		28	128			130.8%	1.22%

後者

	出土場所	五代以前	北宋銭	南宋銭					元銭	(a)紹興銭に対する建炎銭の比率
				建炎通宝	建炎重宝	紹興通宝	紹興元宝	乾道以降南宋末までの銅銭		
3	湖南祁東県	60	823	12		3	13	22		75.0%
4	泉州湾	33	358	3		4	8	55		25.0%
5	安吉	603	6248	46	1	37	63	1398	16	47.0%
6	定州市	7	1202	14			38	330	2	36.8%
7	浙江臨安県	60	702	10		23		247	5	43.5%
	小計	763	9333	85	1	67	122	2052	23	45.5%

(a)については小数点第２位を、(b)については小数点第３位を四捨五入。

参考

	出土場所	五代以前	北宋銭	南宋銭					元銭
				靖康元宝	建炎通宝				
	杭州中河	956	11873	3	29				

宋初期の埋蔵とすべきであり、後者は南宋末期から元代のものとするのが妥当であろう。

　まず、前者について考えれば、紹興銭に対する建炎銭の比率が、後者での比率と比べて、相対的に高いことがわかる。建炎年間（一一二七〜一一三〇）鋳造の建炎銭の鋳造期間は約四年間であるのに対して、紹興年間（一一三一〜一一六二）鋳造の紹興銭の鋳造期間は約三〇年間であるから、[16]建炎銭と紹興銭では、鋳造量は紹興銭の方が多く、本来は、出土銭数も紹興銭の方が多くなるのが自然である。ところが、前者では建炎銭の方が相対的により高い比率を占めており、このことから、乾道年間（一一六五〜一一七三）以降の鋳造銅銭を含まない前者の埋蔵時期は、紹興年間（一一三一〜一一六二）の前半であると推定可能である。ここでは、その埋蔵時期は、建炎銭発行の終了まもない、南宋時代初期としておきたい。

　次に、後者の出土事例から見た場合、建炎銭の紹興銭に対する比率は、四五・五％である。よって、建炎銭と紹興銭のそれぞれの鋳造量に関しても、建炎銭の紹興銭に対する比率は、四五・五％と推定可能である。このことから、建炎銭は、その鋳造期間は四年間と短いにもかかわらず、鋳造が約三〇年間に及ぶ紹興銭と比較した場合、年間あたりでは「より多く」の銅銭が鋳造されていたことがわかる。

ところで、紹興年間（一一三一～一一六二）における銅銭鋳造については、主に一枚一文の「小平銭」が鋳造されていたのか、あるいは一枚二文の額面価格をもつ「折二銭」が主体として鋳造されていたのかは、史料上からは必ずしも明らかでない。しかし、第一に、表で集計した出土銭貨のうち、紹興元宝については、古銭学上からも小平銭は非常に少ないことが指摘されていること[17]、第二に、泉州湾の出土例では、大きさから判断して小平銭と認められる紹興通宝も紹興元宝も出土していないこと[18]、第三に、紹興銭に先行して鋳造された建炎銭も、杭州中河の出土例では小平銭の出土がないこと等から[19]、結局、南宋初期における鋳造銅銭は、折二銭を主体としていたと考えられる。そして、紹興年間（一一三一～一一六二）の鋳造量は、史料上の数値としては一〇万貫から二〇万貫と考えられているので[20]、いま小平銭換算では少なくとも年間一〇万貫分、すなわち折二銭で少なくとも五万貫が[21]、紹興年間三一年のうち大体三〇年間を通じて鋳造されたと推定できる。

以上をまとめると、紹興年間（一一三一～一一六二）の総鋳造量は、小平銭換算では三〇〇万貫、つまり折二銭で一五〇万貫であったと推定可能である。それゆえ、同様に折二銭を中心として鋳造された建炎銭の総額は、先に述べた後者における紹興銭との比率四五・五％から算出すれば、個体数としては折二銭で約六八万二五〇〇貫と計算可能である[22]。さらに、前者の事例1と事例2は、紹興年間（一一三一～一一六二）を経過しない南宋初期の埋蔵例であるから、そこでの建炎銭と北宋時代までの銅銭の比率一・二二％は、大体、建炎銭の発行終了直後、つまり南宋初期における流通状態の反映と考えてよい。よって、この南宋初期の時点では、先の折二銭で約六八万貫分の建炎銭が存在する一方で、個体数として約五六〇〇万貫という北宋時代までの銅銭が存在していたと考えられる。しかも、この五六〇〇万貫は、必ずしも小平銭ばかりではなく、北宋末期の折二銭や当十銭が含まれており、それらの銅銭は、当然、南宋時代にも小平銭一文より高い価値で流通していたのであるから、この五六〇〇万貫も、小平銭換算での貨幣流通量としては、さらに大きな数量として換算できるのである。その北宋時代までの銅銭の流通分と、折二銭である建炎銭約六八万貫すなわち小平銭換算で一三六万貫を加えたものが、紹興元（一一三一）年における銅銭の総流通量であるから、結局、銅銭流通量の総計は、小平銭単位で、六〇〇〇万貫文を超えるものと考えられる。この数量は、確かに北宋末期と比較すれば少ないのであろうが、南宋は北宋期と比較して国土も人口も減少しているのだから、北宋初期の平均的な年間鋳造量である約一〇〇万貫の大体六〇年分に相当する六〇〇〇万貫という数量は、流通量としては少なくないと評価すべきである。

いずれにせよ、南宋初期の流通銅銭の殆どは北宋時代までの銅銭であり、南宋期の鋳造不振は、南宋の流通銅銭不足の根拠とならないことが、理解されなければならない。

②　当時の理解

次に、史料面からの検討を行なう。南宋の葉適（一一五〇～一二二三）は、『水心別集』巻二の「財計中」の中で、南宋中期の銅銭流通に関して、

今の銭を計るに、上よりして下るもの、兵の料あり、吏の俸あり。下よりして上るもの、州県は塩酒雑貨の入に倚る。しかして民の貿易して以って輸送するは、大抵皆金銭なり。故に虚券を設けて以って天下の銭を陰納すると雖も、しかも猶未だ尽く蔵して用いざるには至らず。方今の事、前世に比すれば、すなわち銭は既已《すで》に多し。しかれども、猶その少なきを患うは何ぞや。古の盛世、銭は未だ嘗て貴からずんばあらずして、物は未だ嘗て賤からずんばあらず。……往者、東南は稲米の区たり。（一）石の中価わずかに三四百（文）のみ。歳ごとに常に出

して以って京師に供し、その銭に資す。今、その中価既にこれに十倍す。……しからば大要は天下の百物皆貴くして銭賤し。……しからば則ち今日の患は、銭多くして物少なく、銭賤くして物貴きや明らかなり。天下、ただ中民の家、衣食あるいは銭を待たずしてほぼ具わる。何となれば、その農力の得る所は以って取るに足ればなり。しかれども天下の中民たらざる者、十に六あり。これ故に常に中民を割きて以って之に奉ぜしむ。故に銭貨は市に紛々として、物多くは地に出るあたわず。

としており、政府の給与支払や専売において、また市場での取引でも銅銭が使用されている中で、銅銭は紙幣流通の影響で少なくなったとはいえ、物に対しては「過剰」であると指摘している。南宋の時代にも、銅銭は不足しているという今日の通説と同様の主張があったにもかかわらず、物価水準の上昇は、実は「銅銭の過剰」を原因としていたのである。(24)

おわりに

南宋期の銅銭に関する今日までの通説的理解は、南宋期には、銅銭の地金価格がその額面価格を超過しており、銅材の不足による銅銭鋳造不振と、銅銭の鋳潰しを原因として、銅銭流通量が不足していたというものであった。

しかし、実際には、銅銭は既に過剰に存在しており、加えて紙幣の流通によって、物価上昇が激化して、銅生産と銅銭鋳造を阻害していたのである。また、銅銭の地金価格は常に銅銭の額面価格を超過していたというのではなく、銅器所有の禁止により、銅材供給が極端に不足していたという「特殊状況」の下でのみ、銅銭は鋳潰されて額面価格以上の「闇価格」で取引されたにすぎないのである。特に、物価上昇の中では、銅銭を地金で評価した場合の価格が、額面価格を超過する傾向が強まるため、鋳潰し行為はより激化せざるをえない。つまり、南宋期には、銅銭不足の中で銅銭が鋳潰されたのではなく、反対に、銅銭が「過剰」であるが故に、銅銭の鋳潰しが横行したのである。

以上のような理解により、南宋期における銅銭に関する諸現象は、全体としてより整合的に説明できた。今後の宋代貨幣史研究は、こうした理解を顧慮しつつ、なされるべきである。[25]

註

（1）例えば、曾我部静雄『日宋金貨幣交流史』（宝文館、一九四九）六一～七四頁、加藤繁『中国貨幣史研究』（東洋文庫、一九九一）四三四頁。また、『宋史食貨志訳注』4（中島敏他訳注、東洋文庫、二〇〇二）三一七頁。なお、北宋期に関しては、旧稿で、物価上昇が発生している以上、銅銭が不足していると理解すべきではないと指摘した（拙稿「宋代の国際通貨」『経済論叢』一五一―一・二・三、一九九三、一六一～一八一頁）。

（2）拙稿「宋代の国際通貨」一六四～一六五頁。

（3）グラフ1は、宮崎市定『宮崎市定全集』九（岩波書店、一九九二）二八七頁より、またグラフ2は、曾我部『日宋金貨幣交流史』五四～五五頁より作成した。なお、年代を五年ごとに区切り作成した都合上、年代に関して、原資料との間で一部差違があるが、論旨に影響はない。

（4）近年でも、宮澤知之「北宋の財政と貨幣経済」中国史研究会編『中国専制国家と社会統合』（文理閣、一九九〇）三二三頁、また、黒田明伸『貨幣システムの世界史』（岩波書店、二〇〇三）五九～六〇頁など。ただし、宮澤氏は、その後、銅銭の交換価値は実質価値を上回るとした（『宋代中国の国家と経済』創文社、一九九八、三五二頁）。

（5）中島敏「高宗孝宗両朝貨幣史」『東洋史学論集』（汲古書院、一九八八）八〇～八二頁。ただし、中島氏は、銅銭鋳造に不可欠な銅鉛錫のうち、北方喪失によっても、銅の産出には影響はないはずで、鉛で三割九分、錫で五割前後が北方での産出に依っていたとしている（同上）。しかし、その場合でも、銅銭鋳造に銅と鉛と錫が北宋期と同様の比率で投入されれば、北宋期の半分程度の鋳造は可能なはずであるから、やはり本稿で指摘した疑問は残るのである。

（6）後周の顕徳二（九五五）年に銅器の製造販売を禁止し、民間の銅器を回収して以来、北宋でも一時期を除き、銅器の保有禁止と製造禁止の政策がとられ、さらに南宋の紹興六（一一三六）年には銅銭鋳潰しによる銅器製造が禁止された（加藤

『中国貨幣史研究』四三一～四三三頁）。

（7）　なお、近年、宋代の貨幣に関して、宋代の貨幣流通の拡大は、社会内部の自生的な商品流通の発達と対応するのではなく（宮澤『宋代中国の国家と経済』、二〇～二一頁）、第一義的には、「国家的支払手段」として機能したという理解が提示された（足立啓二「専制国家と財政・貨幣」中国史研究会編『中国専制国家と社会統合』文理閣、一九九〇、一一八～一三四頁）。ところで、「国家的支払手段」としての理解のもとでは、宋代の貨幣は、交換の媒介としての貨幣とは「異質」なものであるから、本稿で指摘したような通説の問題点などは、近代的な経済理論から導きだされたに過ぎないという反駁によって、一掃してしまうことも可能である。

しかし、実際には、宋代の都市生活では、あらゆる財・サービスが貨幣を媒介として購入されていたことは、周知の事実である。一方、その農村生活に関しては、例えば、『続資治通鑑長編』巻二七七煕寧九（一〇七六）年九月辛巳条に、張方平の言として、「彼の窮郷荒野の下戸細民、冬正節臘に、薪芻を荷い、城市に入る。往来数十里、五七十銭を得て、葱、茄、塩、醯を買い、老稚以って甘美と為す。平日何ぞ嘗て一銭を識らんや」とある記事については、宮澤氏が、宋代に農村には銅銭は浸透しておらず、国家に対する支払い手段の面が大きいことの根拠としたのに対して（「北宋の財政と貨幣経済」三二一～三二三頁、『宋代中国の国家と経済』六七頁）、黒田氏は、農民が都市で財の売買をすることの事例としてとらえているが（『貨幣システムの世界史』五四頁）、農村の貧民層にすら銅銭はやはり「交換の媒介」として使用されているのであって、国家的支払手段として機能していないのは明らかである。貧農の手元に銅銭が残らないことや、あるいは農民の生活が自給性の強いことは、銅銭が交換の媒介として機能している下で、何等矛盾なく存在する現象である。

なお、足立氏は、「国家的支払手段」の概念が、日本の古代貨幣にもあてはまるとしているが（「東アジアにおける銭貨の流通」荒野泰典他編『アジアのなかの日本史Ⅲ　海上の道』東京大学出版会、一九九二、九七頁）、例えば和同開珎は、それに先立つ「銀銭」の流通を前提とし、銀銭に代わるものとして発行された「交換の媒介」であり、八世紀はじめの時点でも、交換の媒介としての金属貨幣は社会的に理解されていたのである（拙稿「和同開珎の銀銭の問題について」『社会経済史学』六四―二、一九九八、一五～一六頁）。日本貨幣史における過去の研究でも、国家的支払手段（一方的支払手段）としての理解は存在したが（門脇禎二『日本古代共同体の研究』東京大学出版会、一九六〇、二一八～二一九頁）、今日ではそうした理解の仕方はほとんど有効性を喪失しているといわざるを得ない。

おそらく、国家的支払手段という概念自体は、新貨幣の発行によって、政府自らが新たに購買力を創出して強力に市場に介入していく一種の暴力性を表現する意味では、依然有効であり、妥当であろう。しかし、こうした貨幣の追加的供給は、必ずしも経済発展から要請されたものではないとはいえ、それを受け入れる市場では、それは「交換の媒介」として使用されたのであって、過剰な貨幣は、市場において購買力を低下させたのである。

よって、本稿では、「国家的支払手段説」の理解は、検証の前提として取り扱わない。

（8）なお、ここでの銅材の重量の「単位」は、小平銭一枚（一文）あたりの重量とする。また、実際には、銅銭の鋳造には、銅の他に鉛錫が必要であるが、議論を簡潔に行うために、ここでは銅のみを取り扱う。

（9）本稿では、議論を簡潔に行うために、国家による生産の独占であるとして、考察を進めていく。

（10）長期的には、生産方法に別の選択があるから、限界費用曲線も変化して、生産量も変化しうる。

（11）銅銭の鋳造により、銅銭流通量が増加した場合には、物価上昇が発生し、限界費用曲線も上方へ移動することになるが、本稿では、短期的には限界費用への影響はなく、次期の鋳造においてその影響があらわれるとする。

（12）銅銭価値の下落については、タロックの分析がある（Tullock,G. “Paper Money:A Cycle in Cathay”, *The Economic History Review*, Second Series, Vol.IX, No.3, 1957, p398）。その理解は、流通銅銭に代替して紙幣が流通した場合、貨幣としての流通から開放された銅銭が銅材として供給されるから、銅材の供給量が増加して、銅材の価格が下落し、その結果、一定の銅銭量と結びついている紙幣の価値も下落するというものである。

しかし、第一に、南宋期には、銅材保有が禁止されていたのだから、流通貨幣の代替によって即座に銅材が市場に供給されるわけではなく、第二に、南宋の銅銭は、地金価値で流通しておらず、図で示したように、本来的には地金価格以上の額面価格で使用されていた貨幣であり、需給関係によって決定される地金価格とは無関係に、その購買力が決定していたのである。

よって、紙幣発行増加による銅銭価値下落の理解に関して、タロックの分析は、結論において正しいが、その理解する過程において誤りである。

（13）北宋期には、大体鋳造利益は確保できていた（拙稿「宋代の国際通貨」一七一～一七二頁）。これに対して、南宋期には、例えば、『繫年要録』巻七一紹興三（一一三三）年二月壬午条に、「虔饒両監、二年の鋳ずるところ、新銭纔に二十万緡、而して本銭十二万緡を用い、吏卒の費、また二十三万緡、得は費を償わず」、また同上巻八六紹興五（一一三五）年閏二月丁巳条に、「坑冶尽く廃され、物料貴踴し、計るに銭二千四百を用い、千銭を鋳ず」、また同上巻一七七紹興二七（一一五七）年八月庚申条に、「鋳銭司、費多く得寡なし、十七銭を用ふるごとに、一銭を得る」とある。

（14）こうした点と関連したものとして、加藤氏は、紹興二八（一一五八）年に民間銅器を回収して、銅銭の原料が豊富になったにもかかわらず、鋳造額が少なかった理由について、不明としているが、結局は、鉛錫の供給が永興軍路喪失により欠乏したためと推定している（『中国貨幣史研究』四一二頁）。

しかし、註（5）で述べたように、北方喪失によっても、鉛錫の生産量の半分は確保できるはずで、鋳造不振の原因を鉛錫の欠乏とする説明は不十分である。銅銭鋳造激減の主因としては、物価の上昇を指摘しなければならない。

（15）表の作成については、湘西土家族苗族自治州博物館「湘西吉首発現窖蔵銅銭」（『考古』一九八六年第一期、一九八六）九一頁、江西省樟樹市博物館「江西樟樹発現南宋古銭窖蔵」（『南方文物』二〇〇一年第三期、二〇〇一）一〇～一一頁、唐先華「湖南祁東出土窖蔵銭幣」（『考古』一九八五年第八期、一九八五）七六六～七六八頁、泉州湾宋代海船発掘報告編写組「泉州湾宋代海船発掘簡報」（『文物』一九七五年第一〇期、一九七五）一一～一三頁、周亜楽「安吉出土元代銭幣窖蔵」（『中国文物報』二〇〇三年三月五日）、劉福珍「定州市発現元代窖蔵」（『文物春秋』一九九五年第二期、一九九五）九〇～九一頁、臨安県文物館「浙江臨安県発現元代銅銭窖蔵」（『考古』一九八七年第五期、一九八七）四七九～四八〇頁、陳琿「杭州中河治理工程発現的宋代窖蔵銅銭清理報告」（『中国銭幣』一九八八年第二期、一九八八）六一～六七頁によった。

なお、これらの資料の存在については、二〇〇四年六月に、東京にて、三宅俊彦氏より直接御教示たまわった。記して謝意を表したい。

（16）紹興一〇（一一四〇）年前後に、一時鋳造停止となった（加藤『中国貨幣史研究』四二三頁）。

（17）平尾聚泉『昭和泉譜』第三巻（歴史図書社、一九七四）五一頁。

（18）「泉州湾宋代海船発掘簡報」一二～一三頁の表では、治平年間（一〇六四～一〇六七）鋳造の治平元宝までの銅銭は、小平銭と考えられるが、それらの直径は全て二・五センチ以下である。それに対して、紹興元宝八個の直径については、二・六～二・八センチ、また紹興通宝四個については、二・七五～二・九五センチと報告されており、全て先の小平銭より大きいので、それらは殆どが折二銭であると推定できる。

(19) 陳琿「杭州中河治理工程発現的宋代窖蔵銅銭清理報告」六三頁。

(20) 加藤『中国貨幣史研究』四二三頁。

(21) 各史料における「万貫」という数値が、小平銭の個体数を示すのか、折二銭の個体数を示すのかは、必ずしも明確な根拠はない。これについて、『繫年要録』巻一八五紹興三〇（一一六〇）年五月丙戌条に「紹興より以来、歳収の銅、ただ二十四万斤、鉛二十万斤、錫五万斤に及ぶ。これ最多の数」とあり、紹興年間（一一三一～一一六二）の原料の確保は最大で四九万斤としており、一方、紹興五（一一三五）年以降の銅銭鋳造は、銅鉛錫合計四斤五両を原料にして小平銭一貫であったと考証されているから（加藤『中国貨幣史研究』四三六～四三七頁）、銅等四九万斤の原料からは「小平銭」で一一万三六二三貫文が鋳造されるに過ぎない。そして、南宋時代も、折二銭の重量は小平銭二枚とほぼ同じであるから（加藤『中国貨幣史研究』四三八頁）、結局、銅等四九万斤からは、「折二銭」一〇万貫の鋳造は不可能である。

この時期の銅銭鋳造が折二銭を主体としていたと考えられる以上、紹興年間（一一三一～一一六二）の銅銭鋳造量を一〇万貫と推定する場合にも、その数値は小平銭換算でなされたのみで、個体数としては、折二銭が約五万貫鋳造されたとするのが、妥当である。

(22) この計算は、紹興年間（一一三一～一一六二）の銅銭鋳造が、全て折二銭であるという仮定を前提としている。しかし、実際には、一部には小平銭も鋳造されていたのだから、紹興年間の銅銭鋳造は、個体数で考えた場合、より多くの鋳造があったことになる。その場合には、それに応じて、出土銭の数から推定すべき建炎年間（一一二七～一一三〇）の鋳造量も、より多いものと算出すべきであり、同時に、南宋初期に流通していた北宋銅銭の数量も、より多いものとして算出できる。

(23) 北宋初期の銅銭鋳造量は、太平興国八（九八三）年以後が三〇万貫、咸平三（一〇〇〇）年に一三五万貫、景徳年間（一〇〇四～一〇〇七）に一八三万貫、天聖年間（一〇二三～一〇三一）に一〇〇万貫であるから（宮崎市定『五代宋初の通貨問題』星野書店、一九四三の附表第三、『同全集』九、岩波書店、一九九二、一八七頁）、北宋初期の鋳造量を一〇〇万貫としておく。

(24) ただし、たとえ南宋期に北宋期以来の大量の銅銭が流通していたとしても、地域的には銅銭枯渇の問題は存在する。特に、対金戦争の前線地域では、物資の供給地域である南方に対して支払超過となる。そのため、前線地域での買い付けに対して、為替による南方での支払が十分になされるか、銅銭の前線地域への現送が十分になされる場合には、前線地域での銅銭流通は維持できるけれど、そうでない場合には、前線地域での銅銭は減少する。

また、紙幣が大量に発行された場合には、銅銭との交換比が悪化するという意味で銅銭の不足が意識される場合もある。しかし、それは銅銭の供給量とは別の問題である。

(25) 南宋初期の急激な物価上昇の契機自体は、当然、対金戦争であるが、それでも銅銭は社会的に不足していたとすべきではない。

また、戦争により政府の財政収入が不足する中で、手形も乱発されたが、それらは物価上昇を引き起こす以上、やはり銅銭鋳造を阻害する。

なお、本稿は財団法人高梨学術奨励基金の研究助成による成果の一部である。

初期日元貿易と人的交流

榎本　渉

はじめに

日本と元朝（モンゴル帝国）との関係は、世祖クビライの日本招諭から始まった。初めて招諭使派遣が命じられたのは一二六六年、招諭使が日本に向けて海を渡ったのはその翌年のことだった。その後、元は高麗を介して数次にわたり日本に使者を送ったが、日本は元の招諭に応じることなく、ついに一二七四年、元は第一次日本遠征（文永の役）を行なった。これは元側の失敗に終わったのみならず、日本側の警戒心を煽り態度を硬直化させる結果を招くことになり、翌一二七五年に派遣された招諭使は、何ら成果を収めることなく鎌倉で斬られた。この間に日本に派遣された招諭使・軍隊は、いずれも高麗を経由した。中国大陸における日本への窓口両浙はいまだ宋の支配下にあり、元が日本に接触するためには、金海－対馬－大宰府という日麗間の連絡ルートを利用せざるを得なかった。

一方日本と元・高麗との間で緊張が高まっている間も、日宋間は貿易関係を通じて、依然として経済・文化的に密接な関係があった。この時期の日本は、経済・文化の上で江南との関係が圧倒的に強かった。華北・高麗に関して恒常的な商人の往来という事態は確認できず、交流の機会は漂流と進奉船（対馬・大宰府から高麗へ年二艘まで派遣が認められた船）に限られた。日本からすれば、いかに元・高麗と対立しようが、宋が存続している限り江南を通じて唐物入手は可能であり、対元外交と貿易はほとんど連関していなかったといえる。

だが宋が滅んでしまった。一二七三年の襄陽陥落の後、宋の拠点は次々と元に奪われていく。一二七五年末、宋は度重なる停戦交渉を持ちかけるが、受諾されることはなく、一二七六年正月、ついに行在臨安府を開城し元に降伏した。以後も南方においては宋の遺臣の抵抗が続き、元朝の支配が確立するにはなおしばらくの時間を要したが、臨安（杭州）を含む両浙路以北については、同年の間にほぼ元朝の支配下に入った。以後日本にとって、貿易の相手は軍事的対立国である元に変わることになる。まもなく二度目の日本遠征（弘安の役）が行なわれ、その失敗後も元ではクビライ期を通じて外交交渉や遠征計画が、日本では警備体制の強化が断続的に見られた。この間、日元間の軍事的対立と経済・文化的関係の並存という状態はいかに推移したのか。これが本稿の考察の対象である。

この問題については、森克己氏がすでに整理している。すなわち、クビライは江南制圧後も日本との貿易を妨げることはなく、弘安の役前後には一時期貿易関係が途絶したが、一二八〇年代後半になるとまた復活したという［森1975b］。以後の諸研究でこの問題に触れるものもあるが、森氏の論に付け加えるところはない。私も森氏の説くところは大枠として正しいと考える。だが現在では付け加えるべき史料もいくつかあり、また日元両国の情勢をより丁寧に追うことで見えてくることもあると思われる。第一章ではこの問題について再考を試みる。ついで第二章では、貿易と表裏の関係にある人的交流の様相について、僧侶の往来と在日中国人の活動を中心に考察することにしたい。

第一章　クビライ期の日元交通

第一節　弘安の役以前の日元交通状況

先述したように、元が臨安に入城したのは一二七六年正月のことである。日本への窓口である慶元（寧波）については、「至元十三年（一二七六）初」に知府以下が元に帰附しているが[1]、臨安の降伏にならったものであろう。だがしばらくの間、慶元をめぐって宋の遺臣の抵抗は続いた。慶元路に属す昌国県（舟山）・定海県（鎮海）は、一二七六年の秋頃まで宋の遺臣と元軍の交戦により戦災にさらされ、不安定な状況にあった[2]。元朝の慶元支配が軌道に乗り始めるのは、同年秋頃からである[3]。一二七七年春までに元朝は、両浙・福建沿岸部の多くを支配下に組み入れることに成功したようである［大島 2002:2-5］。

元による南宋征服を最初に日本に伝えたのは、大宰府に帰国した海商だった。しばしば触れられる史料であるが、鎌倉幕府問注所執事太田康有の日記『建治三年記』の建治三年（一二七七）六月八日条に、

　宰府脚力参着。宋朝滅亡、蒙古統領之間、今春渡宋之商船等、不及交易走還云々。

とある。一二七七年春に貿易船が渡宋したが、宋が元に滅ぼされたことを知り帰国したという報告が、六月に大宰府から鎌倉へもたらされたことが分かる。この前年の一二七六年においては、宋の遺臣の抵抗のため、博多―五島―昌国―定海―慶元という日元間ルート［榎本 2001d］がふさがっており、宋元交替の情報を伝える商船の往来がなかったのであろう。

『建治三年記』に見える渡宋船は、貿易をせずに逃げ帰ったらしいが、そういう船ばかりではなかったらしい。『国朝文類』巻四一に収める『経世大典』序録の日本関係記事には、「(至元)十四年（一二七七）、日本遣商人持金来易銅銭。許之」と見え、「其国遣商人持金来易銭。亦聴之。又詔勿困苦其商人。柔遠之道至矣」とも記す。王朝交替を知って宋代に禁止された銅銭交易を要求した、したたかな商人も存在したのである。また一二七八年には、クビライが沿海官司に詔諭して「日本国人市舶」を通ぜしめるなど[4]、元は日本との貿易を積極的に振興する意図を持っていた。もちろんこれは対日貿易に限ることではなく、南海方面を含めた海上貿易全般に関するものであった［桑原 1989:273］。

こうした元の方針が、貿易の利益のみを目的としたものではなく、海外諸国招致の一手段でもあったことは、南基鶴氏の指摘するところである［南 1996:189-90］。

さて、元は南宋旧領に対して支配を及ぼす一方で、日本への再征も計画し始める。一二七九年二月に日本遠征のための戦艦六〇〇艘の建造を命じたのが、日本再征計画関係記事の初見である。同年某月、元は日本へ使者を派遣し、翌年四月を期限として返報を待ち、その結果によって遠征を行なうこととした(5)。だがこの時の使者は帰国することなく、博多で斬首された(6)。この年に慶元に来航した倭船四艘について、異図なきことをダルガチのカラダイが行省に報告しているのは(7)、招諭使派遣後の日本の反応が注目されていたために他ならない。元朝が日本再征を決定したのは一二八〇年六月から七月。東路軍が高麗から出征したのは一二八一年五月、江南軍が慶元から出征したのは翌月であり、八月（日本暦閏七月）には元軍の敗北に終わった。

この間の日元貿易の規模がどのように推移したのか、判断する材料は多くない。西大寺僧叡尊の伝記『感身学正記』に、一二七九年九月一八日のこととして、宋版大蔵経を輸入しようとしても、「依蒙古之難、摺写不叶」と嘆く人物の話が見える。一見すると貿易の不振を述べているようにも見えるが、ここでは宋元交替の混乱の中、中国で出版が一時的に停滞したため、大蔵経が入手できなくなったことが述べられているに過ぎない。

この点で確実な史料は、森克己氏が指摘した『弘安四年異国御祈祷記』であろう［森 1975a:355］。すなわち一二八一年四月のこととして、「抑自雑掌香薬事未被送之。近年唐船不通之間、薬種難得。奔波之故云々」とあり、弘安の役直前の時期において、異国調伏のために必要な香薬が、皮肉なことに貿易途絶のために手に入らなくなっていたことが分かる。

なぜ貿易が途絶したのか。この点で参考にしたい史料が、宋僧西澗子曇の尺牘である。西澗は台州の人。一二七一年に来日、京都東福寺の円爾や鎌倉建長寺の蘭渓道隆のもとにおり、一二七八年に帰国したことが、西澗の行状『勅謚大通禅師行実』から知られる(8)。以下に引用する尺牘は、帰国後に鎌倉の夢庵知蔵に送ったものである(9)（改行省略）。

子曇頓首再拝、夢庵知蔵尊道契禅師足下。子曇奉別顔色、転眼三春、未嘗（「無」脱カ）思慕中山同守寂寥之時也。近者想、道体清勝、奉侍令師和尚、無諸難事。子曇去歳起天童帰浄慈住、幸粗安、朝夕禅誦之餘、絶無它念。去秋之船、風波不定、只有両隻到。及問、乃皆他処之人、不知上方之事。中間薄聞、上刹新建仏堂。縁法極殊勝、甚為可賀。此豈非令師道徳所感而然。尤且敬羡。寂岩兄今在何処。中間有聞説、南殿出於他処。果然否、皆不得実信。去歳送仏僧回、曾附寂岩書、不知已到否。近日関東何事哉。此間天童・育王皆為火癈。所幸者、自己皆不見此境界。極為可惜可歎。今後卒難成就也。浙東気象蕭索、不如旧日。子曇老母尚在、去春已曾一帰省覲、今後心意皆満。若上国之人無相忤意、明後年当求見参、以畢此世。為令師東岩和尚法門友弟、不復有再帰之願也。但恐、縁法已尽、則無奈何也。偶便率此布糸。深愧不端、未拝面間。尚冀、為法門無尽功徳之舟航、広度未済。是所請禱。不宣。二月十日、寓臨安浄慈子曇頓首再拝。

（読み下し）

子曇頓首再拝す、夢庵知蔵尊道契禅師足下。子曇顔色に奉別し、眼を転ずれば三春にして、いまだ嘗て中山にて同に寂寥を守るの時を思慕すること無からざるなり。近者《ちかごろ》想う、道体清勝にして、令師和尚に奉侍し、諸難事無からんと。子曇去歳天童（慶元路天童寺）より起ち浄慈（杭州路浄慈寺）に帰りて住す。幸いにして粗《ほ》ぼ安んじ、朝夕禅誦の餘、絶えて它念無し。去秋の船、風波不定にして、只だ両隻の到る有るのみ。問うに及ぶに、乃ち皆な他処の人にして、上方の事を知らず。中間薄聞す、上刹仏堂を新建せりと。縁法極めて殊勝にして、甚だ賀すべきと為す。此れ豈に令師の道徳の感ずるところにあらずして然らんや。尤も且つ敬羡せん。寂岩兄今何処に在るか。中間聞説する有り、南殿他処に出づると。果たして然りや、皆な実信を得ず。去歳仏僧の回るを送り、曾て寂岩に書を附せり。已に到れりやを知らず。近日関東何事ありや。此の間天童・育王皆な火の為に癈せり。幸うところは、自己皆な此の境界を見ざらんことを。極めて惜むべくして歎くべきと為す。今後卒いに成就し難きなり。浙東の気象蕭索として、旧日の如くならず。子曇の老母尚お在り、去春已に曾て一帰省観し、今後心意皆な満ちたり。もし上国の人相佐の意無からば、明後年当に見参を求め、以って此の世を畢るべし。令師東岩和尚の法門友弟として、復た再帰の願有らざるなり。但だ恐る、縁法已に尽きなば、則ち奈何ともする無きなるを。偶便此の布糸を率いん。深く不端を愧じ、いまだ面間を拝せず。尚お冀わくは、法門無尽功徳の舟航の為めに、広く未済を度されんことを。是れ請禱するところなり。不宣。二月十日、寓臨安浄慈子曇頓首再拝。

この尺牘は某年二月一〇日作成であるが、「奉別顔色、転眼三春」とあり、西澗と夢庵が別れて以来三度目の春だったことが知られる。葉貫磨哉氏はこの尺牘を、西澗帰国の一二七八年から足掛け三年後、すなわち一二八〇年のものと考える［葉貫 1993:114］。だがもし一二七八年に夢庵と別れたならば、必然的に一二七八年の春は夢庵と共に過ごしたことになり、「奉別顔色」以来一度目の春は一二七九年、三度目は一二八一年になるはずである。もちろん一二七七年冬頃に帰国の途について博多に下向していたならば、「転眼三春」は一二八〇年ということになるが、二人の最後の面会はさらに前のことで、その後なんらかの事情で会っていなかったとすれば、この尺牘の年代がさらに遡る可能性も出てくる。つまり少なくとも「奉別顔色、転眼三春」という文言のみからは、尺牘の作成年代の下限が一二八一年という以上のことはいえない。そこで以下では、この尺牘の年代の限定をさらに試みてみよう。

『勅謚大通禅師行実』には、西澗が一二七八年に帰国し、慶元天童寺で蔵主に任じられたとあるのみであるが、葉貫氏に拠れば、西澗は北条時宗の意を受け、蘭渓道隆没（一二七八年七月二四日）の後に名僧招聘の便宜を図るために帰国したらしい［葉貫 1993:112-16］(10)。翌年夏、時宗が派遣した招聘使傑翁宗英・無及徳詮は、天童寺に到り無学祖元を伴って五月に帰国したから、西澗はこの頃までは天童寺にいたはずである。

西澗尺牘の「去春已曾一帰省観」の文言について考えてみよう。西澗は「去春」に故郷の台州仙居県へ帰省したという。それは一二七九年夏以降の春、すなわち一二八〇年以降となる。尺牘作成は某年二月で、これは「去春」の翌年以降だから、上限は一二八一年となる。一方、「転眼三春」の文言から尺牘作成の下限も一二八一年であるから、この尺牘の年代は一二八一年と確定する。これは西澗の環境を考えても自然である。すなわち以上の想定を認めれば、「去春」の帰省は一二八〇年春のこととなる。一方で天童寺住持の環渓惟一は、一二七九年冬に老病を理由に天童寺住持を退いており、[11] 西澗の帰省は環渓引退後に師を探して寺を離れた頃のこととして説明ができる。

「子曇去歳起天童帰浄慈住」という文言についてはどうであろう。これについては、円爾宛西澗尺牘（後掲）に「賤跡去秋起天童帰浄慈住」とあり、秋のことだったことが分かる。一二七九年夏以降一二八一年二月以前の秋であるから、一二七九年か一二八〇年のこととなるが、西澗が天童寺を離れたのが一二七九年冬の環渓引退を機とするものだったとすれば、浄慈寺に入ったのは一二八〇年秋と考えなければならないだろう。すなわち一二七九年冬、天童寺住持環渓示寂　→一二八〇年春、西澗台州へ帰省　→秋、西澗杭州浄慈寺へ掛搭という西澗の行状が想定できる。

「去秋之船、風波不定、只有両隻到」という箇所も考える必要がある。西澗はこの「去秋之船」から日本の現状を聞き、一二八一年二月に夢庵宛の尺牘を記した、普通に考えれば「去秋」は一二八〇年秋であろう。これは台州から杭州浄慈寺に移った頃でもあり、その道程で慶元か杭州に来着した船を見たものと考えられる。なお元代に日本船が中国へ来る季節としては、三・四月、もしくは九月頃が多かった［木宮 1955:425］。

最後に「去歳送仏僧回」という箇所であるが、西澗は「去秋」＝一二八〇年の秋、この「仏僧」に託した寂巌宛尺牘が届いたかどうかを確認しており、少なくともそれ以前ということは分かる。確実なことはいえないが、一二七九年五月に無学祖元を伴って鎌倉に向かう傑翁ら招聘使一行に尺牘を託した可能性が高いと思われる。なお西澗は、夢庵に「寂岩兄今在何処」と問うており、寂巌はもともと夢庵と同じ鎌倉にいたものと考えられる。おそらくこれは、寂巌禅了であろう。入宋帰朝の後、鎌倉建長寺の渡来僧兀庵普寧（一二六〇－六五在日）に参じた人物である。[12] 兀庵の建長寺語録の編者としても名を連ねており、[13]兀庵帰国後も鎌倉にいた可能性が高い。また夢庵の師である東巌慧安（尺牘中の「令師東岩和尚」）は兀庵の法嗣であり、[14]兀庵を通じて東巌一門と寂巌は近い関係にあったものと考えられる。

ところでこれも葉貫氏が言及している［葉貫 1993:113-14］が、夢庵宛尺牘と同時に西澗が作成したと考えられる尺牘が、東福寺開山円爾の伝記『聖一国師年譜』弘安元年条に抜粋引用されている。円爾宛のものである。

師七十七歳。西澗曇侍者帰宋国。後寓浄慈。上書於師曰、「…子曇自惜不獲久依座下、以覩光明盛事。為不満耳。近伏想、尊体安佳、諸縁殊勝。賤跡去秋起天童帰浄慈住。…。去歳道意房回、曾伸起居一書、以述百千謝忱。諒已奉徹左右。茲偶人回、拏楮略布草率、以詞万一。未拝面間。尚祈、広施法雨、普潤含生、寿仏慧灯、永灯昏暗」。

（読み下し）

師（円爾）七十七歳（一二七八）。西澗曇侍者宋国に帰る。後浄慈に寓す。書を師に上りて曰わく、「…子曇自ら久しく座下に依りて、以って光明の盛事を覩るを獲ざるを惜しむ。不満と為すのみ。近く伏して想う、尊体安佳にして、諸縁殊勝ならんと。賤跡去秋天童より起ち浄慈に帰りて住す。…。去歳道意房回れば、曾て起居の一書を伸べ、以って百千の謝忱を述べたり。已に左右に奉徹せるを諒せり。茲に偶ま人回れば、楮を拏《と》り略ぼ草率を布《の》べ、以って万一を詞《うかが》わん。いまだ面間を拝せず。尚お祈る、広く法雨を施し、普く含生を潤し、仏慧の灯を寿ぎ、永く昏暗を灯されんことを」と。

一二七八年条に引用されてはいるが、「賤跡去秋起天童帰浄慈住」という文言から見て、西澗が浄慈寺に移った一二八〇年以降の尺牘であることは明らかである。『聖一国師年譜』で一二七八年の条に引用されているのは、一二七八年の「西澗曇侍者帰宋国」の記事の付録としてであり、この尺牘が一二七八年のものだからではない。[15]この尺牘には、以前も一度円爾へ尺牘を送ったこと、その時は道意房という入宋僧の帰国に託したこと、今回も便に託して尺牘を送ることなどが記されている。

おそらく文言の共通性などから見て、この円爾宛尺牘は一二八一年二月に夢庵宛尺牘と同時に日本に送られ、その前の円爾宛尺牘は寂巌宛尺牘と同時に日本に送られたのであろう。一通目の円爾宛尺牘を託された道意房が何者かは不明だが、おそらく夢庵宛尺牘に見える仏僧某と同一人物、もしくは同船で、傑翁ら無学招聘使の帰国に同行した僧であろう。(16) そして翌年の秋に到来した便に日本の情報を問うた西澗は、円爾宛尺牘は円爾のもとに届いたが、寂巌宛尺牘は届いたか分からないということを聞き、翌年二月に円爾へ二通目の尺牘を書き、また夢庵宛尺牘で寂巌の行方を問うたのである。

以上を改めてまとめれば、西澗の行状は以下のように復元される。

① 一二七八年、帰国。慶元天童寺の環渓惟一のもとに参ず。
② 一二七九年夏、北条時宗の招聘使傑翁宗英・無及徳詮を迎える。
③ 同年五月、無学祖元の赴日を見送る。おそらくこの時の船に鎌倉の寂巌禅了・京都の円爾に宛てた尺牘を託す。
④ 一二八〇年春、天童寺を出て台州仙居県に帰省。
⑤ 同年秋、台州を出て杭州浄慈寺へ向かう。「両隻」の船の乗員から、寂巌宛尺牘が届いたか分からないこと、円爾宛尺牘は届いたことを聞く。
⑥ 一二八一年二月、日本への便（＝「両隻」のうち一隻か）に託して、鎌倉の夢庵・京都の円爾に宛てて尺牘を送る。

これを踏まえて西澗尺牘を見直した時、本稿のテーマから重要なのは、一二八〇年と推定される「去秋之船、風波不定、只有両隻到」という出来事であろう。「只」という表現から見ると、日本から到来した船数が「両隻」というのは、例年よりも少なかったと考えられる。南宋期における平均的な倭船来航数を具体的に知る材料は多くないが、たとえば一二五〇年代前半、広東転運副使包恢は慶元などに来航する倭船について、「聞之、毎歳往来不下四五十舟」と述べている。(17) 倭船による銅銭流出の害を述べた申状の一節で、誇張が入っている可能性もあるが、それにしても一二八〇年秋に到来した船数が「両隻」というのは、相当少ないと考えてよかろう。

西澗は「風波不定」という事情を述べており、元側の警戒態勢が原因ではないことを物語っている。少なくとも「両隻」は停泊しているのだから、管理強化はあったにせよ、入港禁止措置はなかったはずである。日本側史料でも、先に挙げた『弘安四年異国御祈祷記』は、一二八一年四月頃に香薬入手が困難だった原因を、「奔波之故云々」とする。「両隻」の帰還直後のことであり、西澗が述べるところの「風波不定」と同じことを指していると見てよい。風の問題で渡海を無事果たすことのできなかった船が多かったのであろう。

だがもしも気候の問題がなければ、例年通りの往来が実現していたのかというと、それは疑問である。仮に通常通りに四〇・五〇艘を下らない数の船が出港する予定だったとして、それらはすべて同時に出港するわけではあるまい。それぞれの船（船団）が天候や各自のスケジュールなどから判断して順次出航するはずで、それらが「両隻」を残してすべて「風波」に巻き込まれるという事態はやはり考え難い[18]。この年に日本から元へ向けて出航した船は、当初から相当少なかったと見てよいのではないか。

となると考えられるのが、日本側の出航統制であろう。その蓋然性を高めるのは、この頃の日元間の関係である。元使到来の情報は一二七九年六月二五日、もしくは二六日に大宰府から鎌倉に届いた[19]。使者の到来自体は六月中旬であろう。七月の終わりには京都で議論が行なわれている[20]。時期は不明だが、使者はその後博多で斬られた。一〇月一日以前に関東の武士が鎮西へ下向することが決定しており[21]、元への対応が決定したのは八月から九月と見て良い。この前後から幕府が、無統制な商船派遣による情報漏洩の危険などを考え、その統制に意を注ぐようになったとすれば、その影響が最初に出るのは次の出航シーズン、すなわち一二八〇年春以降だろう。西澗尺牘に見える日元交通の減少は、まさしくその影響が出たことを伝えているのではないか。

もちろん元に向かった船は「両隻」存在しているのであり、商船の往来が完全に不可能になったわけではない。この時の貿易は密航によるものとも考えられようが、私はむしろ、幕府の管理が及んだ一部の船については、依然として貿易が認められていたと思う。たとえば『異国御祈祷記』に見える香薬は、鎌倉の鶴岡八幡宮が北条時宗から命じられた異国降伏祈祷のためのものであった。幕府にとって法会用の香薬は、対モンゴル戦に必須のものであった（と考えられた）から、幕府管理下において特に貿易船派遣が許されたのであろう。したがって唐物入手ルートはなお存在したわけであるが、期待の船団が予想外の「風波」を蒙ったことで、そのルートはさらに狭まってしまったのであろう。また諜報活動の一環としても、商船を送り出すメリットはあった。この頃幕府は諜報活動を活発に行ない、元側の軍事情勢をかなり迅速に把握し、対策を立てていた［南 1996:181-84］。

一二八一年には弘安の役があり、五月には東路軍の襲来を受けている。以後秋まで北九州は戦場となり、商船の派遣は不可能となる。だが日本からの出航シーズンとしては晩春初夏もあり［木宮 1955:326･425］、季節の上ではこの年に貿易船が出航することは可能である。実際にはその形跡をうかがわせる史料は存在しないが、遠征に備えた江南軍に抑留され帰国できず、史料に残らなかったと説明することも可能であり、判断が難しい。ただ少なくとも三月の段階では、元に日本船の到来はなかったらしい。『元史』巻二〇八、日本伝に拠れば、一二八一年三月、出征を間近に控えた江南軍が日本の地理情報を漂流日本人から聞き出したという。日本情報を漂流民（自称しているだけで、密偵かもしれないが）に頼らざるを得なかったのは、この時点で商船の停泊が見られなかったためであろう。これは西澗が「両隻」に尺牘を託した翌月であるが、「両隻」はこの時点ですでに元を去っており、また新たな日本船の到来もなかったと考えられる。この年の商船の予定出航数もかなり少なかったのかもしれない。

第二節　弘安の役以降の日元交通

一二八一年八月（日本暦閏七月）、日本再征の企てが失敗に帰したことは、同月の間にクビライのもとに報告された。

元は日本の反攻に備えて各地の防備を固めた。九月には耽羅の戍兵を増し、一〇月には高麗沿岸防備のために鎮辺万戸府の設置を認め、一一月には征東留後軍をして慶元・上海・澉浦の海口を分鎮せしめている［池内　1931:356-57］。カラダイは日本遠征に従軍し、帰国の後に慶元に帰って防備の任につき、一二八四年に慶元に沿海上万戸府が設置されるとそのダルガチとなったが、一二八五年にクビライに面会した時、「倭人・海寇・私塩」などの禁止を請い、認められたという。(22) この頃「倭人」が慶元における主要な問題の一つだったことが知られる。

日本では弘安の役直後、一二八一年八月に「異国征伐」が計画されたが、まもなく延期となり、実行には移されなかった［川添　2001:215-16］。九月には六波羅探題から豊後国御家人野上資直のもとに通達された四ヶ条の命令が古文書として確認される。(23) おそらく九州の各御家人に送られたものであろう。第一条では、九州武士が勝手に「上洛遠行」することを禁じている。第二条は、「異国降人」の逃亡を見逃さないように注意するべきことを、第三条は、他国から初めて来た異国人は制止を加えることを命じたもの。第四条は、石築地と異国警固番役を怠りなく勤めることを指示したものである。特に第二・三条は、外国との往来に対する幕府の警戒を物語っている。

この間、日本の諜報活動は続いていた。たとえば元では一二八三年八月に日本三征を行なう計画があったが、日本では同年七月に、「今年秋」に元が襲来するという情報が伝わっており、また同年一二月から翌年二月頃にかけても元の攻撃が予想されていた。一二八二年、日本の牒者として潜入していた賈祐が福建道宣慰使によって摘発されており、日本側の情報源の一つに中国人諜者があったことが知られるが、同時に彼らを元に送り込むルートの存在も明らかになる［池内　1931:386・南　1996:181-82］。斥候船が幕府の指揮下に送り込まれていたのであろう。

ただし日本の船が元の港に公然と入港して貿易を行なうことはできなかったようである。鄭思肖『心史』大義略述に、一二八二年春のこととして、「倭国舟師、来攻韃人沿海一帯、不得其隙而入、悠揚数時而空返」とあり、倭船が元を攻撃しようとして来航したが、隙を得ることができず帰国したという。この船は武力行使をしたわけではなく、

「来攻韃人沿海一帯」とするのは、宋の遺臣として元に対する憎悪をあらわにする鄭思肖の想像・希望によるものと考えるべきである。ただ日本船と認識された船が入港を認められなかったことは事実だろう。軍船そのものでなくても、諜報活動などの警戒から、日本の貿易船は入港を認められなかったと考えられる。つまり弘安の役直後における両国の厳戒態勢の下では、日元間で貿易が行なわれる可能性はほとんどなかった。

日元間の商船往来復活を物語る早い事例として知られる史料が二つある［森 1975b:85］。一つは弘安一〇年（一二八七）七月二日付対馬守源光経解である。[24] 対馬島国務に関する三つの事項について太政官の処置を請うたもので、その三ヶ条目に以下のようにある。すなわち、対馬は田地がないので、国司が京都に送る「済物」は、廻船商人が着岸した時に徴収する「前分」によって確保している。ところが最近、対馬守護人（当時の対馬島守護は大宰少弐武藤氏）によってこれが押領されるという事態が起こっている。そのため「済物」が確保できず、大宰府から「済物」徴収のために使者が乱入してくる。そこで「唐船」が来航した時、「前分」は国司と守護人で折半するように宣下していただきたい、と。「前分」という言葉はよく分からないが、「唐船」（貿易船。日本船も含む）が対馬に来航した時に徴収するものだったらしい。津料（入港税）の一種であろう［網野 2000:117］。

ただしこの文書は「条事定」という儀式に際して書かれた古書で、その内容が同時代の状況を反映しているとは断言できないという指摘がある［網野 2000:91］。一方でそのことを認めつつも、この文書の記載から同時代の状況を読み取ろうとする研究もある［筧 2001:70-73・関2004:6-7］が、本稿では、この文書から一二八七年における日元交通再開を断言することには、慎重になっておきたい。

確実な例としては、正応三年（一二九〇）四月二五日付関東御教書がある。[25] 筑前守護武藤経資に宛て、筑前千如寺造営に当たり「唐船点定銭」を用いるように、幕府が命じたものである。中世日本で「点定」とは土地・家屋・物件などの排他的占有権確立、すなわち差し押さえ・没収を意味する。この頃武藤氏、あるいは幕府が、唐船から銭を徴収していたことが分かる。森氏はこれを唐船一般からの津料徴収の例とする［森 1975a:455］が、ある特定の唐船からの徴収（たとえば幕府派遣船からの請料徴収、あるいは犯罪を理由とした銭物没官など）であった可能性もあり、断言はできない。いずれにしろ点定銭を徴収された以上、この「唐船」は貿易により利益を得ていたと考えるのが自然だろう。後述するが、一二八〇年代後半の入元僧が存在し、この頃には日元交通は復活していたと考えられる。一二八六年に元は日本三征計画を中止しており、これを知った幕府が商船往来制限を緩和したものであろうか。

では元側にこれを受け入れる体制はあったのであろうか。元が日本船を受け入れたことの分かる早い例は、『元史』巻一七、世祖本紀一四、至元二九年（一二九二）六月己巳条の、「日本来互市。風壊三舟、惟一舟達慶元路」とあるものである。これ以前、一二九〇年には、江淮行省が海賊の跳梁を理由に沿岸部の警備体制強化を上言しているが、倭人に対する備えには触れていない[26]。一二八五年にカラダイが慶元における「倭人・海寇・私塩」などの禁止をクビライに請うたことと比較すれば、日本への警戒が薄れていることを指摘することは可能だろう。なお後の一三〇九年の慶元における倭人暴動に関して、燕公楠神道碑は、「有司不能用公前後待之之道、而利其貨宝、刼之以兵」と記す[27]。「公（燕公楠）の前後これ（倭人）を待するの道」という文言から見て、燕公楠が江淮行省（一二九一年江浙行省と改称[28]）に赴任していた期間（一二八五―九五）の内のある時期に、日本船が元に来航して貿易を行なったことは確実である。

以上の経緯を考えれば、一二九二年にクビライが日本三征計画を再開させたことが、日元交通を抑制する要因になったであろうことは、想像に難くない。日本三征計画と並行して、燕公楠は日本商船の帰国に託して日本へ牒状を送り、高麗からも漂流日本人送還の使者を通じて元への服属を勧める牒状を送ったが、このことは日本の警戒心を高め、警備体制強化を行なわしめる結果となった。幕府は全国の寺社に異国降伏を祈祷させ、「異国打手大将軍」として北条兼時・時家を九州に下向させた［村井 1988:199-207］。論証は困難だが、こうした動きの中で幕府による渡海制限が復活したことは、十分に考えられる。少なくとも一二九三・九四年においては、商船・僧侶の往来した形跡はない。

日本三征計画は、一二九四年正月のクビライ没と、対日非戦派の成宗テムルの即位によって放棄される。一二九五年四月に北条兼時・時家らが鎌倉に帰ったのは、この頃幕府の元に対する警戒が弱まったことを意味するが、その背景として、クビライ没と元の日本三征計画放棄の情報があったことが考えられる［筧 2001:265］。その後、元は日本商船（一二九八年に元に来航）の帰国に託して、一二九九年に招諭使一山一寧を派遣した[29]。クビライ死後まもなく日元貿易が行なわれたことが知られる。一二九〇年代後半に僧侶の往来が復活したこと（後述）も、貿易復活との関係から考えられるべきであろう。だが一三〇〇－〇四年においては、日元間に商船・僧侶の往来が確認できない［榎本 2001b:64］。一二九九年の元使も、日本側の渡海制限を招いた可能性が高い。

元朝による日本招諭の試みは、以上で終わりを告げる。日本の応答がなかったことを受け、元朝は一三〇二年頃から慶元の警備態勢を整備し始める。これは日本船の来航を妨げるものではなく、むしろ日本不臣という現状を認めた上で貿易環境の整備を目指したものであり、貿易関係の恒常化を原則としたものだった。以後日元間の軍事的緊張が両国の交通に影響を及ぼすことはなくなり、貿易は盛況を迎える。一方で頻繁に来航する倭船にいかに対応するかが、元側で重要な課題となってくるのである［榎本 2001b・c］。

以上、クビライの南宋制圧以降二〇年近くの日元交通の状況を概観してきたが、これが日本の貿易体制に与えた影響を二点指摘し、本節を終えたい。

一つは、長期にわたる不安定な貿易状況である。宋元交替による海上不安（一二七六）、元使処刑後の日本の貿易統制（一二八〇－八一）・弘安の役後における日元両国の厳戒態勢（一二八一－八〇年代半ば）、さらに元の牒状送付・招諭使派遣に対する日本側の警戒という事態があった可能性（一二九二－九五頃・一二九九－一三〇四頃）も含めて考えれば、両国の貿易環境は非常にめまぐるしく変化しているといえる。一三世紀第四四半世紀において、安定した貿易活動は不可能だったといって良く、日中貿易史上の一つの低迷期と言って良いだろう。蒙古襲来以後博多綱首（博多居住の中国系海商）が史料上見られなくなることはしばしば指摘される。その原因として挙げられるものの中に、日本人商人の台頭、蒙古襲来後の日本人と宋人の敵対関係、宋元交替による宋人と故国の交通遮断がある［佐伯 1988・川添 1990・林 1998］が、一四世紀になっても中国系海商は日元貿易においても一定の役割を果たしていたと考えられ［榎本 2001a:52］、エスニシティ上の問題があったと考えることは困難である。(30) 中国系海商に限らず、海商の活動が全般的に史料に現れなくなることを考えれば、むしろ想定すべきは、貿易活動自体の低迷のため多くの海商が没落し、その社会的地位が低下したという事態ではないか。

もう一つは、幕府による貿易管理能力の強化である。対外的緊張に対応して往来状況が変化しているのは、幕府の統制が相当強力に及んでいたことの反映である。日宋貿易においては対外的緊張が弱かったこともあり、こうした事態は認められない。有事体制を梃子とした幕府の支配権拡張［海津 1998］の一環として評価できよう。特に貿易港として重要な博多の管理については、南北朝期にも九州探題を介して実現していた。たとえば一三五〇年三月一五日、入元僧龍山徳見が元船で博多に帰国すると、九州探題一色直氏はただちに使者を派遣し沙汰を行ない、二日後に京都へ報告している。(31)

称名寺造営のために派遣された貿易船は北条氏一門の金沢貞顕らが関わっていたが、この船が一三〇六年に帰国した時、貞顕の従兄弟にして鎮西探題の金沢政顕がただちに貞顕に連絡をしている［前田 1978］。幕府による博多管理の実現の結果、博多における幕府の出先機関である鎮西探題と関係を持つことで貿易に便宜を図ることのできる構造が、一四世紀に生じることになった。建長寺船・鎌倉大仏船・天龍寺船など、幕府やその関係者の派遣する船の事例が目立つようになるのも、幕府の博多支配と表裏の関係にあると考えて良いだろう。

第二章　クビライ期における日元間の人的交流

第一節　僧侶の往来状況

日宋間で盛んに行なわれた僧侶の往来は、宋元交替およびその後の日元関係の影響をいかに蒙ったのか。本節ではこれを確認してみたい。まず宋元交替期について見てみよう。表1は一二七〇年代における日宋・日元間の僧侶の往来事例を、年代の確定できる事例に限り挙げたものである。これに拠れば、一二七五年まではコンスタントに往来があったことが分かる。一二七六年に往来がないのは、第一章第一節で述べたように、正月の宋元交替と、宋遺臣の抵抗運動の影響である。一二七七年にも僧侶の往来が確認できないが、前年の海上の状態を聞き、渡海を見合わせる僧侶が多かったのであろう。この年に日本船の入元があったことは、第一章第一節で見た通りである。幕府はこの時の船の帰国により、「宋朝滅亡、蒙古統領」の情報を知った。一二七八・七九年には僧侶の往来が確認される。

一二八〇年以降の一五年近くは、年代の確定できる例について、僧侶の往来はまったく見られなくなる。一二七九年の元使処刑以降、商船の往来が幕府の統制を受けるようになったことと関係があろう。注目すべきは、元使一団に本暁房霊杲なる日本僧が含まれていたことで[32]、このことが僧侶の異国での行動（特に元朝政府への情報提供）に幕府が警戒を払うようになる一因となったとも考えられる。滞在地点が港に限られ、商売が終われば帰国する海商よりも、中国各地を数年に及び行脚する僧侶の方が、情報漏洩の点で警戒すべき対象だったはずである。

あるいはそれ以前においても、幕府の管理は及んでいたのかもしれない。一二七七年の宋元交替の報告から一二八〇年まで、日本から入元したことが確認できるのは、一二七八年の西澗子曇と一二七九年の傑翁・無及の二件である

表１　僧侶の日中往来事例（1270年代）

年代	事項	典拠
1270	本覚帰国	『禅林墨蹟』下11、中村庸一郎蔵兀庵普寧尺牘
1271	西澗子曇来日	『禅林僧伝』4、勅謚大通禅師行実
1272？	桂堂瓊林帰国	『北京図書館蔵中国歴代石刻拓本滙編』48、贅皇復県記
1273	道英入宋	『古経跋語』上、長谷寺蔵『金剛経』奥書
1275	龍峰宏雲入宋	『平田寺文書』33、平田寺草創記
1275	専暁帰国	『江州菅山寺縁起』
1275	徳会帰国	『続禅林墨蹟』36、守谷栄一蔵希叟紹曇偈
1278	西澗子曇帰国（元へ）	『禅林僧伝』4、勅謚大通禅師行実
1279	無及徳詮・傑翁宗英入元	『円覚寺文書』4、弘安1/12/23北条時宗書状
1279	無学祖元・鏡堂覚円等来日	『仏光国師語録』9、仏光禅師行状・『大円禅師伝』
	＊桃渓徳悟・龍峰宏雲など多くの日本僧が同船帰国（註16参照）	
1279	白雲慧暁帰国	『元亨釈書』8、慧暁
1279	霊杲帰国（元使通事）	『関東評定伝』弘安二年条

が、前章で述べたように、後者は北条時宗が名僧招聘のために派遣したものであり、前者はその根回しをするために事前に元に帰国したものと考えられる。つまり一二八〇年以前の入元僧にはいずれも幕府の息がかかっており、宋元交替後の日中往来には当初から幕府の規制が働いていた可能性がある。

一二八〇年以後、僧侶の往来復活が明確に知られる例として、一二九五年頃の林叟徳瓊帰朝[33]、一二九六年の可庵円慧入元[34]がある。以後一二九九年の元使到来（招諭使一山一寧）まで、計五件の僧侶往来が確認される[35]。先に述べたように、一二九五年頃にクビライの死と日本三征計画放棄の情報が伝わり、日本側の警戒態勢が解けたこと、その後まもなく商船の往来が確認されることと関連付けて考えるべきであろう。

これ以前、一二九〇年代初頭前後にも商船の往来が見られたことは先に指摘したが、この間の僧侶の往来はどうか。これについては年代は特定できないものの、数例挙げることは可能である。高山寺蔵『華厳経疏抄』巻一奥書[36]を見てみよう。

大宋咸淳第七辛未（一二七一）春中月下七日、於宋朝湖州思渓法宝禅寺、借得行在南山高麗教寺之秘本、謹以写留之畢。

執筆沙門弁智
求法沙門沢舜
正応五年（一二九二）九月廿一日夜、於湖州法宝禅寺加点了。

一二七一年、杭州高麗寺蔵『華厳経疏抄』を、弁智という僧が湖州思渓法宝寺で書写した。「大宋」「宋朝」とわざわざ書いているところから見ると宋僧ではなく、外国僧が本国に持ち帰るために書写したものと思われる。その後一二九二年、沢舜なる僧が法宝寺で弁智書写本に加点したわけであるが、「正応」という日本年号を用いている。沢舜が正応改元（一二八八年四月二八日）以降一二九二年以前に入元した日本僧であることは明らかである。おそらく弁智も日本僧だったが、何らかの理由で帰国できず、その書写本を後に発見したか託された沢舜が加点を施し、日本に持ち帰ったのであろう。

この他にもう一例、一二八〇年代後半に入元帰国した日本僧の存在を、東京大学大学院の大塚紀弘氏の報告により知った。一二八五年に一切経将来費用を勧進し、一二八九年以前に渡元帰国して一切経を近江大吉寺に安置した覚道という僧である。(37) この僧についてはいくつかの興味深い論点があるが、大塚氏の今後の発表を待たれたい。

以上のように、一二八〇年代後半から一二九二年頃の間にも僧侶の往来は見られるが、一二七九年以前及び一二九五年以降と比較すると、事例ははなはだ少ない。(38) 危険を恐れて入元を控える僧が多かったためか、幕府の方で僧侶の渡航を制限していたためかは即断できないが、宋代のごとき活発な往来は実現していなかったことは認めてよいだろう。本格的な往来復活の契機となったのは、一二九四年のクビライ没情報であった。日元僧侶の往来は、クビライ期を通じて低調であったということができる。

ところでクビライ期における日元交通の低迷は、若い僧侶の入元の機会のみならず、かつて入宋した僧の帰国の機会も奪うことになったはずである。たとえば『円照上人行状』巻下は、一二六二－六三年頃に東大寺戒壇院の円照のもとで受戒した禅一房照阿について、以下のように記す。

後入宋朝。蒙古国人、伐取宋国、彼人行国、聞日本人、彼極不□。一公（照阿）隠山、顕露不遊。近比和人入宋、一公尋値、語以此事、具聞本国種種之事、喜踊罔極。

宋元交替の後、日本人の迫害があったらしい。弘安の役の影響によるスパイ取締り強化のごとき事態であろうか。この時照阿は日本に帰らず、中国の山に隠れることを選んだ。ところが「近比《ちかごろ》」入元した日本僧と会い、日本の話を聞いて大いに喜んだという。「近比」がいつかはよく分からないが、『円照上人行状』の成立が一三〇二年だから、これを少し遡った一二九〇年代のことであろうか。その頃まで日本僧の入元はほとんどなく、照阿は日本僧と会う機会がなかったのであろう。照阿が帰国しなかったのは、帰国の便がなかったことも一因と考えられる。

元の江南征服以降二〇年近くの間、身を潜め、あるいは捕えられた日本僧は、少なくなかったに違いない。宋元交替直前に入宋した僧の帰国例はほとんど確認できないが、逮捕・客死した者が多かったのではないか。たとえば『円照上人行状』は、一二六五―六六年頃に受戒した本実房性憲について、「入大宋朝、於彼物故」と記す。一二七〇年代の入宋僧であろうか。数少ない帰国例の一つに、一二九五年頃の林叟徳瓊がある。彼は一二五一年生であり、(39)当時の一般的な入宋年齢と日元間の交通状況から考えると、一二七〇年代に入宋した可能性が高い。二〇年近く在元したことになるが、これも帰国の機会を逸した結果ではなかったか。湖州法宝寺で高麗寺の『華厳経疏抄』を写した弁智が帰国できなかったのも、同様の理由かもしれない。

第二節　在日中国人とその由来

以上見たように、クビライ期においては僧侶の日中往来は低調であり、したがって入元僧・渡来僧を介した日元文化交流も低調であったと考えられる。ところがこの時期、別の形で人的交流が行なわれた形跡がある。それは日本在住の中国人（宋人・元人）と日本人との接触である。無論これ以前にも、博多綱首を介した日宋文化交流は指摘されているし［川添 1987・1988］、日本の内陸部においても宋人の活動した形跡はうかがうことができる［藤田 2001］。よって日本在住中国人と日本人の接触はクビライ期に始まるものとはいえないが、注目されるのはこの時期になって突発的に在日中国人の事例が増加し、しかも空間的にも広い分布が確認されることである。

表2は、一三世紀後半以降鎌倉幕府滅亡（一三三三）までに日本に滞在したことが分かる中国人を一覧にしたものである。ただし博多綱首、無学祖元・清拙正澄・明極楚俊など日本からの招聘により来日した高僧、元から派遣された使者や、一三世紀前半以前に渡来した宋人の子孫などは採らなかった。これを見ると、一二八〇年代半ばから急激に事例が増加することが分かるだろう。一二八四年以降一二九七年までの一四年間で、三四件中少なくとも二〇件が収まり、一七％の時期に六割近くの事例が集中することになる。

内容を見てみよう。まず指摘できるのは、北条氏得宗に仕えた例、あるいは深く関係を持った例である。明元房【1】（以下**表2**の№を【№】で表現する）は来日の後に蘭渓道隆のもとで出家し、北条時頼・時宗に仕えた医官である。在日三〇年で没した後、渡来僧大休正念が葬式に立ち会っているから、大休在日期の一二六九－八九年に没したことになり、一二四〇年代から六〇年代に来日したと推定される。彼とともに時宗に仕えた医官の漢章【5】も宋人であろう。古澗世泉【3】は北条時頼の死（一二六三）を見届けて帰国した後、無学祖元に日本での体験を語った宋僧である［玉村 1976a］。「大将軍」（宗尊親王?）が再来日を待っていると古澗自ら語っており、幕府の中枢部と接触していたらしい。霊山道隠【31】は入元僧石門□韶の勧めで来日した後、北条高時の招きで建長寺住持となり、臨済宗仏慧派祖となった［佐藤 1997］。入宋僧月翁智鏡の勧めで来日し、北条時頼の招きで鎌倉常楽寺、ついで建長寺住持となった蘭渓道隆と同様のパターンである。歴代得宗は中国僧の招聘も含め、宋人の登用には積極的であり、当時の鎌倉は宋人を多く抱える都市だったといえよう。

表２　在日中国人一覧（1250―1333）

No.	年代	名前	肩書	主な滞在地	典拠	出典
1	13世紀中頃	明元房（郎元房）	新円寂明元沙弥・医官	鎌倉	『念大休禅師語録』大小仏事、為明元房秉炬 『仏光国師語録』7、請益問答心要	『仏』96 『蔵』80
2	1259	凝	蔵主	相模国建長寺	東山家蔵蘭渓道隆法語	『禅林墨蹟拾遺』日本篇25
3	1260年代前半頃	古澗世泉		鎌倉	『仏光国師語録』6、太守元帥請為最明寺殿忌辰普説	『蔵』80
4	1260-70年代？	傚牛恵仁		信濃国安楽寺	寺伝に拠る　＊註参照	長野県教育委員会『安楽寺』恵仁和尚坐像解説
5	1270-80年代	漢章	医官	鎌倉	『仏光国師語録』7、請益問答心要	『蔵』80
6	1285年以前	行恭	唐人	相模国寿福寺	『念大休禅師語録』自讃、為唐人行恭請讃	『仏』96
7	1285年以前？	宗徳	唐人	相模国寿福寺？	『念大休禅師語録』自讃、為唐人宗徳請讃	『仏』96
8 9	1280年代？ 1284	盧四郎 宋了一	大宋人	近江国延暦寺	叡山版『法華三大部』刊記	『刻』142
10	1285	謝復生（謝徳・明道）	大宋国建康府住人・宋人	周防国上品寺	広島県正法寺蔵『大般若経』奥書 保阪潤治旧蔵『貞観政要』奥書	近藤1967
11	1285	誠心	唐人	大和国西大寺宝塔院	白鶴美術館蔵『大般涅槃経集解』奥書	近藤1967
12	1286	行禅	支那僧	大和国般若寺	『律苑僧宝伝』13、日浄総持伝	『仏』105
13	1288	法性	宋人	大和国法隆寺東院	『吉田文書』	森1975c:96
14 15	1288 1288	浄蓮 安善	宋人 大宋人	出雲国須佐郷	島根県高野寺蔵『大般若経』奥書	近藤1967
16 17	1289 1289	徐汝舟 洪挙	四明 四明	山城国三聖寺	正応二年版『雪竇明覚大師語録』刊記	木宮1932:258
18	1289	普勲	宋人・宋国人・大宋国人・中原大宋国人	近江国安楽寺	滋賀県西明寺蔵『大般若経』奥書	『近江蒲生郡志』7、史料2959
19 20 21	1290 1290 1290	楊邦彦 楊随心 楊覚慧	海西大宋中国揚州大都督府西城住坐・奉三宝弟子	和泉国久米多寺	金沢文庫蔵『金剛般若経疏論纂要』奥書	『金』793

22	1292	円空	唐僧・大勧進唐僧	信濃国浅間社	長野県浅間神宮寺蔵『大般若経』奥書 守屋孝蔵旧蔵『大般若経』奥書	『信濃史料』4、図版25 近藤1967
23	1294	法華	宋人	京都？	愛知県真福寺蔵『賢聖義略以十門分別』奥書	『真福寺善本目録』続輯
24	1295	洪三	大唐国行在臨安府小堰門保安橋居洪三官人	和泉国久米多寺	金沢文庫蔵『華厳経随疏演義鈔』奥書	『金』506
25	1295	智恵	唐人・大宋人・宋国京人・大宋国京人・大唐国京人	和泉国久米多寺	金沢文庫蔵『華厳経随疏演義鈔』奥書 同蔵『大華厳経疏』奥書 大東急文庫蔵『古書題跋雑集』 大方広仏華厳経疏奥書	『金』503 『金』507 近藤1967
26	1296	常心	唐人	大和国海龍王寺	金沢文庫蔵『金剛界伝法灌頂作法』奥書	『金』766
27	1297	道妙	唐人		金沢文庫蔵『金剛界行法次第』奥書 同蔵『胎蔵界行法次第』奥書	『金』751 『金』1578
28	1297	呉三郎	宋銭塘無学老叟呉三郎入道		御物『古文孝経』奥書	辻1947:183
29	1301	慈洪	宋小比丘・大宋浪人・大宋五山天童医王霊隠浄慈径山西堂	相模国称名寺	『神奈川県称名寺蔵梵鐘銘』 『金沢蠹余残篇』	『日本古鐘銘集成』92 『金沢文庫古文書』6843
30	1310	唯真	大宋国朝奉大夫	讃岐国仲楽寺	香川県白峯寺蔵『大般若経』奥書	『白峯寺古文書緊急調査報告書』史料38
31	1319	霊山道隠		相模国建長寺等	『扶桑五山記』3、建長寺住持位次	国書刊行会本
32	1326	道広	宋人		『万安方』奥書	服部1964:153
33	1326	浄智	宋人		大東急文庫蔵『因明四種相違疏文』奥書 雲村文庫蔵『阿弥陀経通賛疏』奥書	近藤1967
34	1328	理覚	唐医法橋		大谷大学蔵『華厳経探玄記』刊記 東大寺版『華厳経随疏演義鈔』刊記	『刻』200 『金』504
35	14世紀前半？	胡定	宋人		『往生拾因私記』下、寄花五浄条	『浄土宗全書』15

＊略称：『金』＝『金沢文庫古文書』識語編／『刻』＝木宮泰彦1932所収『古刻書題跋集』／『蔵』＝『大正新修大蔵経』／『仏』＝『大日本仏教全書』

＊年代欄には、在日が確認できるもっとも早い年代を、不明のものは推定時期を記した。

＊註【4】
倻牛恵仁は安楽寺開山樵谷惟僊が宋から帰国した折に随伴し来日したというが、文献上の根拠は管見にはない。安楽寺に隣接する常楽寺の史料に、樵谷が異国より曾烱なる者を従えて常楽寺に住したと記すものがあるという（未確認）が、あるいは同一人物か［黒坂1958］。

得宗の帰依を受けた渡来僧、あるいはかつて宋で修行した入宋経験者のもとには、しばしば宋僧が随侍した。たとえば五年間蘭渓道隆のもとにいた末、一二六三年に帰国を決意した凝蔵主【2】。入宋僧樵谷惟僊の帰国に随行して来日したと伝える仂牛恵仁【4】。大休正念に自賛を求めた行恭・宗徳【6・7】。来日の契機はよくわからないものが多いが、彼らが宋僧や入宋僧に仕えたのは、語学力の問題も大きかったと考えられる。

以上の事例を除くと、大部分は一二八〇年代以降の事例となる。名前が現れるのはおおむね経典の刊記・奥書などであり、経典の出版や書写事業に関与していたことが知られる。その中には法名を持つ者が多いが、明らかに俗名の例もある【8–10・16・17・19–21・24・28・35】。楊邦彦【19】は「奉三宝弟子」、呉三郎【28】は「入道」を名乗ってはいるが、法名はなく、在家の仏弟子と考えられる。唯真【30】は法名であろうが、「大宋国朝奉大夫」という名乗りを見るに、これも在家の弟子で、正式な比丘ではないと考えられる。謝復生【10】については、「執筆大宋国建康府住人謝徳、改名復生、法名明道」とあり、元の名を謝徳と言い、法名を明道といったことが知られる。この時点で復生という俗名と明道という法名を両方持っているが、在家の弟子であろう。他に法名を名乗っている場合でも同様の事例は多いと考えられ、仏法の修行・弘布のために渡来した蘭渓道隆以下の渡来僧とは別にとらえるべきである。

彼らはなぜ日本に渡来したのか。近藤喜博氏は謝復生が、一三世紀前半に日宋貿易で活躍した博多綱首謝国明の関係者である可能性を指摘する。その根拠としては、姓の一致以外に、謝復生の滞在地である周防国楊井荘（現山口県柳井）が中世の海賊衆の根拠地であり、また港湾としても機能した点を挙げる［近藤 1967:32］。しかし謝復生以外に長野・滋賀・奈良など内陸部に滞在している例も多いこと、日宋交通の舞台である九州に一例も見出せないことを考えると、これらすべてを貿易商人の関係者とするのは困難であろう。

また佐伯弘次氏は在日中国人を何例か挙げ、「これは南宋の滅亡と前後して、日本に渡来した者たちであったと考えられる。ただし弘安の役に鷹島で捕虜になり、奴隷とされた南宋人の動向についてはまったく史料に登場しない」

とする［佐伯 2003:204］。だがもし彼らが亡命宋人だったならば、元が揚子江を越えて南宋各地を制圧していった一二七〇年代半ばから終わりが渡来のピークとなるはずである。一二八〇年代になると日本も元も海上警備を強化し、日本においては一二八一年に異国人の新来を制止することが命じられている。一二八〇年代中頃から集中的に現れる中国人を亡命宋人と考えるのは自然ではない。また九州の事例が一例も見られないことについても、亡命宋人説では説明できない。

では彼らの渡来の契機は何だったのか。私は佐伯氏が「史料にまったく登場しない」とする宋人捕虜の可能性を考えるべきではないかと思う。宋人捕虜については『国朝文類』巻四一、征伐、日本に引く帰還兵于閶の報告に、「尽殺蒙古・高麗・漢人、謂新附軍為唐人、不殺而奴之。閶輩是也」とあり、日本人は宋人を殺さず奴隷とし、自らもそのような処遇を受けたと報告している。

逃亡に成功した宋人捕虜の報告はもう一つある。『高麗史』巻二九、忠烈王世家二、忠烈王八年（一二八二）六月己丑条を引用しよう。

蛮軍捴把沈聡等六人、自日本逃来言、「本明州人。至元十八年六月十八日、従葛剌歹万戸、上船至日本、値悪風船敗、衆軍十三四万、同栖一山。十月初八日、日本軍至、我軍飢不能戦、皆降。日本択留工匠及知田者、餘皆殺之」。王遣上将軍印侯・郎将柳庇、押聡等送于元。

（読み下し）

蛮軍捴把沈聡等六人、日本より逃来して言う、「本と明州人。至元十八年（一二八一）六月十八日、葛剌歹《カラダイ》万戸に従い、船に上り日本に至るに、悪風に値い船敗れ、衆軍十三四万、同に一山に栖む。十月初八日、日本軍至るに、我が軍飢えて戦うあたわず、皆な降る。日本工匠及び田を知る者を択留し、餘は皆な之を殺す」と。王上将軍印侯・郎将柳庇を遣わし、聡等を押して元に送らしむ。

日本から高麗に逃げ帰った明州人沈聡らの報告に拠ると、一二八一年六月一八日にカラダイに従い日本に攻め込んだが、台風に遭い船が覆滅し、「一山」（長崎県鷹島のこと）に逃げ込み、十月（八月の誤）八日に日本軍の掃討を受け降伏した。日本軍は彼らの中から「工匠」や「知田者」を日本に「択留」し、その他は殺したという。[40] 于闐がモンゴル・高麗・漢人を殺し宋人は殺さなかったとするのと処罰の基準が異なるが、捕虜の彼らが正確な基準を知るはずもなく、いずれも想像によるものであろう。おそらく軍の中心人物や反抗的な分子などは処刑され、利用価値のある者は日本に留められたのであろう。第一章第二節で挙げた、日本のスパイとして福建に送り込まれた賈祐も、この時召抱えられた宋人の一例と考えられる。

佐伯氏は于闐の報告をもとに宋人捕虜の奴隷化を想定し、各地で経典を書写している宋人は奴隷ではないから、これらとは別であると考えたのであろう。だが報告中の「奴之」がどのような処置を指すのかは、判断が難しい。はたして文字通り宋人の奴隷化が行なわれたと断言してよいのか。ここで参照したいのが、弘安の役直後に九州御家人に通達された四ヶ条（前述）の第二条である。

異国降人等事、各令預置給分、沙汰未断之間、津泊往来船、不謂昼夜、不論大小、毎度加検見、如然之輩、輙浮海上不可出国。云海上漁船、云陸地分、同可有其用意矣。

（読み下し）

異国降人等の事、各の預け置かしめ給う分、沙汰未断の間、津泊往来の船、昼夜と謂わず、大小を論ぜず、毎度検見を加え、然るが如きの輩、輙く海上に浮かび国を出づべからず。海上の漁船と云い、陸地分と云い、同じくその用意有るべし。

宋人捕虜は処分が決まるまで御家人のもとに預け置かれたことが知られ、鎌倉期に広く見られた、御家人を通じた囚人預置（被疑者・犯罪者の委託監禁）の一事例として挙げることができる［海津　1986:15］。

これに拠れば宋人捕虜が御家人に預け置かれたのは、「沙汰未断」の段階での暫定処置であった。ある者が日本に「択留」され、ある者が処刑されたと沈聡が述べているのは、「沙汰」が実行された後のことであろうが、それは沈聡の報告の時期から見るに、一二八二年夏以前のことであった。一二八一年八月（閏七月）の捕縛以来一年以内に、預け置かれていた捕虜の処刑は始まっていたのであろう。おそらく「奴之」という待遇も「択留」と同じで、捕虜としての拘禁状態を指したものではないか。そして時期から考えるに、一二八〇年代半ばから日本各地に現れる中国人が、その中で処刑を免れ「択留」された宋人捕虜だったのではないかと思うのである。

このことは、彼らの出身地からも傍証できるように思う。確認できるのは建康【10】・慶元【16・17】・揚州【19－21】・杭州【24・25・28】などで、すべて南宋の人であるが、慶元・杭州など日本への出航地に近い場所以外に、建康・揚州の人も含まれており、貿易船に便乗して渡来したと考えるには不自然である。(41)一方周知のように、元は南宋から接収した水軍を日本遠征に利用しており、一二八〇年代半ば以降日本に現れる中国人が日本遠征軍の捕虜だとすれば、慶元・杭州以外の人が含まれるのも自然である。たとえば江南軍を率い日本へ遠征した范文虎は、かつて南宋の将として長江の防備につき、「殿前司・両淮諸軍」を率いて襄陽救援に駆けつけたこともあったが、やがて元に投降し、宋王室の降伏後は杭州で両浙大都督に任じられ、弘安の役に当たっては江南軍の戦艦調達にも関わった［中島・四日市 2004:39-43］。彼の下ならば、慶元・杭州の他に長江流域の建康（浙西）や揚州（淮東）出身の軍人がいてもおかしくない。もちろん、他の将の下にもこうした地域出身の軍人はいたであろうし、また旧南宋軍でなくても、遠征に当たって改めて徴発された者もいたであろう。それはともかく、一二八〇年代半ば以降の在日中国人の出身地の多様性は、日本遠征軍の軍人の出身地を反映していると考えても良いのではないか。

経典の刊記・奥書の年代を見ても、中国人の事例は一四世紀に入ると減少し、一三三二年の理覚(42)【34】を最後にしばらく見られなくなる。(43)一二八一年の日本遠征時に二〇歳前後ならば、一三三〇年代には七〇代。彼らを宋人捕虜とする仮説は、寿命を考えても整合的に理解できよう。

彼らを捕虜宋人と考えれば、九州の事例が一例も確認できないことも説明できる。すなわち幕府は前掲法令中で、九州の御家人に対して「異国降人等」が海外に逃亡しないように「津泊往来船」をチェックし、「海上漁船」や「陸地分」についても用心すべきことを命じている。ここで逃亡取締りを指示されているのは、自らの元に預け置かれた宋人に限られるわけではないだろう。「津泊往来船」は自らの所領を出航する船だけではなく、通過する船も含むはずである。当時の交通路を考えれば、全国の御家人に預け置かれた宋人が元・高麗へ逃亡するに当たり、九州を経由する可能性は圧倒的に高い。だから幕府は、九州で宋人の逃亡を防ごうとしたわけである。逆に言えば、九州は宋人捕虜にとって逃亡がもっとも容易な場所であった。おそらく幕府はこのことを考慮して、宋人預置の地として九州を敢えて除外した可能性が高いのではないか(44)。九州に宋人の事例が見当たらないのは、そのためだと考えたい。

彼ら宋人の多くは寺院に属している。おそらく処刑を免れた宋人は、預け置かれた土地の近隣寺院に移されたか、あるいは当初から御家人ゆかりの寺院で管理されていたのだろう。その中で目立つのは、西大寺・久米多寺・海龍王寺・般若寺・称名寺など、西大寺流律院である。この宗派は忍性以来幕府とつながりが強い。特に称名寺は北条氏一門の金沢氏の菩提寺、久米多寺は得宗被官安東蓮聖の外護により再興した寺で、いずれも幕府との関係が深い寺院である。宋人浄蓮・安善らがいた出雲国須佐郷【14・15】も得宗領である(45)。多くの宋人が幕府と関係の深い寺院・土地に居住しているのは、幕府周辺の勢力が宋人を自らの下に管理していたことを示しているのではないか。

さらに参考にしたい史料がある。釼阿筆『釈摩訶衍論私見聞』巻四表紙裏の余白に写されている次の漢詩である(46)。

或寺方丈、流罪唐人用途被訪事。彼状云、

始謁異朝客、誰不哀孤衰、雖懐小財恥、只憐無身資。

彼唐人返状云、

唐朝万里海難帰、愁怕風吹木葉飛、夜眠切冷無人問、只得求僧去誰知。

某寺の方丈（住持）が「流罪唐人」に必要な費用を訪ねた時に送った漢詩と、それに対する唐人の返事代わりの漢詩である。おそらく釼阿が見聞きした漢詩の贈答をメモ書きしたものと思われる。『釈摩訶衍論私見聞』の本文は一二八五年に書かれており[47]、漢詩もおそらくその時から遠くない頃に写されたものだろう[48]。

私は時期と「流罪唐人」という表現から、「流罪唐人」が弘安の役による捕虜である可能性を考えたい[49]。この推定が当たっているとすれば、この漢詩は捕虜宋人の境遇について多少の考察材料となるだろう。すなわち、某寺住持が捕虜宋人の世話をしていたことになるが、世話は管理の裏返しでもある。寺院に収容されていた宋人たちは流人として扱われ、管理の対象だった[50]。「唐朝万里海帰り難し」と詠まれているのは、現実には帰国ができない境遇だったからである。また某寺住持が必要な経費を問うているように、捕虜宋人はやはり奴隷のような扱いを受けていたわけではない。寺の管理下にあったとはいっても、おそらく国外逃亡などを図らない限り、ある程度の行動の自由は認められていたのだろう。

宋人が摂関家や顕密寺院の所領など、幕府の影響が強くない場にも少なからず顔を出していることにも、注意すべきである[51]。宋人捕虜を永続的に管理するのは御家人にとって負担が大きく、結局解放せざるを得ない場合も多かったのだろう。または管理の意志があったとしても、そこから逃亡する宋人は少なくなかったはずである。彼らは管理先や逃亡先で刻字工【16・17】や医者【34】など、自らの技能を生かして活躍した。これは一四世紀後半の渡来中国人と同様である［榎本 2003a］。また日本遠征で捕虜となり一三一七年に倭船で帰国した呉人のように[52]、貿易船で帰国するものもいたようである。

いずれにしろ宋人捕虜が全国的に配置されたことは、日本人と中国人の交流の機会を増やし、その裾野を広げる契機となったと考えられる。『延宝伝灯録』巻一九、蒙山智明伝は、その点で興味深い。近世に編纂された禅僧伝記集の一部であるが、内容は具体的であり、何らかの典拠があったものと思われる。『扶桑禅林書目』に拠れば、蒙山にはかつて『雲泉集』なる詩文集があったらしく（現存せず）、あるいはこれに拠ったものかもしれない。

　京兆南禅蒙山智明禅師、摂州玉造県人、不詳姓氏。方晬恃怙倶背、会元国降将万戸某、置在本州、頗通文学、愍師孑孤、収鞠為子、自操郷音、以授詩書。郷党相勧、投施薬院薙染、習毘尼法。十六棄去、依規菴于南禅。…迨一山踵席、侍内記。師以通元音、凡禅策語、難暁諭者、不須重訳、従而質之。

蒙山は晬（一歳）にして恃怙（両親）と別れ、摂津に置かれていた「元国降将万戸某」によって養われた。その後京都の施薬院で出家し、一六歳にして南禅寺の規庵祖円のもとに参じたという。蒙山は一三六六年に没したが、遺偈に「住妄想境、満九十年」とあり、蒙山と同時代人である義堂周信が著した頂相賛にも「満九十年」とある[53]ことから、享年は九〇代だったことが知られる。すなわち蒙山出生は一二七七年以前であり、一六歳で南禅寺の規庵のもとに参じたのは一二九二年以前ということになるが、規庵の南禅寺住持は一二九一年一二月以降だから[54]、蒙山の規庵参禅は一二九二年と考えて良いだろう。つまり蒙山は一二七七年生、享年九〇歳ということになる[55]。

　とすると、蒙山が「元国降将万戸某」に養われたのは、一二七七年に一歳で両親に生き別れてから一二九二年までの間のこととなる。もちろん蒙山が万戸某に引き取られたのが、両親と生き別れた直後とは限らないし、そもそも「方晬」という表現から「一歳で別れた」という事実を導きだして良いかも疑問である（単に幼くして孤児となったことを雅文調で記したに過ぎない可能性が高い）。また規庵参禅の前に施薬院で出家修行した期間もあるから、下限は一二九二年より少し遡るだろう。一二七〇年代末から一二九〇年代初めの間のある時期に、蒙山が万戸某のもとで養われていたと結論しておくのが穏当であろう。

　おそらくこの万戸某も弘安の役による宋人捕虜だろう。「置在本州」とあることからすると、万戸某は摂津の御家人のもとに預け置かれていたと考えられる。万戸某は文学に通じた人物で、蒙山に中国音で詩書を教えたという。宋人捕虜には学識の高いものも多く、彼らを通じて日本人が中国文化に触れることがあったことを、『延宝伝灯録』の伝は物語っている。蒙山が渡来僧一山一寧と中国語で問答することができたという、興味深いエピソードも見えるが、一四世紀、義堂周信が蒙山の頂相に「生倭国而会唐言」と著賛したことは、これが作り話でないことを裏付ける(56)。

文学的教養の点では、先ほど見た「流罪唐人」の例もあるが、一三〇一年に称名寺梵鐘銘の字を書いた宋僧慈洪【29】も注目される。称名寺は北条氏中の有力一門である金沢氏の菩提寺である。慈洪は称名寺僧釼阿や金沢貞顕・釼阿と親しかった長井貞秀［前田 1978:12］とともに漢詩を詠んでおり、称名寺と深い関係を持ったことがうかがえる。宋僧と鎌倉武士の書・詩文の交流の事例として興味深い。慈洪は「大宋五山天童・医王（阿育王）・霊隠・浄慈・径山西堂」と呼ばれており、誇張が入っているにしろ、僧として一定の地位を認められた人物だったようであるが、「大宋浪人」と自称していることからすると、修行伝法を目的とした渡来、あるいは招聘を受けた来日ではないようである。亡命僧とする解釈もありえようが、あるいは解放された捕虜宋人かもしれない。

また京都悟真寺の浄土僧道光の『往生拾因私記』巻下に、『往生拾因』第九の「寄華五浄」の一節に関する注釈として、以下のようにある【35】。

寄花五浄等者、此文出在安楽集上。…今訪宋人胡定云、「寄花者、乃寄生於大樹霊消花也。異名紫藤花亦生薬名。纏繞大樹生也」。白楽天詩云、「霊消繞樹生、樹倒霊消死」。

道光は一三世紀終わり頃から多くの著述を残し、一三三一年頃に没した［石橋 1931］。この一文に拠れば、道光が「寄花」の意味を宋人胡定なる者に問うたことがあったらしい。胡定が何者かはまったく分からないが、経典の解読をする上で、分からない漢字の意味を宋人に問うというようなことが、鎌倉後期の京都で可能だったことを、この史料は伝えてくれる。

おわりに

以上、クビライ期における日元交通について、二章にわたって見てきた。第一章では、クビライの南宋制圧後における約二〇年間の日元交通の動向を追い、軍事的緊張の中で日元交通は制限・途絶・復活を繰り返したが、全体としては交通関係が低調な時代であったことを確認した。おそらくその影響で海商勢力の社会的地位は低下し、また幕府による対外交通管理が強化されることになったと考えられる。

第二章では、低調な日元交通の中、僧侶の往来もほとんど行なわれなくなったことを確認した。これによって留学経験者や渡来僧の新たな供給はなくなったが、一方で別の形での人的交流が見られた。日本各地の在日宋人によるものであり、その出自は弘安の役による宋人捕虜と考えられる。入宋僧・渡来僧を介して中国文化が紹介された時期よりも、一面では交流の裾野が広がったということもできよう。

以上見たように、クビライ期においては貿易の盛衰の背景として、軍事的要因が極めて大きく、文化交流もその影響を直接受けることとなった。だが政治・軍事が貿易に影響するのは歴史上一般的な現象であり、軍事的な緊張が高まったこの時期に、そうした面が特に目立つようになったに過ぎない。一四世紀においては、元において新たに倭商暴動の備えが重要な問題とされるようになり、しばしば貿易にも影響を与えている［榎本 2001b・c］。唐・明代と比較して政治的関係と経済的関係が別個に扱われる傾向のある日宋・日元関係であるが、政治・経済双方を見据えて改めて考察する必要があるだろう。

その点で日元貿易については、近年研究の進んでいるモンゴル帝国の江南統治や貿易に携わる廷臣・将校・財務官僚［堤 2000a・b・四日市 2000］などを丁寧に追うことで、さらに明らかにされる可能性がある。今回は私の能力不足から、そのような視点から追求することはできなかったが、今後の研究の進展に期待したい。また南宋期についても日本・高麗貿易は、経済的な関係だけではなく、最大の政治・軍事的課題であった金・元との対峙という事態との中でも考察されなくてはならない。それは南北対峙という状況が解消されたクビライ期の日元関係と比較することでも見えてくるはずである。

宋元代の対外貿易は、制度に関してはかなり詳細に知ることができるが、その背景や運用の実態を知ることは、必ずしも容易ではない。この点について日本貿易に関しては、日本側の史料から個別事例をある程度追うことが可能であり、宋元代貿易史、ひいてはアジア海上交流史にとって、一つの重要なケーススタディとなり得る。その成果は、中国史料の豊富な南海貿易との比較によって、さらに大きな意味を持つだろう。たとえば東南アジア諸国の朝貢は、全体としては遠征の行なわれなくなる成宗期以降安定する［榎本 2001b:67］が、その前後の過程について日本と比較することは有効と思われる。[57] また華僑勢力の動向や捕虜の文化交流に果たした役割なども、東南アジア側の史料のみで語ることには限界があろうが、日本・高麗などとの比較によって見えてくることもあるかもしれない。今後も日本史・東洋史の対話が期待される所以である。

註

（1）『延祐四明志』巻二、慶元路総管府。
（2）『元史』巻一三二、哈剌解伝に拠れば、一二七六年の春に宋の張世傑率いる水軍が舟山群島の朐山東門海界を攻撃し、七月・八月には舟山の朐山・秀山の兵を率いて慶元路治鄞県への入口に当たる定海の港口（招宝山周辺）を攻撃したが、いずれもカラダイの活躍により退けられたという。
（3）『延祐四明志』巻二、慶元路総管府に拠れば、八月には慶元路総管として洪模が、翌年三月には慶元路ダルガチとして回回が任じられている。

（4）『元史』巻一〇、世祖本紀七、至元一五年一一月丁未条。
（5）『元史』巻一〇、世祖本紀七、至元一六年八月戊子条。
（6）当該期の日元交渉、および日本・元国内の政治過程などについては、特に注記のない限り池内 1931・相田 1982・佐伯 2003に拠る。
（7）『元史』巻一三二、哈剌䚟伝。
（8）『続群書類従』九輯下所収本が一般に用いられるが、大幅な脱文がある。『禅林僧伝』巻四に全文を収め、これに拠るべきである。
（9）『禅林墨蹟』下二五、五島美術館蔵西澗子曇尺牘。なお尺牘中で西澗が夢庵に「近日関東何事哉」と問うていること、西澗が帰国前に鎌倉にいたことを考えれば、夢庵が鎌倉の僧であったことは認めて良い。尺牘中で夢庵の令師とある「東岩」は東巌慧安であろう。葉貫磨哉氏は、夢庵は東巌開山の鎌倉聖海寺の僧であろうと推定している［葉貫 1993:117-18］。
（10）史料に明記されているわけではないが、葉貫氏の所論から見るに、以下のような状況証拠からの推測と考えられる。私もおおむね首肯してよいと考える。

すなわち一二七八年七月二四日、蘭渓の示寂により日本における渡来僧は大休正念のみとなり、その負担は大きくなった。また蘭渓にモンゴル間諜の疑いをかけ冷遇したことの反省から、北条時宗は新たに渡来僧を招聘し禅林外護の姿勢を採ろうとした。そこで時宗は一二月二三日、蘭渓道隆の弟子であった傑翁・無及に対して宋朝の名師招聘を命じた。両名は翌年夏に慶元天童寺の環渓惟一を訪い、その来朝を乞うたが、環渓は弟子の無学祖元を推薦した。ここに傑翁らは無学らを伴い五月に日本へ向かった。

帰国前の状況（おそらく建長寺で蘭渓会下の傑翁・無及と同門）、帰国後の滞在地（西澗の掛搭した天童寺に傑翁らが到来）・時期の一致（蘭渓没・名僧招聘計画発足の年に帰国）から見て、傑翁・無及両名が天童寺に来たのは西澗をあてにしたものとしてよいだろう。おそらく西澗が帰国後に天童寺に掛搭したのは偶然ではなく、事前に時宗、もしくは蘭渓一派と打ち合わせた結果だった可能性が高い。あるいは天童寺である必要はなく、招聘使は西澗のいる寺に向かうという手筈だったのかもしれないが、いずれにせよ西澗の帰国は、時宗の名僧招聘のお膳立てという使命を帯びてのものだったと考えられる。

（11）『環渓惟一禅師語録』巻下付収行状。
（12）『兀庵普寧禅師語録』巻下、跋了侍者頌軸。
（13）『兀庵普寧禅師語録』巻中、住建長禅寺語録。
（14）『東巌安禅師行実』。
（15）『聖一国師年譜』所引史料は、史料自体の年代には必ずしも拠っていない。たとえば『禅林墨蹟』上一一、無準師範尺牘は一二四五年のものと考えられる［榎本 2001a:55］が、『聖一国師年譜』では仁治三年（一二四二）条に掛けられている。この無準尺牘は、一二四二年の径山火災を聞いて、円爾が日本から木材を贈ったことに対する礼状である。『聖一国師年譜』は一二四二年の径山火災を記した直後に、関係史料としてこの尺牘を引用している。
（16）この時には他にも桃渓徳悟（『仏光国師語録』巻七、示悟首座・『延宝伝灯録』巻一六）・龍峰宏雲（『平田寺文書』三三、平田寺草創記）など多くの日本僧が同船帰国しており、道意房もその中に含まれていた可能性は高い。『円照上人行状』巻下に、一二七二年に東大寺戒壇院僧円照のもとで受戒した道意房なる僧が見えるが、円照は円爾から血脈を受けたように、円爾と関係の深い人物であり［古田 1981］、この道意房と西澗尺牘の道意房が同一人物だとすれば、円爾宛の尺牘を託すには適任といえる。また玉村竹二氏は蘭渓門弟に道意という僧がおり、蘭渓とともに甲斐に同行し、一二七七年には蘭渓に従い寿福寺の直歳の役にあったことを指摘していたという［葉貫 1993:116］が、玉村氏が紹介した『集古録』所収の蘭渓道隆書状が典拠と思われる［玉村 1976b:588］。これも同一人物とすれば、蘭渓最晩年には蘭渓会下の建長寺（一二七八年三月から七月）で西澗と同門だったことになる。なお葉貫氏は西澗・道意房の同船入宋を想定しており、その蓋然性も高いが、確定はできない。
（17）『敝帚藁略』巻一、禁銅銭申省状。『宋史』巻四二一、包恢伝に拠れば、包恢は広東転運判官、権経略使を経て、侍右郎官、大理少卿、浙西提点刑獄使を歴任した。一方他の史料で包恢は、一二五〇年広東転運副使（『雍正広東通志』巻二六。判官の誤か）、一二五四年浙西提点刑獄使（『宋史全文』宝祐二年六月甲戌条）に任命されたとある。
（18）なお当時の日本の船団は、三－四艘が一般的だったらしい。たとえば一二四一年に宋から日本へ向かった船団は三艘（二艘は沈没）、一二九二年に慶元に来着した船団は四艘（三艘は漂流）であった［『聖一国師年譜』仁治二年条・『元史』巻一

七、世祖本紀一四、至元二九年六月己巳条］。

（19）『関東評定伝』弘安二年条・『師守記』貞治六年五月九日条。

（20）『勘仲記』弘安二年七月二五日条・二九日条。

（21）『帝王編年記』弘安二年一〇月二四日条・『昭和定本日蓮聖人遺文』三四三、聖人御難事。

（22）『危太樸文続集』巻八、雲南諸路行中書省右丞贈栄禄大夫平章政事追封鞏国公諡武恵合魯公家伝。

（23）『注解元寇防塁編年史料』一九八ページ。差出人の「左近将監」については諸説あるが、同史料集に拠って六波羅探題北条時国に当てる。

（24）『勘仲記』弘安一〇年七月一三日条所引。この文書については、最近筧雅博氏が詳しく内容を解説している［筧 2001:70-73］。

（25）福岡市教育委員会編『大悲王院文書』一〇。

（26）『元史』巻一六、世祖本紀一三、至元二七年一一月戊申条。

（27）『程雪楼文集』巻二一、資徳大夫湖広等処行中書省右丞燕公神道碑銘。

（28）『元史』巻一六、世祖本紀一三、至元二八年一二月庚辰条。

（29）『一山国師語録』巻下付収、行記。

（30）博多綱首に対抗した日本人商人台頭という図式についての批判は、榎本 2001a 参照。宋元交替が宋人と故国の交通を遮断する原因になったとする説に対しては、宋僧西澗子曇が宋元交替の後に帰国し、二〇年間元に滞在の後、一二九九年には一山一寧とともに日本への使者とされていること（『禅林僧伝』巻四、勅諡大通禅師行実）を挙げれば十分であろう。

（31）『園太暦』観応元年四月一四日条。

（32）『関東評定伝』弘安二年条。

（33）林叟法嗣平心処斉の伝記『覚源和尚年譜』に以下のようにある（『大日本史料』六―三一、一五五ページ）。

九歳（一二九五）ニテ、母約僧作喝食ト。…坊主云、「教ニ不随弟子ヲハ早父母ニ可帰」云事アリトテ、母ノ方へ帰サル。

其比《そのころ》覚照禅師（林叟徳瓊）帰朝アリ。此禅師モ千羽ノ一家ニテオワシマスカ故ニ、小味（肥前国小味荘）ノ寺エ入院アリ。

母寺へ登テ彼義ヲ申ス、「此喝食ハ那路ト申者ノ子ニテ、早父死テ、茲年九歳ニ成候」ト申サレケレハ、…。なお平心の伝記として一般に用いられる『覚源和尚年譜略』（『続群書類従』九輯下）の永仁三年（一二九五）条には、「其年林叟禅師自大唐帰朝」とある。『年譜略』の成立年代は不明だが、内容は『年譜』（一五〇九年以前に成立）よりも整理・増補されており、『年譜』をもとにまとめ直したものと考えられる。

（34）『扶桑禅林僧宝伝』巻五。

（35）林叟帰国・可庵入元の他、永仁年間（一二九三―九九）愚直師侃入元、一二九八―九九年蒙兀入元、一二九九年頃寛首座入元が確認できる［榎本 2001b:64］。その他にも確定はできないが、一二九〇年代後半入元と思われる僧は多い。

（36）『古経題跋』巻上。なお高山寺蔵『華厳経談玄決択』巻四にも、同文の弁智奥書が見られる［笠沙 2000:71］。

（37）『東浅井郡志』四、大吉寺勧進状・覚道上人入定石槨銘（五六六・六〇四ページ）。

（38）なおもう一例、入元時期が確定できないものの、この頃に入元した可能性のある僧がいる。無学祖元法嗣の見山崇喜である。一四世紀の渡来僧清拙正澄が彼の頂相に著した賛に、「両入大唐、畢受仏光之摩頂、四居名刹、直為正続之流芳」（東京大学史料編纂所蔵『清拙和尚語録』日本四、仏宗禅師）とある。「仏光」は仏光国師無学祖元、「正続」は無学の塔所円覚寺正続院を指す。これに拠れば見山は二度の入元の後に無学祖元から摩頂（授記や法の付属などのために頭をなでること）を受け、四寺に歴住したことになる。四寺は上野長楽寺・鎌倉浄智寺・京都南禅寺・常陸三会寺（『延宝伝灯録』巻一九）。見山は一二六四年生であり（『扶桑五山記』巻二、南禅寺住持位次）、無学祖元（一二七九―八六年在日）の会下にあったことも確認できる（『仏光国師語録』巻八、送崇喜上人）。

　清拙賛の内容を信じると、見山は一二八六年の無学没以前に二度入元帰国していることになる。しかも見山の年齢を考えると、それは一二八〇年代と考えざるを得ない。となると見山は、日元貿易が断絶していたと考えられる一二八〇年代初め―半ばの間に入元帰国したことになる。

　ただそのような短期間の間に二度も入元帰国することがあり得るかは疑問である。清拙賛の内容も文学的表現であって、あまり厳密にとらえるべきではないように思われる。思うに「畢受仏光之摩頂」というのは、無学自ら摩頂したというのではなく、見山が無学の法を嗣いだことを表現しているに過ぎないのではないか（禅僧は初めて入院する時に、嗣法香を焚いて誰の法を嗣ぐか宣言する)。とすれば、見山入元帰国の下限は一二八六年とする必要はない。

　では下限はいつ頃であろうか。無学とともに来日した鏡堂覚円の「餞喜・立二首座・淳維那航宋朝」と題す送別偈（『鏡堂和尚語録』巻二）の喜首座を、玉村竹二氏の比定の通り見山崇喜とすれば（『五山文学新集』第六、五〇八ページ）、少なくとも鏡堂没の一三〇六年以前に一度は入元したことになろう。また見山の長楽寺住持は一三〇八－一五年と伝え（『禅刹住持籍』上野州世良田山長楽寺歴代）、少なくとも一三一五年に住持だったことは確実である（『長楽寺文書』一〇八、正和四年五月二三日付見山崇喜文書注進状）から、これ以前には二度目の帰国を果たしていなくてはなるまい。これ以上の限定はできないが、いずれにしろ清拙の賛文のみから、見山が一二八〇年代初め－半ばに二度の入元帰国を果たしたとするのは妥当ではないと考える。

(39)『扶桑五山記』巻五、寿福寺住持位次。

(40)「工匠」は技術者であろうが、「知田者」はよく分からない。農業のできるものという意味であろうか。

(41) なお一例、普勲【18】が「中原大宋国人」と名乗っている例がある。「中原」が黄河流域一帯を指すとすれば、彼は漢人だったことになる。だがその場合、果たして「宋国人」と名乗るのかは疑問がないわけでもない。あるいは「中原」は「中華」「中国」と同様のニュアンスで、特定の地域を指しているわけではないのかもしれない。後考を待ちたい。

(42) 初見は一三二八年だが、一三三二年にも確認できる［『金沢文庫古文書』識語編五〇四、東大寺版『華厳経随疏演義鈔』刊記］。

(43) 次に集中的に現れるのは一三六〇年代後半からであるが、その背景には元末内乱を避けた元人の来日がある［榎本 2003a: 33-35］。

(44) 結局この法令は、九州以外の御家人の下に預け置かれ、脱走して九州まで来た宋人の逮捕を命じているものと考えられる。

(45)『千草家文書』文永八年（一二七一）一一月付関東下知状案に、「相模殿」＝北条時宗の所領として竹矢郷・須佐郷・神立社が見える（『大社町史』史料編上巻、二八四・『島根県の地名』竹矢郷）。

(46)『金沢文庫古文書』六八四〇。刊本では『金沢文庫断簡集』にあるとするが、誤りである。本史料の所在確認に当たっては、金沢文庫主任学芸員の西岡芳文氏のお手を煩わせた。

(47) 西岡芳文氏のご教示に拠れば、巻七・八と巻九・十の二冊は、それぞれ弘安八年（一二八五）七月九日－八月九日と、同年五月五日－六月二五日に筆録されたものという。

(48) 西岡芳文氏のご教示に拠れば、『釈摩訶衍論私見聞』の筆録場所は鎌倉甘縄無量寿院西僧坊。無量寿院檀那の安達泰盛は同書が筆録された数ヶ月後、一二八五年一一月に霜月騒動で滅亡するが、この漢詩の序で「或寺」とぼかしているのは、安達氏ゆかりの寺だったためではないかという。

(49) なお森克己氏は「流罪唐人」の存在を根拠に、この頃日本で治外法権が撤廃されたと述べる［森 1975c:88］が、そもそも宋元王朝と日本の間に公的交流がない時代において、近代的外交を前提とした治外法権という概念を持ち出すことは妥当ではない。

(50) 永山修一氏が指摘するように、流刑は配流地に対する不断の管理が前提だった［永山 1993］。

(51) 宋人法華【23】が書写した『賢聖義略以十門分別』は、翌月中川無量寿院（京都法成寺）の朝西なる僧が交点しており、法華は法成寺にいたのかもしれない。法成寺は藤原道長が建立した寺院で、摂関家である藤原氏氏長者が代々受け継いだ。その法成寺の末寺に近江国安楽寺【18】があり（『鎌倉遺文』一一二二一、近衛家文書、関白鷹司基忠家政所下文写）、宋人普勲がここで大般若経を書写している。三聖寺【16・17】は円爾法嗣東山湛照開山の禅宗寺院（『扶桑五山記』巻二、日本禅院諸山座位次第事）で、臨済宗聖一派の徒弟院である。この一派は円爾以来摂関家（九条・一条家）の外護下にあった。法隆寺東院【13】も平安時代以来藤原氏の氏寺興福寺の末寺と化しており、摂関家の影響下にあった［平岡 1979］。延暦寺【8・9】が中世における代表的な寺院勢力だった点は、説明の必要はないだろう。周防国上品寺【10】の属す楊井荘は京都蓮華王院領（『三浦家文書』六〇、楊井本荘四箇里方田数注文案）だが、蓮華王院領は当時亀山院領だったと考えられる（『国史大辞典』一四、蓮華王院）。信濃国浅間社【22】については、一二世紀後半、近隣の岡田郷とともに平野社領から石清水八幡宮領に変わったことが確認できる（『吾妻鏡』文治二年三月一二日条）。讃岐国仲楽寺【30】については、香東郡東大野郷所在であったことが知られるが、所属関係は不明。

(52) 『元史』巻一八四、王克敬伝。

(53) 『延宝伝灯録』巻一九、蒙山智明伝・『義堂和尚語録』巻四、蒙山和尚。

（54）『南院国師語録』巻上、禅林寺語録上・巻下、規庵和尚行状。

（55）なお奈良・平安時代の日本の年齢表記では、原則的に「満」は「ちょうどその年齢」であることが指摘されており［石井 1999］、蒙山遺偈の「満九十年」もその例と考えてよいだろう。

（56）『義堂和尚語録』巻四、蒙山和尚。なお蒙山の語学力に関しては、以前触れたことがある［榎本 2003b:39-40］。そこでは万戸某を一二七四年の文永の役の捕虜かとしたが、「方晬」という表現を文字通り受け取ったことと、蒙山の生年の誤り（一二六七とした）に拠るものである。ここで訂正しておきたい。

（57）たとえばクビライのジャワ遠征に先立つ海商渡海禁止措置（『元史』巻一七、世祖本紀一四、至元二九年六月癸未条）など、戦争に伴う貿易制限は元と東南アジアの間でも確認できる。

《引用文献》

・相田二郎 1982『蒙古襲来の研究　増補版』（吉川弘文館）
・網野善彦 2000「中世民衆生活の諸相」（『中世再考』講談社）
・池内宏 1931『元寇の新研究』上（東洋文庫）
・石井正敏 1999「成尋生没年考」（『中央大学文学部紀要』一七七）
・石橋誠道 1931「了慧上人の伝に就て」（『摩訶衍』一〇）
・榎本渉 2001a「宋代の「日本商人」の再検討」（『史学雑誌』一一〇－二）
・同 2001b「日本遠征以後における元朝の倭船対策」（『日本史研究』四七〇）
・同 2001c「順帝朝前半期における日元交通」（『日本歴史』六四〇）
・同 2001d「明州市舶司と東シナ海交易圏」（『歴史学研究』七五六）
・同 2002「元末内乱期の日元交通」（『東洋学報』八四－一）
・同 2003a「一四世紀後半、日本に渡来した人々」（『遙かなる中世』二〇）
・同 2003b「中世の日本僧と中国語」（『歴史と地理』五六七）

・大島立子 2002「元朝福建地方の行省」(『愛大史学』一一)
・海津一朗 1986「中世社会における「囚人預置」慣行」(『日本史研究』二八八)
・同 1998『蒙古襲来』(吉川弘文館)
・筧雅博 2001『日本の歴史』10、蒙古襲来と徳政令(講談社)
・川添昭二 1987「鎌倉中期の対外関係と博多」(『九州史学』八八・八九・九〇)
・同 1988「鎌倉初期の対外関係と博多」(『鎖国日本と国際交流』上、吉川弘文館)
・同 1990「南北朝期博多文化の展開と対外関係」(平成元年度科学研究費補助金研究成果報告書『地域における国際化の歴史的展開に関する総合研究』)
・同 2001『北条時宗』(吉川弘文館)
・木宮泰彦 1932『日本古印刷文化史』(冨山房)
・同 1955『日華文化交流史』(冨山房)
・黒坂周平 1958「安楽寺の開創とその歴史」(『安楽寺』長野県教育委員会)
・桑原隲三 1989『蒲寿庚の事蹟』(平凡社)
・近藤博喜 1967「宋人書写の大般若経」(『MUSEUM』一九〇)
・佐伯弘次 1988「大陸貿易と外国人の居留」(『よみがえる中世』1、東アジアの国際都市博多、平凡社)
・同 2003『日本の中世』9、モンゴル襲来の衝撃(中央公論新社)
・佐藤秀孝 1997「霊山道隠と『業識団』について」(『駒沢大学仏教学部論集』二八)
・竺沙雅章 2000「宋代における東アジア仏教の交流」(『宋元仏教文化史研究』汲古書院)
・関周一 2004「中世対馬の物流」(『史境』四九)
・玉村竹二 1976a「宋僧泉古澗について」(『日本禅宗史論集』上、思文閣)
・同 1976b「信濃別所安楽寺開山樵谷惟僊伝についての私見」(『日本禅宗史論集』上、思文閣)
・辻善之助 1947『日本仏教史』二、中世篇之一(岩波書店)

・堤一昭　2000a「大元ウルス治下江南初期政治史」（『東洋史研究』五八－四）
・同　2000b「大元ウルス江南統治首脳の二家系」（『大阪外国語大学論集』二二）
・中島楽章・四日市康博　2004「元朝的征日戦船与原南宋水軍－関于日本鷹島海底遺迹出土的南宋殿前司文字資料」（『海交史研究』二〇〇四－一）
・永山修一　1993「キカイガシマ・イオウガシマ考」（『日本律令制論集』下、吉川弘文館）
・南基鶴　1996「蒙古襲来以後の日本と東アジア」（『蒙古襲来と鎌倉幕府』臨川書店）
・服部敏良　1964「万安方について」（『鎌倉時代医学史の研究』吉川弘文館）
・葉貫磨哉　1993「北条時宗と西澗子曇の役割」（『中世禅林成立史の研究』吉川弘文館）
・林文理　1998「博多綱首の歴史的位置」（『古代中世の社会と国家』清文堂）
・平岡定海　1979「中世の法隆寺」（『斑鳩町史』本編、斑鳩町役場）
・藤田明良　2001「南都の「唐人」」（『奈良歴史研究』五四）
・古田紹欽　1981「円爾弁円と実相房円照」（『古田紹欽著作集』一、日本仏教思想史、講談社）
・前田元重　1978「金沢文庫古文書にみえる日元交通資料」（『金沢文庫研究』二四九・二五〇）
・村井章介　1988「蒙古襲来と鎮西探題の成立」（『アジアのなかの中世日本』校倉書房）
・森克己　1975a『新訂日宋貿易の研究』（国書刊行会）
・同　1975b「日元交渉」（『続々日宋貿易の研究』国書刊行会）
・同　1975c「日宋文化交渉における人的要素」（『増補日宋文化交流の諸問題』国書刊行会）
・四日市康博　2000「元朝宮廷における交易と廷臣集団」（『早稲田大学大学院文学研究科紀要』四五－四）

遼宋金元時代の中国における南北人口発展の重大な不均衡とその相関問題

呉　松　弟
（遠藤隆俊　訳）

前　言

遼宋金元時代は中国の歴史において、人口発展の重要な時期の一つである。中国は宋代において、人口が一億の大台に乗った。こうした見方を最も早く提出したのは何炳棣氏であり、葛剣雄氏と筆者がこれを実証した。また、この時期には都市人口および市鎮人口の増加や地域における人口圧力の問題、さらには山地人口の増加などが、重要な現象として国内外の歴史学界で注目されてきた。しかし、もう一つ重要な人口現象に注目しなければならない。それは中国の南方と北方における、人口発展の極端な不均衡である。この人口発展の不均衡は、二つの地域における経済発展の不均衡をもたらしたばかりでなく、以後の中国における政治、経済、文化の発展に大きな影響を及ぼした。そして、この南北における人口発展の重大な不均衡は、清朝中期になってはじめて変化が現れることになる。

一、南北における人口発展の重大な不均衡

歴史上と今日とを問わず、淮河－秦嶺線が中国における南北の境界であることは言うまでもない。前漢の元始二年（西暦二）、中国の人口は圧倒的に北方に集中しており、広大な南方には人口が少なかった。この後、経済の発展により南方の人口は次第に増加した。このほか北方における大規模な戦乱が、南北の人口発展に全く相反する作用を及ぼした。北方の人口は戦争による死亡と南方への避難によって激減し、南方の人口は相対的な和平による経済発展と北方人口の流入によって増加した。これにより南北の全国人口に占める割合が、しばしば変化したのである。筆者の初歩的な研究によれば、南方の全国人口に占める割合は前漢の元始二年では約一九％であり、両漢および漢魏三国における変動の後、西晋太康元年（二八〇）には四五、七％になった。しかし、北方の人口と経済は回復能力を持っており、また南方において局地的に戦争があったため、隋の大業五年（六〇九）には南方人口の比重は二八、四％に下降した。唐の前期には比較的上昇し、盛唐の天宝元年（七四二）にはなお四五、二％を占めている[(1)]。しかし、宋代の状況が物語るように、南北人口の割合は唐の安史の乱以後に重大な変化を引きおこすことになる。

表1によれば、北宋の太平興国五年（九八〇）の全国総人口中、南方は五六、九％、北方は四三、一％を占めている。これは明らかに唐の後期から五代十国にかけて、北方には長期にわたる戦乱があり、南方は相対的に平和であったことの結果である。しかしながら、宋代の統一は決して北方における人口比重の上昇にはつながらなかった。百年近くの発展を経た元豊元年（一〇七八）に南方の人口比重は六二、六％に上昇し、北方は三七、四％に下降している。北宋後期の崇寧元年（一一〇二）には、南方と北方の割合が六四、一％対三五、九％になっている。

表１　遼宋金元時代の南北人口及び全国に占める割合の変化

単位：人口は千人　割合は（％）

年　　代	全国	南方		北方	
	人口	人口	割合	人口	割合
北宋太平興国五年（ 980年）	35412	20145	56.9	15267	43.1
北宋元豊元年（1078年）	90872	56888	62.6	33984	37.4
北宋崇寧元年（1102年）	98927	63421	64.1	35506	35.9
南宋嘉定十六年（1223年） 金泰和七年（1207年）	124400	80600	64.8	43800	35.2
元至元二十八年（1291年）	67152	57154	85.1	9997	14.9

典拠：太平興国と元豊の人口は、呉松弟『中国人口史』第三巻（復旦大学出版社、2000年）表4-2に提示した戸数をもとに、南方は一戸の平均口数5.2を、北方は6.0をそれぞれかけ算した。崇寧と13世紀初めの人口は、同書の第八章第二節による。元代の戸数は同書の第六章第三節により、全国13430322戸、南方11430878戸、北方1999444戸に、それぞれ一戸の平均口数５をかけ算した。

以上のように、宋代以前における北方人口の全国に占める割合の降下と南方人口の上昇とは、主に北方の戦乱と南方の相対的和平の結果である。したがって、南北が和平の時期に入ると北方の人口はすぐに回復し、比重が高くなるだけでなく数量的にも南方を超過した。ところが、宋代に入ると状況はやや変化する。宋代でも北方の大部分の地域は平和であった。景徳元年（一〇〇四）の宋遼による澶淵の盟によって河北、河東が平和になり、宝元元年（一〇三八）西夏の建国によって起きた宋との戦争も陝西の一部の地域に不利な影響を与えただけで、北方の大部分の地域には影響がなかった。しかしながら、北方は確かに概ね和平の時代に入ったものの、南北の人口に占める割合は低下し、また人口数量も南方よりかなり少なくなっている。この後、金朝ではかなりの人口増加率が見られたが、黄河以南と黄河以西の各路の人口数量はまだ北宋の水準に達しなかった。最盛期（泰和七）の総数比でさえ北宋後期に及ばず、旧北宋領内における南北総戸数のわずか三五、二％を占めるにすぎない。

さらにモンゴルが金を攻めて以来、北方は空前未曽有の戦禍に見舞われた。至元二十八年（一二九一）の数字によれば、確かに四川と江淮は宋元戦争によって人口が激減したが、南方人口の損失程度は北方を大きく下回っている。これにより、南方の人口比は八五、一％に上昇し、北方は一四、九％に低下した。これは中国史上、南北人口の格差が最大になった時期である。表1において、元代の北方が旧遼や旧西夏地域の人口を含んでいることを考慮すれば、旧北宋領内における北方人口の割合は表の数字よりもさらに低いに違いない。

唐後期に関しては、南北すべての戸口数を計る根拠がないために、南北の人口数量を対比するすべがない。しかし、事実上この時期には既に南方の人口増加が、北方よりも早いという傾向が明らかに存在した。よって、遼宋金元時代における南北人口の不均衡は、唐代安史の乱以後における趨勢の継続にすぎない(2)。その意味で、安史の乱は疑うまでもなく、中国における南北人口分布の一大分水嶺である。これ以前、北方の人口はたとえ戦乱の損失が南方を上回ったとしても和平時の増加率がなお高く、王朝の全盛期には全国の人口総数中の過半数を占めた。しかしこれ以後、北方の人口は戦乱時の損失が南方を上回ったばかりでなく、和平時の増加も概ね南方に及ばなくなった。これにより、王朝の全盛期であっても北方の人口は全国人口の過半数に達しないばかりか、甚だしくは次第に下降の傾向をたどることになった。こうして宋元時代に始まった南方人口の絶対的優位の構造は、のちの明清時代に至るまで維持されたのである。

南北における人口増加の不均衡を説明するために、表2によってさらに両地域における人口増加率の変化を分析したい。この表は、南北両地域における北宋初期から後期まで、北宋後期から元朝至元年間の統一初期まで、北宋初期から至元の統一初期に至るまでの、三つの段階における人口変化の結果を反映している。南北両地域はともに人口の回復、発展および王朝交替期における減少など紆余曲折の過程を経ているが、最終的な結果は南北それぞれに異なっている。

第一に、北方は和平の時期にかなり早い人口増加をたびたび経てはいるが、総じて回復と発展の大部分の成果は王朝交替期の戦争がもたらした人口減少によって相殺されている。例えば、北宋における回復と発展の成果は宋金戦争によって相殺され、金朝における回復と発展の成果は金元戦争によって相殺されてしまった。これにより元朝の統一初期における北方の戸数はわずかに北宋後期の三四％、北宋初期の七九％であり、宋初から元朝に至る戸の年平均増加率はマイナス〇、八％になっている。

第二に、南方もまた王朝交替期の戦争による人口減少はあったが、影響の範囲は限られており、その程度は比較的軽い。よって、和平時期の人口回復と発展が概ねうまく保持されている。人口の下降が最もひどかった宋元交替の際にも、損失の程度は北方ほどひどくはなかった。その結果、元朝統一初期の戸数はなお北宋末の九四％、北宋初期の二九五％にあたり、宋初から元朝に至る三百年あまりの増加率は三、六％となっている。よって、北方の形成とは明らかに対照的である。

元代の戸口が宋遼金元における人口発展の結果だとすれば、この時期の人口増加は基本的に南方の増加を意味している。北方は一回ごとの激減－回復－激減という周期的な循環を経ているにすぎない。持久的な増加がないばかりか、最終的には人口増加の大部分の成果を維持できないでいる。この時代の北方は、あわせて三度の周期的な循環を経た。第一期は五代より宋金の交替まで。この時期には五代の戦争で北方の人口は激減し、北宋には回復し始めたが、宋金の戦争で再び激減した。第二期は宋金交替から金元交替までで、金代に再び回復した北方の人口が、金元の戦争によって最低になった。第三期は金元の交替から元明の交替までで、元が北方を統一してから人口は回復し始めたが、元代における回

表2　南方、北方における三時期の戸数比較

年代		(B)／(A)（%）		年平均増加率（‰）	
		南方	北方	南方	北方
(A) 太平興国五年～（980-1102年）	(B) 崇寧元年	315	233	11.8	8.6
(A) 崇寧元年～（1102-1291年）	(B) 至元二十八年	94	34	-0.3	-5.7
(A) 太平興国五年～（980-1291年）	(B) 至元二十八年	295	79	3.6	-0.8

典拠：『中国人口史』第三巻表4-2により、太平興国五年における南方の戸数は3874053戸、北方は2544447戸。崇寧元年における南方の戸数は12196307戸、北方は5917638戸である。また前掲表1の注により、元代の戸数はそれぞれ南方11430878戸、北方1999444戸である。

表3　宋元時代南北人口密度の変化

単位：人／平方キロメートル

年　　代	全国	南方	北方
北宋太平興国五年（ 980年）	14.18	12.91	16.29
北宋元豊元年（1078年）	36.38	36.44	36.27
北宋崇寧元年（1102年）	39.60	40.63	37.90
南宋嘉定十六年（1223年） 金泰和七年（1207年）	49.80	51.63	46.74
元至元二十八年（1291年）	26.88	36.61	10.67

典拠：戸口数は前掲表1を参照。面積は尹玲玲が譚其驤主編『中国歴史地図集』第六冊にある地図をもとに、方眼によって測定算出した。そのうち南方は156.1万平方キロメートル、北方は93.7万平方キロメートル、全国は249.8万平方キロメートルである。元代の戸口統計に組み込まれた南北の範囲は前代に比べて拡大している。しかし、新たに拡大した地域は面積から見れば比較的大きいが、人口数量から見ればさほどではない。これを考慮し、また比較に便利なように、ここでは前代の各時期と同様の面積を採用している。

復と発展の成果は、元明戦争によって再び相殺されてしまった。

これに対して、南方は何度かの戦争によって人口が減少したものの、下降の程度は限られており、回復と発展の成果は概ね維持された。よって、総体的に人口はゆっくりとした発展の中にあったと言える。人口が概ね漸増する状態と、激減－回復－激減の悪循環に陥った状態とは、もはや南北における人口発展の二つの異なるモデルとなったのである。

ところで、人口増加の速度の違いは、必然的に人口密度の変化をもたらした。

表3によれば、北宋初期における北方の人口密度は南方に比べて二六%高く、また全国の平均的な密度よりも一五%高く、国内における人口密度の最高地域であった。ところが北宋中期の元豊元年には、南北の人口密度はかなり接近し、北宋後期の崇寧元年になると、北方の人口密度は南方に及ばなくなる。十三世紀の初めは金朝と南宋における人口の最盛期であるが、この時期における北方の人口密度は南方よりも一〇、五%低い。金元の残酷な戦争を経て北方の人口密度は大幅に下降し、至元二十八年にはわずかに南方の二九%、全国の四〇%にすぎなくなっている。

筆者は遼宋金元の人口史を研究するにあたり、漢族を主とする中国の内地を十六の地域に区分して人口の発展過程を分析し、併せて各地域における人口密度の変化を考察した。それが**表4**である。この十六地域における人口密度の考察は、南北における人口増加の不均衡を分析する助けとなる。

この表4によれば、北宋初期の太平興国五年には、六つの地域が一平方キロメートルあたり四戸以上である。高い方から順に見れば、河北（六、〇戸）、江南（四、六戸）、河南（四、四戸）、江西（四、三戸）、福建（四、一八戸）、山東（四、一戸）である。南北それぞれ三地域ずつあり、最高は北方の河北である。これが元豊元年になると、六地域で平方キロあたり九戸以上になった。高い順に江南（一五、四戸）、河北（一一、八戸）、江西（一一、二戸）、淮南（一〇、一戸）、山東（九、八戸）、福建（九、三戸）である。南方が四地域、北方が二地域ある。しかも最高は北方の河北ではなく、南方の江南である。北宋後期の崇寧元年には、平方キロあたり九戸以上の地域は上述の六地域と同じであるが、順序が変わっている。高い方から見ると、江南（一六、五戸）、江西（一三、一戸）、河北（一一、七戸）、福建（一一、二戸）、淮南（一〇、五戸）、山東（九、五戸）である。北方の河北と山東の順位がさらに下がり、しかもその差が拡大している。

表4　十六地域の人口密度

単位：戸 ／平方キロメートル

地域	北宋太平興国五年	北宋元豊元年	北宋崇寧元年	南宋嘉定十六年金泰和七年	元至元二十七年
北方					
河南	4.4	7.7	8.7	6.5	1.8
山東	4.1	9.8	9.5	8.9	2.6
河北	6.0	11.8	11.7	20.6	8.1
河東	2.3	5.6	6.4	9.3	2.1
燕南	不明	7.1	7.1	13.9	4.2
代北	不明	1.2	1.2	3.1	0.9
関中	2.3	6.2	7.4	5.4	0.8
秦鳳	1.1	3.4	3.1	3.3	不明
南方					
淮南	3.5	10.1	10.5	3.4	4.2
荆襄	1.3	4.5	5.9	1.5	2.6
湖南	0.9	5.6	6.0	6.6	9.5
江南	4.6	15.4	16.5	23.5	26.6
江西	4.3	11.2	13.1	17.0	15.5
福建	4.2	9.3	11.2	14.3	7.2
四川	3.9	7.3	7.7	8.9	1.4～1.7
両広	0.4	2.0	2.2	2.4	2.4

典拠：『中国人口史』第三巻、表9-3による。

十三世紀初めの南宋嘉定年間と金朝泰和年間には、高い方から見ると、江南（二三戸）、河北（二〇、六戸）、江西（一七戸）、福建（一四、三戸）、燕南（一三、九戸）、河東（九、三戸）である。河北が前に出て燕南と河東が六位内に入り、山東が後退している。これは金朝北方の人口発展が、主に北部にあったことを反映している。至元二十七年には、江南（二六、六戸）、江西（一五、五戸）、湖南（九、五戸）、河北（八、一戸）、福建（七、二戸）、燕南（四、二戸）であり、三位までがみな南方地域となった。

河北はかつて北方における人口の最も稠密な地域であった。しかし、各地域との比較で見れば、北宋初期の第一位から中期の第二位、さらに後期の第三位へと後退している。宋金時期には第二位に上がったが、金元の残酷な戦争によって第四位にさがった。南方における人口密度の最高地域である江南と比べれば、北宋初期の河北の人口密度（六戸）は、江南（四、四戸）に比べて優に一三％も高い。ところが、北宋後期（一一、七戸）には江南（一六、五戸）のわずか七一％であり、元代（八、一戸）に至っては江南（二六、六戸）の三分の一にも満たなくなった。

二、適度な人口圧力と南方における経済、文化の発展

宋元時代における南方人口の増加は、この地域の経済が長期的に平和な環境の下で発展した結果である。そして人口の増加は必然的に耕地と新しい就業機会の需給を加速し、土地開発の拡大と農業、商工業の発展を促進した。それがさらに新しい人口増加に対して、物質的な後押しをした。

一口に南方と言っても地域は広大であり、歴史的および地理的な要因により、各地域の人口発展は極めて不均衡だった。**表5**によれば、北宋の太平興国年間から南宋の嘉定十六年に至る二百四十三年の間、北方に近い淮南と荆襄の二地域は戦乱によって基本的に人口が増加しなかったが、その他の六地域ではみなかなり大きな増加があった。この六

地域を増加率の高い順に見てみると、湖南、両広、江南、江西、福建、四川である。嘉定十六年から至元二十七年に至る六十七年間は、宋元戦争を経たことにより、四川の人口が激減し、福建と江西も一定程度下降している。しかし、湖南、両広、江西および荊襄の人口は増加している。地図で確認すれば、この六地域はみな長江以南に位置することがわかる。

表5　宋元時代南方各地域の戸数比較

地域	A北宋初期	B南宋後期	C元前期	B／A(%)	C／A(%)
淮南	355513	345619	481088	97	135
荊襄	156973	172671	311280	110	198
湖南	205583	1454603	2075422	708	1010
江南	725488	3580000	4016000	493	554
江西	682408	2680000	2448000	393	359
福建	467878	1599214	799700	342	171
四川	1207554	2590092	40万～50万	214	33～41
両広	158374	974126	988060	615	624

典拠：『中国人口史』第3巻表9-1による。
説明：北宋初期とは太平興国五年（980年）を指し、南宋後期とは嘉定十六年（1223年）、元前期とは至元二十七年（1290年）を指す。

江南と四川は南方でも開発の比較的早い地域であり、唐代には既に人口密度が比較的高かった。唐後期から五代にかけて江西と福建がそれぞれ発展し、宋代に入って間もなくこの二つの地域の人口が速やかに増加した。南方は山地面積が大きく平地に限りがあるので、おおよそ北宋の中期になると江南、江西、福建および四川の西部では、既に土地のない人々が一定数量存在していた。宋人の言葉を借りれば「人稠地狭」である。耕地と就業機会を探し求めて、この地域の土地がない人々は同じ地域内の交通が不便な山地のほか、主に湖南、両広、四川東部などの開発地域、或いは淮南、荊襄など戦乱により人口密度が比較的低い土地に移住した。それによって、これらの地域の開発と人口増加が促進されたのである。

表5の数字は、宋元時代の南方各地における人口増加の趨勢、および経済開発の方向を現している。もし四川を考えなければ、それ以外の五地域のうち西部の湖南と南部の両広における人口増加の速度が、およそ東部に位置する江南、江西、福建地域よりも早いことがわかる。湖南と両広はみな宋代になって開発された地域であり、江南と江西、福建はそれ以前に開

発された地域である。以上のことから、いま述べた空間排列は、当時の地域開発が長江以南の東北部（一般には東南地域と称される地域）から西へ、南へと進み、それにともなって地域の人口数量も急速に高まったという趨勢を現している。このほか、江南、江西、福建などにも、比較的急速に人口の増加した地域がかなりある。これは唐五代にはまだ開発されていなかったところであり、この地域における人口増加もまた開発の拡大にともなうものである。

四川は地形が複雑で、各路によって開発過程と人口密度に違いがある。成都府路は開発が最も早く、かつては四川の中でも人口が最も稠密な地域であった。潼川府路がこれに次ぐ。しかし、北の利州路と東の夔州路は山地面積が大きい。このほか成都府路と潼川府路もかなりの地域が山がちであり、これらの地域のある部分は開発程度に差があり、人口密度も高くない。以上のことから、四川内の地域開発と人口増加は、成都府路と潼川府路の平地および丘陵地域から、周囲の広大な未開発地域に向かって進んだという趨勢を現している。

宋元時代の南方における人口増加については、以上に述べたこと以外にさらに注目に値する現象がある。それは人口密度の高い地域において、人口の圧力が農業の精耕細作および商工業と文化の発展を駆りたてたという点である。

衣食の問題を解決しさらに多くの収入を得るために、人口密度の比較的高い地域の人々は丹念に耕作して熱心に肥料を施し、作付け指数を上げて水利を拡大するなどの方法により、単位面積あたりの生産量を引き上げる努力をした。北宋の秦観は次のように言っている。「いま天下の土地の肥沃と称するものは、呉、越、閩、蜀が一番である。その一畝あたりの生産は他州に比べて数倍ある。…なぜならば、呉、越、閩、蜀は土地が狭く人が多く、堆肥を与え灌漑した努力が稔ったからだ(3)」。秦観の話は、人口圧力と精耕細作と農業生産の三者の関係を簡潔明瞭に表している。

山地に棚田を開き、湖を囲んで土地を造成し、浅い海を囲んで土地を開発する。これが宋代の人口稠密地域における、耕地面積拡大の基本経路である。このような背景の下で、江南や四川などでは小さな湖泊が速やかに姿を消し、湖南北では湖を囲む造田が一定の規模に達し、銭塘江以南に位置する浙江、福建および広東の一部地域では沿海平野の形成が加速した。山地開発の速度も加速した。李綱は言う。「いま福建の深い山や谷の、人の至らないところにも往々民居があり、田園水竹や鶏犬の鳴き声がする」[4]。福建では人々が行かないような深山地域にも開発が及んでいたことを、この史料は説明している。また、ある史料によれば江南、江西、福建および四川盆地の西部では、交通が極めて不便で海抜が比較的高い山地以外は、ほぼすべて開発されたという。この山地は明清時代にアメリカ大陸原産の作物が入って、はじめて開発が進んだところである。

人口密度が比較的高い地域においては、商工業の経営や社会的サービス業に従事することと、僧侶、道士、あるいは勉強して科挙の道に進むことが、生活の出口を解決するための一つの重要な道である。両宋交替期に官僚として生活した曾豊は、この現象をこう描写している。「今の人は農から転じて士となり、道となり、釈となり、技芸となる者があちこちにいる。とくに福建に多い。福建は土地が狭く衣食が足りない。そこで四方に四散する。だからどの学問にも福建の士がおり、どの廟宮にも福建の道、釈があり、どの郭にも福建の技芸がある。四方に散らばった者はもとより多く、集まって福建にいる者もまた少なくない」[5]。曾豊の説は主に福建の現象を指しているが、「在在有之（あちこちにある）」という四字から、類似の現象は東南の発達地域に普遍的に存在していた。ただ、人に対する土地の割合が最も低い福建が、最も目立っていただけである。

主に体力に依存して簡単な手工業労働に従事する時代においては、既に開発された地域の持つ適度な人口圧力が、地域の経済や文化の持続的な発展に重要な意義を持つ。我々は中国の歴史上今日に至るまで、人口密度の低い地域が経済文化の発達地域であったという事例を見たことがない。道理は簡単である。一定の人口圧力が保持されてはじめて開発された地域の耕地利用率が一歩高まり、単位面積あたりの生産量を引き上げる努力がなされる。これにより農業の多角経営が拡大し、生産の深度が進む。そうしてはじめて、土地のない一定数量の人々が商工業の分野に進み、商工業および農業の商品生産に有利に働く。そして、最終的には農業人口の総人口中に占める比重が低くなり、また食料生産の農業に占める比重も低くなり、読書人と文化事業に従事する人々の増加によって地域の文化的水準が高まるのである。

『臨汀志』にはこうある。「福建の各州は、…概ね土地が狭くて人が多く、大半は他業に従事している。」もちろん「大半」の割合は確定できないが、福建のこの地域では商工業や非生産業の分野で生活する人々が、既に当地の人口のかなりの比重を占めていたことを、この史料は反映している。宋代における全国の状況から見て、農業と商工業の水準が比較的高く文化が比較的発達している地域は、ほとんどみな人口が稠密で適度な人口圧力を保持していた。『宋史』地理志は先進地域の人文状況を論じる場合、地域内の人口圧力と発達した経済および文化とを関連させ[6]、それによって両者の因果関係を説明するのが常である。

今日まで、適度な人口圧力と文化発展の関係について論じた人は少ないので、筆者がここでいくつか述べたい。筆者はかつて宋代福建の経済発展について研究した時、この地域に普遍的に存在した「家貧子読書（貧しい家の子が読書する）」という現象に特別深い印象を持った。唐の後期より、中国の伝統社会は多くの変化を遂げた。例えば、家柄や血縁関係が社会や政治生活に作用する力が大きく下降し、科挙制度の進行が社会各層の人々に立身出世の道を提供した。それは地主か自作農か、さらには工商雑類かを問わない。勉強して官僚となることが、かなりの人々にとって最良の衣食の道となったのである。たとえ科挙に失敗しても「万事がみな低級、ただ読書だけは高級」という社会にあって、読書人はそうでない人よりもその地域の人々の尊敬を集め、それにより衣食の問題を解決できた。福建は山が多く土地が少なく、生活が困難なので、読書して官僚の道に入る人が特に多い。よって勉学の風潮が極めて促進された。

史料によれば、建寧府は「土地が狭くて人は貧しく、読書しながら耕す者が十家のうち五～六[7]」とあり、興化軍は「貧しい家の子が読書する[8]」「税賦の収入は江蘇、浙江に及ばないが、科挙に合格し風流をたしなむ人は多い[9]」という。

この記載は、読書の風潮が高いことと人口、経済との関係を表している。読書の風潮が盛んなため、宋代の科挙試験で福建の人々は他より抜きんでており、成功した者も多い。北宋後期には既に「福建は秀才を出す」というほめ言葉が天下第一となっている。[10] 南宋でも同様であり、南宋末の宰相呉潜が全国の科挙試験の状況を総括してこう言った。「士人の文章に精通している者は、閩が第一、浙がこれに次ぎ、江西東、湖南がまたこれに次ぐ。毎回の合格者もまたこの順番である。[11]」

福建は科挙合格者が多いだけでなく、文筆によって生活する者も特別に多い。南宋の人は福建をこう言っている。「土地が狭く人が多く、男子は優秀で文筆で立つ者が十のうち五、六。僧となる者もまた五分の一[12]」。この比率についてはさだかでないが、「文筆で立つ者」の人数が多いことは疑いない。

福建以外の人口密度が比較的高い地域において、「貧しい家の子が読書する」という現象は存在したのだろうか。答えは「存在した」である。『方輿勝覧』『輿地紀勝』など宋代の著作において、人口稠密な府州の「風俗景勝」門には、類似した記載がある。例えば、袁州（今の江西省宜春市）について「土地は広く人が多く、路の全域に官僚を出している。有名な人物が多く、これも他の地域とは異なる」とあり、吉州（今の江西省吉安市）は「戸口が多い」こと江西路内の第一で、「文筆の風潮は江東より盛ん」とある。隆州（今の四川省仁寿県）については「土地はやせているが人々は農耕に努め、家は貧しいが学問を好む。古の良い風潮である[13]」とある。袁州、吉州に関しては明確に「貧しい家の子が読書する」とは言っていないが、両州とも人が多くて土地が狭い地域であり、自然に一定数量の下層民が境遇を変えて読書に努力したと考えられる。著名な文学家の欧陽脩は吉州の人であり、幼い頃は貧しかったが学問を好んだ。

宋代には人に対する耕地の割合がより少なく、「貧しい家の子が読書する」風潮が盛んという特色が確かに存在した。両浙路は南宋の首都臨安の所在地であり、南方経済の最も発達した地域である。人口もまた福建に比べて二分の

表6　北宋元豊年間東南四路の人口密度と戸ごとの田畝数

路　名	戸　数	官民田畝数	人口密度（戸／平方キロメートル）	戸ごとの畝数
両 浙 路	1830096	36344198	14.9	19.8
江南東路	1073760	42944878	12.5	39.9
江南西路	1365533	45223146	10.4	33.1
福 建 路	992087	11091990	7.8	11.2

典拠：田畝数と人口数は『文献通考』巻11「戸口考」二、同巻4「田賦考」四による。

一前後高い。しかし、上述した呉潜の言によれば、両浙路の士人は科挙の文章に対する精通度が福建に及ばず、毎回の科挙に合格する人も福建には及ばない。ここで考えられる主な原因の一つは、両浙路では人に対する耕地の数量が福建を超えており（詳しくは**表6**）、土地がない人々の総人口に占める割合が福建よりも低いことである。奇妙なことだが、両浙路の主要部分である今の浙江省内の各府州の中で、好学の風潮が最も盛んなのは、経済が最も発達した都市の臨安府ではなく、最南部の山が多い温州である[14]。袁桷は儒学の風潮が盛んだった時代の温州について述べ、「温と閩とは土地が入り組んでおり、風俗は秀で人々は廉潔で、子弟は文章にたけている[15]」と言っている。ここから見ると、温州における読書の風潮は福建に似ている。温州と福建とは山が多く土地が少ない地域であり、南宋後期に比較的大きな人口圧力を受け、読書の風潮が平野の多い両浙路北部の諸州よりも自然に盛んとなった。

　前述の呉潜が排列した東南各路における科挙の文章に対する精通度と毎回の科挙合格者の序列を、**表6**に示した戸ごとの田畝数の序列とを比較してみると、次のことがわかる。すなわち各路における戸ごとの畝数の順序は、ちょうど科挙合格者数の排列順序と逆になる。前者は上から順に江東、江西、両浙、福建であり、後者は福建、両浙、江西、江東の順である。各路における科挙盛行の風潮が完全に人に対する耕地数量の影響であるとは言えないが、その中に一定の因果関係があることは疑いない。科挙の風潮が読書の気風を促進し、必然的にすべての地域の文化水準を高めたことは言うまでもない。宋代について見れば、科挙に合格した人数の比較的多い地域は、文化の水準も一般に高く、併せて比較的高い文化的成果を収めている。

読書して出仕することが、勉学の気風を高めた重要な原因の一つである。このほか宋代では比較的高い都市化の水準や、多くの商工業人口、比較的発達した文化教育事業やサービス業も、開発の終えた地域における文化発達の重要な原因であった。そして、これらの原因の背後には、いつも適度な人口圧力の積極的な作用があったのである。

三、南北における人口発展不均衡の原因

以上述べたように、宋元時代における人口の発展とは、実際には南方の発展を指す。その結果、人口の漸増と激減－回復－激減の悪循環とが、南北における人口発展の二つのモデルとなった。

南北における人口発展が、このように不均衡になった原因はいくつかある。まず第一に、南北双方が戦乱で受けた被害の程度差である。大規模な戦争の多くは北方が戦場であり、南方で発生したものは少ない。

宋元時代は中国の歴史上、民族闘争が比較的激しかった時期であり、また大分裂の時代でもある。一般的に言えば、百余年ごとに辺境の民族が中原に侵攻して王朝交替の大戦争が起こり、中国が長期にわたって分裂するという局面を引き起こした。我々が称している宋元時代とは略称にすぎず、より厳密には北宋、遼、西夏、南宋、金、西夏、南宋、蒙古（元）などいくつかの分裂期と称すべきであり、このほかにもさらにいくつかの辺境政権が数えられる。

歴史上、中原に進入した強大な非漢族の主要な生活の場は、北方のモンゴル高原と東北地方の白山黒水である。中国の北方は辺境民族と接しているので、辺境民族が武装大挙して侵攻すると、往々にして大戦の戦場となる。金が遼と北宋を滅ぼした戦争、モンゴルが金と西夏を滅ぼした戦争は、北方の人口を確実に激減させた。元明の戦争は辺境民族が内侵して起きたのではないが、当時の首都が大都（今の北京市）にあったので、北方が同様に戦場となった。

南方は強大な周辺民族が生活する北部の辺境から遠く離れており、その西方や南方には勢力が強い非漢族はなく、

東方は大海のため、周辺の環境が比較的安全である。北方が大戦争にあっても、南方はみな相対的に平和な局面を維持できた。このような状況下で、南方の人々の生命や財産は維持され、経済発展に影響がなかったばかりでなく、往々にして戦乱を避けて南下する多くの北方人を吸収できた。影響と言えば、ただ北方が辺境民族の軍隊に占領されて、はじめてその脅威を受けるという程度である。しかも南方は気候が比較的暑く、また淮河－秦嶺線に阻まれて、非漢族政権の軍隊は容易に南方に深入できず、深入しても基礎を置くすべがなかった。

かくて、非漢族政権はある時には南方の漢族政権を承認せざるをえず、南北対峙の局面を形成した（南宋と金）。またある時には北方を何年か統治したあと、南方政権を滅ぼす戦争を展開して全国を統一した（元朝）。しかも、この時に非漢族が建てた政権は中国内地に何年かいたため、既に比較的野蛮な統治方式を改めて漢族の伝統的な統治方式を採用し、また人口の重要性をも認識していた。よって、軍隊が南方に侵攻して以後も、大部分の地域においては大規模な殺戮はなかった。このような状況下で、南方人口の下降程度は北方よりも低かったのである。

さて、北方では百余年ごとに発生した大戦争が人口の激減を招くとともに、自然の利用も既に限界に達していた。その結果、生態環境の悪化がさらに経済の発展を殺ぎ、人口総数もより高い水準に達することができなかった。このような状況は南方には出現していない。南北の人口発展モデルに違いが出ることになった、第二の主要な原因はここにある。この問題を説明するために、北方における漢代以来の人口総数の変化について、少し触れなければならない。

前漢の元始二年（西暦二）に北方の人口は四六六九万人であった。この後、何度か激減－回復－激減の周期を経て、唐代になると人口の最高数字はおよそ三〇〇〇万あまりとなった。[16] 宋代に入ってもこの状況はあまり変わらず、北宋の崇寧元年（一一〇二）には五九二万戸、約三五五〇万人である。[17] 金代の北方人口は比較的早く回復発展し、今の河北、北京、天津、山東北部および山西の人口密度は比較的みな高かった。金の泰和七年（一二〇七）には、領内の人口が五三五三万人になった。[18] これらの人口は旧宋の領内だけでなく、旧遼および東北地方、ゴビ砂漠の南北に生活していた人々を含んでいる。したがって、旧宋の北方に住む人口は確かに空前の増加を数えたものの、それでも前漢元始二年の水準を保持する程度である。

華北平原は北方人口の主要な分布地であり、この地域における人口総数の変化は全北方人口の変化とほぼ同じと考えて良い。私はかつて華北平原を主体とする黄淮海平原（華北平原および江蘇、安徽両省の長江以北の大部分の平原を含む）における人口の変遷をざっと研究したことがある。(19)それによれば、この地域では前漢の元始二年に約三二九四万人あり、これ以後、後漢から唐に至るまで最高数字はみなおよそ二〇〇〇万人あまりである。北宋の崇寧元年（一一〇二）にはわずか四一四万戸、およそ二五〇〇万人で、金の泰和七年には南宋の淮南部分を加えてもなお五〇四万戸、三〇〇〇万人あまりにすぎない。(20)これで、ようやく前漢元始二年の水準に近い程度である。清朝中期になってはじめてこの地域の人口が増加し、長期低迷の局面が終わりを告げた。

伝統社会の自給自足的な経済状態の下では、ある地域の人口数量はその土地の自然条件とその利用程度に制限される。もし、自然条件の利用が極限に達したならば、それを越える人口を養うことはできない。黄淮海平原においては漢代より清代中期にいたるまで、人口の最高数量はずっと前漢元始二年の三三〇〇万人前後をたどっている。これは、おそらく清代以前におけるこの地域の生産力の養える人口の限界が、三～四千万人であったことを表している。華北平原は黄淮海平原の主要な部分であり、また北方における最も主要な人口分布および経済地域である。華北平原の人口が長期にわたって増えなかったのは、北方の人口発展が長期にわたって停滞していたことの集中的な表れである。

宋金時代の生産力は、ゆっくりではあるが前漢後期にくらべてかなり進歩した。「単位面積あたりの生産量で言えば、宋代は明らかに隋唐を越え、秦漢をはるかに越えている」(21)。北方は畑作が中心であり、単位面積あたりの生産量はおそらく南方の水田作物には及ばないであろうが、一定の進歩はあったであろう。同じ面積の土地で生産力が上がれば、資源が養える人口の数も上がるはずである。それなのに、北方人口の総数に明確な上昇が見られないのは、考察に値する。筆者の考えでは、宋元時代の北方における自然条件の悪化とかなりの地域における水利条件の衰退が、単位面積あたりの生産量の発展を殺いだのである。

北方の主要部分は黄土高原と華北平原であり、黄河がこの二つの地域を貫流している。人類の行き過ぎた開墾により、唐代以来黄土高原の水土が急激に流失した。それによって黄土高原の土壌肥力が低下したばかりでなく、黄河に含まれる泥砂の量も増大し、下流の平原では容易に決壊や河道の改変が起こったのである。黄河は唐朝の末年に、後漢王景の治河以来長期に安定していた局面を変え、河口において河道が変わり始めた。宋代になると河流の決壊がより激しくなり、五代より北宋中期に至る百四十年間で決壊は九十五回に達した。我々中国歴史地理学界は、黄河の歴史について次のように考えている。黄河は歴史上六度の大改道があり、そのうち第三回と第四回、第五回が宋元時代に発生している。この二～三百年のうちに、黄河は時に北流して今日の天津から海に入り、時に東に向かって山東から海に入り、時に南下して淮河と合流して海に入り、時には二つの河道を形成し、また時には同時にいくつかの地域から海に入ったこともある。総じて、宋元時代の黄河はあたかも大きなほうきのようであり、華北平原全体を一掃した。波及した範囲が大規模な改道以外に、小規模の決壊や氾濫は数えきれない。

黄河の頻繁な改道と決壊、氾濫は、華北平原の人々に甚大な災難をもたらした。無数の人々がこれによって生活を失っただけでなく、平原の水系や湖泊が破壊され、土壌の砂漠化と塩砂化が加速した。もともと農業生産の発達した地域は、旱害、澇害、沙害、塩害の常災地域となった[22]。黄河が下流で頻繁に決壊した主要な原因の一つは、河流が含む泥砂量の増加にある。それがまた、黄土高原から水土が過重に流失したことを証明している。これにより、たとえ単位面積あたりの生産量は高まったとしても良質な土地の面積は減少し、一進一退しながら農業生産が実際上あまり向上しなかった。生態環境の悪化が生産の衰退を導き、必然的に都市と商工業の発展にも影響したのである。

中国北方の降水量は年の変わり目と年内とでは不均等であり、春は灌漑し夏秋は排澇することが農業水利の上で重要な意義を持っている。冀朝鼎氏は歴代の水利事業と空間分布について、次のように言っている。唐代にはまだ政府は北方の水利事業を重視していたが、北宋の建国以後は南方の発展をより重視し、北方の水利をおろそかにした[23]。私もこれを証明する断片的な史料を見たことがある。例えば、北宋時代に陳堯叟が「陳、許、鄭、潁および蔡、宿、亳より寿春に至るまで（すべて河南地域）」の水利を修復するよう建議し、王沿も上書して漳水の十二渠を修復するよう要求したが、どちらも朝廷には聞き入れられなかった[24]。元朝も同様に北方における水利の重要性をないがしろにした。水利をおろそかにしたことにより、生態環境の悪化に対応する北方の能力も低下した。

南方は北方に比べて平原の面積が少なく山地が多いという以外に、亜熱帯または熱帯に属し、降水量や熱量など農業に必要な自然条件が北方を上回っている。また降水量の変化も比較的少ない。宋元時代、人類の生産活動は南方の生態環境に対して、まだおおがかりな影響を与えていなかった。山は清く水は澄み、明らかな土壌流失はなく、長江などの河川も基本的に安定していた。宋金元時代に黄河が何度か南流して淮河に入ったが、災害を受けた地域はみな淮南にあり、南方の大部分は特段の影響を受けなかった。水利施設の建設や精耕細作技術の発展、占城米の普及および耕地面積の拡大などにより、南方における農業生産は比較的高度な水準に達し、それ以前に養っていたよりも多くの人口を養うことができるようになった。これに対して、北方は生態環境の悪化や大規模な水利事業の減少によって、農業生産の相対的水準が大きく引き上がることはなかった。このような状況下で、北方の人口総数が上昇するのは明らかに困難である。

さらに、南北における人口発展のモデルが異なることになった第三の原因は、移民を受け入れる空間にある。北方には大規模な対外移民を受け入れる空間がないのに対し、南方は広大で人口稠密地域からの移民に対して多くの未開発地区を提供することができた。

今の長城以北および今日の東北地方の広い地域は、主に遊牧民族と狩猟民族の場であった。また、この地域は気候が時には乾燥しすぎ、また時には寒すぎて、農業を発展させるには適しないと長らく考えられていた。そのため、農耕を主とする漢人が進んで移住することは少ない。遼金元三朝は長城内外を領土としていたが、この地域に移住する北方人も数としてはあまり多くなかった。強制的に移住させられた北方移民は少なくなかったが、彼らは往々にして王朝交替期に長城以南に逃げ帰った。北宋時代には北部と西北部は敵国である遼や西夏に占領されており、領内の北方人がさらに北または西北に向かって自由に移住することはできなかった。

北方の漢人が自発的に辺外の地域に移住したのはおもに金代であり、いまの河北と山西二省の長城以北の地域が主要な移住先である。北方の人口が金代になって再び前漢の元始二年の水準に達したのは、明らかに地域開発が拡大した結果である。ただ、遼宋金元時代において、類似の記載はあまり多く見られない。総じて、北方では土地のない人々に提供すべき移住の空間は非常に限られていた。彼らは、ただ戦乱によって人口密度が低くなり、再開発の必要が生じた土地に移住したにすぎない。しかもそうした地域の面積は多くなく、また開発も早くから行われていたので往々にして地力は下がり、水利も修理せず、経済を発展させることはかなり困難で、人口の増加を促進するほどではなかった。

これに対し、宋元時代の南方で人口密度が比較的高かったのは、江南、江西、福建などの東南地域と四川盆地の西部であるが、ほかにまだ開発中の長江上中流および珠江流域に位置する大部分の地域があった。ここはみな土地が広く人がまばらで、土地を開墾して農業を発展させられる広い空間があった。さらに、ここに住む非漢族の力は比較的弱く、局部的な西南の南詔―大理国以外は、さほど大きな地域政権が建立されなかった。このような状況は、南方の人口稠密地域から外部に移住する人々にとって有利であった。このほか、南北の戦争は往々にして南北が交わる江淮地域に人口の少ない地域を新たに造成し、南方の対外移住者に新たな場所を提供した。これが南方人口の持続的な発展にとって、有利にはたらいたことは当然である。

さて、清朝の中期以降、北方人口の長期的な停滞局面は根本的に変化した。各地でサツマイモやトウモロコシ、ジャガイモ、落花生など、アメリカ大陸原産の食料作物や経済作物が広く植えられたからである。これらは耐旱、耐澇、耐塩、そして高生産という特性を備え、北方の農民に生態環境の悪化と戦う武器を与えた。同時に、輪作や多毛作も普及し、北方の農業は空前の進歩を遂げ、人口の大量増加に対する物質的な基礎となった。[25]これにより、清朝中期以後、北方の人口は倍増し始め、一八四〇年には山西、河北、山東、河南四省だけで、九三一八万人に達した。[26]十九世紀後半以来、近現代の産業が中国の沿海地域に興り、北方沿海各省の諸都市にも近代企業が出現し、北方東部の山麓付近には様々な規模の鉱山ができた。鉄道の建設と沿海航運業の発展により、南北交通の不便な局面が変化し、南北の商品流通が促進された。このような背景の下で、北方の人口は一八四〇年以降不断に増加し、大部分の地域が中国における人口の稠密地帯になった。また辺境の形勢が変化したことにより、土地のない人々が長城以北や東北など開発中の地域に向かった。ここに至って、宋元以来の南方と北方における人口発展の不均衡、およびそれにともなう経済的、文化的発展の不均衡もやっと一定程度改変したのである。

総　結―人口と資源、環境、生産力

以上で、宋元時代の南北二大地域における人口発展の考察を終える。最後に、本稿で提示した人口発展に影響のある諸要因についてまとめたい。

伝統社会にあってはどの地域の人口発展も、ほとんど資源、環境および生産力の水準に制約を受けている。

まず、ここに言う資源とは、ある地域に限定された土地や森林、鉱山などの資源ばかりでなく、同一地域内の相互の資源をも含んでいる。ある一つの地域で養える人口は、まず自然の資源に制約される。対外移民とは人口の稠密地域が外部の資源を利用して、地元の余剰人口を養う一つの有効な方式である。もし対外移民の空間がなければ、かえって地元の資源しか利用できず、人口増加も必然的に制約されることになる。

次に、環境とは地域内の生態環境や社会環境ばかりでなく、地域外の周辺環境も含まれる。生態環境と人類の活動とは相互に制約する関係にある。もし生態環境が人類の生産活動の発展方向に不利にはたらけば、勢いとして生産力の進歩は一定程度殺がれることになる。よって、これは人口発展を制約する一要素となる。また、社会環境とは主に王朝政治や経済政策の変化を指す。農業が国民経済の基本である中国の伝統社会では、どんな王朝であれ農業を重視しないわけにはいかない。違いはわずかに商工業、とりわけ民間の商工業に対する政策にある。宋代南方の人口稠密地域では、一定程度の人口圧力の下で経済文化の持続的な発展が保持された。これにより、耕地面積の拡大と開発地域への移住のほか、大量の人口が商工業と農業の多角経営および非生産部門へと身を転じた。したがって、もし宋朝が民間における商工業の発展をいたずらに圧迫したならば、南方の人口稠密地域では土地のない人々の生計問題を解決することができなかったと考えられる。一方、どの地域においても相対的に安定した周辺環境は、みな人口の増加と経済の発展に欠くべからざる外的条件である。宋元時代の北方人口は総じて激減－回復－激減の悪循環にあったが、その原因は主に周辺民族が何度も武装侵入し王朝交替の戦乱を招いたことにある。

最後に、生産力の水準は人類が自然資源を開発し、また利用する程度を決定する。よって、同じ地域でも生産水準が異なれば、その地域の資源が養える人口数量も必然的に変わってくる。清朝中期以後も、生態環境悪化の趨勢が好転することはなかったが、アメリカ大陸原産作物の普及および近代産業と都市の興起など、多方面に見られる生産力の巨大な進歩が北方の人口を倍増させた。これが、前漢以後長期に停滞していた局面を一挙に改変したのである。清代以後の趨勢について、以上のような背景を指摘した研究はこれまであまりないが、これも一つの有力な説明と考えている。

註

（1）呉松弟『中国移民史』第三巻表11－1、同書第四巻表13－2による。ともに福建人民出版社、一九九七年出版。『中国人口史』第一、二巻にも関連する人口の数字があるが、これと同じではない。しかし、南北の人口比率に対して重大な影響を与えるほどではない。
（2）葛剣雄『中国人口発展史』第一四章第二節、福建人民出版社、一九九一年版を参照。また呉松弟『中国移民史』第三巻、第一一章第一節を参照。
（3）秦観『淮海集』巻一五「財用」下。
（4）李綱『梁渓集』巻一二「桃源行并序」。
（5）曾豊『縁督集』巻一七「送繆帳干解任旨銓改秩序」。
（6）最も典型的なのは、福建路と川峡四路の概述である。『宋史』巻八九「地理志」（中華書局本二二一〇頁、二二三〇頁）を参照。
（7）胡寅「重建建寧府儒学記」、乾隆『福建通志』巻七一所引。
（8）宋人陳俊卿の言、『八閩通志』巻三所引。
（9）宋人張友の言、弘治『興化府志』巻四。
（10）太平老人『袖中錦・天下第一』。
（11）呉潜『許国公奏議』巻二「奏乞分路取士以収淮襄人物守淮襄之土地」。当時、四川はまさに戦乱にあり、科挙を実施するすべがなかった。だから呉潜は提起しなかったのである。
（12）劉弇『龍雲集』巻三三「観禅師碑」。
（13）王象之『輿地紀勝』巻二八、三一、一五〇。
（14）滕復、徐吉軍、徐建春等『浙江文化史』第一一章第二節、浙江人民出版社、一九九二年版、三〇四頁参照。
（15）袁桷『清容居士集』巻二三「送周子敬序」。

（16）鄒逸麟主編『中国歴史人文地理』第五章、表5－2、科学出版社、二〇〇一年出版。
（17）『中国人口史』第三巻、表4－2および表14－1による。
（18）『中国人口史』第三巻、表5－5による。
（19）鄒逸麟主編『黄淮海平原歴史地理』第七章、安徽教育出版社、一九九三年版。
（20）前掲（19）の原書には、金の泰和七年に五四八、六万戸と載せた。しかし『中国人口史』第三巻第五章第二節によれば、金の泰和七年の開封府には約三〇万戸あったとあり、前掲書が採用した七四、六万戸ではない。これをもとに、金の泰和七年には五〇四万戸、約三〇〇〇万人と調整した。
（21）漆侠『宋代経済史』上冊、一三八頁。
（22）鄒逸麟「黄河下游河道変遷及影響概述」『復旦学報』一九八〇年増刊を参照。
（23）冀朝鼎『中国歴史上的基本経済区与水利事業的発展』中国科学出版社、一九八一年版、三六頁および一〇四頁～一〇五頁。
（24）『宋史』巻一七六「食貨志」、巻三〇〇「王沿伝」。
（25）鄒逸麟主編『黄淮海平原歴史地理』第七章、二二四頁～二二七頁。
（26）許道夫『中国金代農業生産及貿易統計資料』表1、上海人民出版社、一九九八年版、二頁。

宋代史研究会の歩み

回	発表者	報告内容	日時・場所
27	久保田和男 川浩二 見城光威 垣内景子	北宋開封と今日の開封 《水滸伝》の服飾表現 ——宋代から《水滸伝》まで—— 宋初の三司について ——宋朝政権成立期のひとこま—— 『朱子語類』の記録をめぐる一考察	01・8・23～25 国民年金健康保養センターさがみの （神奈川県相模原市）
28	宮崎聖明 水越知 土田健次郎 松本浩一 小川快之 遠藤隆俊	北宋前期における官制改革論——元豊官制改革前史—— 宋元時代の東嶽廟 〔ワークショップ・日本における宋代史研究の新潮流〕 回顧・展望「思想史」 回顧・展望「民間信仰」 回顧・展望「清明集」 回顧・展望「地域社会史・宗族史」	02・8・22～24 国民宿舎雪舟荘 （岡山県総社市）
	山崎覚士 伊藤宏明 笠井直美 高津孝	唐宋時代における杭州の発展と港湾都市機能について コメンテーター 岳飛故事の通俗文芸の言説における「国家」「民族」 コメンテーター	03・8・9～12 国民宿舎海風荘 （高知県香美郡夜須町）

29

〔シンポジウム・中国宋明時代の宗族〕

岸本美緒　司会

基調報告

遠藤隆俊・井上徹　中国宋明時代の宗族史研究

写真報告

岡元司　南宋名族の墓――明州史氏の東銭湖墓群――

研究報告

佐々木愛　朱熹の宗法論とその位置について

吾妻重二　コメンテーター

中純夫　火葬をめぐる若干の問題について

小島毅　コメンテーター

小林義廣　北宋の名族――二つの韓氏――

平田茂樹　コメンテーター

須江隆　祠廟と宗族

――北宋末期以降の「地域社会」の形成と再編――

森田憲司　コメンテーター

青木敦　宋代江西撫州における修譜と限田法

近藤一成　コメンテーター

中島楽章　元朝と宗族形成――東南山間部を中心に――

寺田浩明　コメンテーター

上田信　山林と宗族――明代を中心に――

菊地秀明　コメンテーター

	臼井佐知子　明代における族譜編纂の意義について 鈴木博之　コメンテーター 熊遠報　宗族資産の形成とその展開 ——明清期、徽州洪氏光裕会を中心として—— 片山剛　コメンテーター （「明清史夏合宿の会」と共催）	
30	山根直生　唐宋間の徽州における同族結合の諸形態 小林晃　寧宗朝初期の政治状況と韓侂冑 ——政治空間の考察を中心に—— 安倍直之　史彌遠専権体制確立過程初探 ——寧宗朝の皇太子詢を手掛かりに—— 西奥健志　宋代の物流と商人 ——河北における軍料納入へのかかわりについて——	04・8・5～7 支笏湖畔　いとう温泉 （北海道千歳市）
31	小林隆道　宋代文書行政における「危機管理」 ——情報復旧過程の考察—— 鈴木弘一郎　文天祥評価をめぐって 高井康典行　遼朝における士人層の動向——武定軍を中心に—— 〔宋代史研究会・中国古典小説研究会合同企画〕 小説の学際的価値を探る ——「史学」・「文学」研究としての「小説」—— 勝山稔　白話小説	05・8・25～27 東北地区国立大学川渡 共同セミナーハウス （宮城県玉造郡鳴子町）

塩　卓悟　宋代文言小説
高西成介　六朝・唐代文言小説

編集後記

『宋代史研究会研究報告』は、一九八三年の第一集『宋代の社会と文化』より、ほぼ二、三年の間隔を置いて刊行されてきた。だが第三集『宋代の政治と社会』（一九八八）と第四集『宋代の知識人』（一九九三）の間が五年間隔となっており、今回もこれとほぼ同じ間隔となってしまった。編集委員の顔ぶれを見ると、第一～三集は石田勇作・近藤一成・伊原弘・長谷川誠夫諸氏をはじめとした、一九四〇～五〇年代生まれを中心とした研究者が中心となっており、第四～七集は小島毅氏をはじめとした一九六〇年代生まれ組が中心である。内容も思想史・エリート研究が主軸となり、五年の間隔を置いた第三集と第四集の間には、世代的・分野的断絶も看取できる。今回の第八集は、「総説」で述べたように、社会経済史分野に再び近づけようという意図の下に編集されたが、編集委員は相変わらず一九六〇年代生まれである。世代的に新たに一から組織しなおしたわけではないし、私と須江氏は編集委員経験者でもある。それにも拘わらず、五年の間隔を置いてしまったのには、主に二つの理由がある。まず第一に、編集委員全員、執筆者の多くが、極めて多忙であったことによる。要するに日本の人文科学研究環境の変化の裏返しである。また第二に、これが根本的な理由であるのだが、私の手際の悪さがあった。編集委員は本来一体であって、特に一人の責任者がいるわけではない。しかし、最初に編集委員を引き受け、段取りをつけ始めたのは私である。二〇〇〇年一一月二七日に先代編集委員から私に電話があり、八集の編集に携わることを承諾し、続いて久保田氏に依頼があり、翌年四月に久保田氏と私から須江氏に委員就任を依頼した。このような経緯から、当初は私がコンセプト原案を作ったり、執筆者を考えたりと積極的であったのだが、その後現任校への転任、それに伴う負担の倍増、また他の時間を消費する多くのプロジェクトへの参加などがあり、それとともにすばやい処理が必要であったいくつかの局面で対応が大きく遅れることがあり、これが全体の編集の遅れを来たす最大の原因となった。その分、久保田氏が原稿督促や取りまとめ、チェックなど、本来であったら私がやるべき仕事のほとんどを取り仕切ってくれたのである。須江氏にも、私のすべき仕事の多くをお願いした。「総説」も、本来三人で議論を尽くすべきであったところ、結果的に貢献度の比重において私が明らかに小さかったために、最後に署名させていただいた。こうした経緯と責任を明らかにしたいがために、敢えてこの編集後記は私が単独で執筆させてもらったのである。

研究成果は出来るだけ早く発表されるべきである。にもかかわらず、私たちの要請通りに早く原稿を仕上げて下さった執筆者には、長年原稿を店晒しにするという結果になってしまった。座談会の出席者にも、私の録音技術の悪さや校正日程の調整のまずさから、多大な迷惑をかけた。関係者には、私から、衷心お詫びを申し上げたい。そして何よりも、こうした遅れや、それに伴う編集上の困難にも拘わらず、この八集の出版を引き受けていただき、『宋代史研究会研究報告』の伝統を引き続き守ってくださった汲古書院の方々、特に我々にこの報告集が遺伝情報として持ち続けている若々しい熱意を伝え、励ましていただいた坂本健彦氏には、編集委員一同感謝の言葉もない。これは執筆者および多くの読者が共有する気持ちであるに違いない。今後本書に盛られた内容が多くの人々によって生かされ、この分野の研究への貢献となることを、私たち編集委員一同、切に願っている。

二〇〇六年七月二四日

青木　敦

執筆者紹介

久保田和男（くぼた　かずお）一九六二年生。長野工業高等専門学校助教授。「北宋東京外城小考――以神宗朝修城為中心」（『歴史地理』二〇、二〇〇四）「北宋徽宗時代と首都開封」（『東洋史研究』六三―四、二〇〇五）「北宋の皇帝行幸について」（『宋代社会の空間とコミュニケーション』汲古書院、二〇〇六）

須江　隆（すえ　たかし）一九六三年生。日本大学生物資源科学部助教授。「祠廟の記録に見える近世中国の「鎮」社会――南宋期の南潯鎮の事例を中心に」（『都市文化研究』五、二〇〇五）「祠廟と「地域社会」――北宋末期以降の宗族の動向を中心に」（『宋―明宗族の研究』汲古書院、二〇〇五）

青木　敦（あおき　あつし）一九六四年生。大阪大学文学研究科助教授。「建訟の地域的イメージ――一一―一三世紀江西の法文化をめぐって」（『社会経済史学』六五―三、一九九九）"Sung Legal Culture: An Analysis of the Application of Laws by Judges in the ch'ing-Ming Chi" *Acta Asiatica*, 84, 2003「南宋女子分法再考」（『中国―社会と文化』一八、二〇〇三）「宋元代江西撫州におけるある一族の生存戦略」（『宋―明宗族の研究』汲古書院、二〇〇五）

G・ウィリアム・スキナー（G. William Skinner）一九二五年生。カリフォルニア大学デイヴィス校人類学部教授。*The Chinese Society in Thailand: An Analytical History*, Cornel University Press, 1957. "Marketing and Social Structure in Rural China", *Journal of Asian Studies*, 24:1–3, 1964. *The City in Late Imperial China*, Stanford University Press, 1977.

中島楽章（なかじま　がくしょう）一九六四年生。九州大学人文科学研究院助教授。『明代郷村の紛争と秩序――徽州文書を史料として』（汲古書院、二〇〇二年）「十六・十七世紀の東アジア海域と華人知識層の移動――南九州の明人医師をめぐって」（『史学雑誌』一一三―一二、二〇〇四）

山根直生（やまね　なおき）一九七三年生。福岡大学人文学部講師。「唐朝軍政的終局与五代十国割拠的開端」（『浙江大学学報』（人文社会科学版）三四―三、二〇〇四）「唐宋政治史研究に関する試論――政治過程論、国家統合の地理的様態から」（『中国史学』一四、二〇〇四）「唐宋間の徽州における同族結合の諸形態」（『歴史学研究』八〇四、二〇〇五）

小川快之（おがわ　よしゆき）一九六八年生。埼玉大学非常勤講師。「宋代信州の鉱業と「健訟」問題」（『史学雑誌』一一〇―一〇、二〇〇一）「宋代饒州の農業・陶瓷器業と「健訟」問題」（『上智史学』四六、二〇〇一）「『清明集』と宋代史研究」（『中国――社会と文化』一八、二〇〇三）

高橋弘臣（たかはし　ひろおみ）一九六二年生。愛媛大学法文学部助教授。『元朝貨幣政策成立過程の研究』（東洋書院、二〇〇〇）「南宋四川総領所について」（『野口鐵郎先生古稀記念論集　中華世界の歴史的展開』汲古書院、二〇〇二）「南宋臨安の住宅をめぐって」（『愛媛大学法文学部論集人文学科編』一九、二〇〇五）

井上正夫（いのうえ　まさお）一九六四年生。香川県健康福祉部医務国保課主任。「宋代の国際通貨」（『経済論叢』一五一―一・二・三、一九九三）「和同開珎の銀銭の問題について」

（『社会経済史学』六四－二、一九九八）「一二世紀末の宋銭排除論とその背景」（『社会経済史学』七〇－五、二〇〇五）

榎本　渉（えのもと　わたる）一九七四年生。中央大学非常勤講師。「宋代の「日本商人」の再検討」（『史学雑誌』一一〇－二、二〇〇一）「元末内乱期の日元交通」（『東洋学報』八四－一、二〇〇二）「中国史料にみえる中世日本の度牒」（『禅学研究』八一、二〇〇四）

呉　松弟（ウ　ソンディ、Wu Songdi）一九五四年生。復旦大学歴史地理研究センター教授。『無所不在的偉力——地理環境与中国政治』（台湾萬象図書出版公司、一九八九）『北方移民与南宋社会変遷』（台湾文津出版社、一九九三）『中国移民史』三（隋唐五代時期）、四（遼宋金元時期）（福建人民出版社、一九九七）『中国人口史』三（遼宋金元時期）（復旦大学出版社、二〇〇〇）

遠藤隆俊（えんどう　たかとし）一九六〇年生。高知大学教育学部教授。『宋－明宗族の研究』（汲古書院、二〇〇五）「北宋時代の黄河治水論議」（『海南史学』三七、一九九九）「河獄——宋代中国の治水と党争」（『高知大学教育学部研究報告』六二、二〇〇二）「宋代中国のパスポート——日本僧成尋の巡礼」（『史学研究』二三七、二〇〇二）"The Present State and Themes of Research in Japan into Song Dynasty Clans", *Journal of Sung-Yuan Studies* 34, 2005.

宋代史研究会研究報告第八集

宋代の長江流域
——社会経済史の視点から——

二〇〇六年十月十日発行

編　者　宋代史研究会©
事務局　長野工業高等専門学校社会科研究室内
〒381-8550　長野県長野市徳間716
電　話　〇二六-二九五-七〇三六

発行者　石坂叡志

発行所　株式会社　汲古書院
〒102-0072　東京都千代田区飯田橋二-五-四
電　話〇三-三二六五-九七六四
FAX〇三-三二二二-一八四五

富士リプロ

ISBN 4-7629-2778-3 C3322
KYUKO-SHOIN,Co.,Ltd. Tokyo. 2006

The Yangtze Valley in the Sung Period
A Socio－Economic Approach

（宋代長江流域）

（Research Report of the Sung History Research Group: No.8）

by KUBOTA Kazuo 久保田和男、SUE Takashi 須江　隆、
AOKI Atsushi 青木　敦

Here we will clarify the intentions of this book by briefly showing its structure and our ideas by which the articles were collected. The book is composed of two sections, with a preface at the beginning.

Sec.I includes the record of a discussion meeting held in 2004 for this book in order to present possible topics we may further explore in the future, as well as each participant's review on the past researches in this field. It also includes a translated article with the translator's note, which gives an overall framework to analyse economy in the Yangtze Valley regions.

Sec. II is a collection of six latest results of social and economic history researches regarding these regions from the tenth to the fourteenth centuries.

The whole part of these containts are expected to be collaborated by the future followers to modify a new history of the Yangtze Valley.

Secion Ⅰ Angles and Issues in the History of the Yangtze Valley

Discussion Meeting: Possibility of the History of the Yangtze Valley

by AOKI Atsushi 青木　敦、KUBOTA Kazuo 久保田和男、
SUE Takashi 須江　隆

This Chapter is the record of a discussion meeting held exclusively for this book. Here are three keynote reports at the beginning by Aoki Atsushi on man-land ratio in the Sung territory, Josph P.McDermott on possible data of Sung agricultural production, Shiba Yoshinobu on micro-history by mass-observation. The paticipants also discussed about consumpition levels, technological response to growing population pressure, new materials describing market towns, discourse of "China" in Hunan, game-hunting and environment, and relationship between mandarine discourse and substaintial economy. The roles of merchants, porters, soldiers, and beggers were also explored.

The Structure of Chinese History

by G.Willam Skinner

Chinese history has a hierarchical structure that parallels and expresses the on-the-ground hierarchy of local and regional systems. At every level from the standard marketing community to the macroregional economy, these nodal systems have characteristic rythms and distinctive histories. They should be seen as spatial-cum-temporal systems of human interaction, their differentiated temporal structure being no less a manifestation of the systems than is their differentiated spatial structure. The basic temporal units in a hierarchically structured, regionally specific histriography are the cyclical or dialectical episodes intristic to the regional entirety, and properly situated in the more inclusive hierarchy.

It is precisely the structure of Chinese history that renders critical the selection of appropriate units of analysis, namely, territorial systems at the optimal level of the relevant hierarchy through a functionally suitable span of time. For if historical/temporal patterns are indeed systematic,

then they may be reliably established only when the analysis is focused on or specified for the pertinent system. In this sense, too, historical analysis in inseparetable from regional analysis.

Secion Ⅱ Aspects of the Yangtze Valley History

The Yao in Jinghai and Haimien; The sea nomad in the Zhangjiang estuary from Tang to Song period

(静海・海门的姚氏；唐宋之间，长江河口的海上势力)

by YAMANE Naoki 山根　直生

江苏省南通市是作为清代末期实业家张謇的家乡而出名的，但在前近代历史的研究中，南通一直未受到重视。唐宋时期南通从群岛转变为陆地的过程中，出现了一些海上势力，他们掌握了海上交通、盐业、渔业，有时作海盗行为。以姚氏为代表的这些海上势力，在五代末期南唐国灭亡之前，亡命到浙江的吴越国，那时他们的集团已达到了一万人。本文对于姚氏作为（1）唐宋之间同族结合的事例，（2）海上势力的事例，将他们用近年出土的史料来考察。

根据新史料，姚氏原来不是“海民”的领导，而是可以说向狼山周边政权的监视，再说有可能跟南唐王朝有亲戚关系。他们集团有三层结构，其中心的第一、第二层是姚氏同族约三百人和私养将兵一千人，还有第三层是狼山周边的好几千人“海民”。姚氏化为“海民”的领导得以亡命的原因跟当地的海洋性、国境性特色有关。

宋朝的统治开始后，在当地设置行政、财政机构，在狼山驻屯禁军。回到当地的姚氏中也辈出官僚，却没有像以往那样的同族结合。由此可见，他们大规模的同族结合其实不是自律性的，而是要求另外的构成人员。

Agriculture and Lawsuits in Middle-Lower Yangtze during the Song Period

(宋代長江中下游地域的農業和訴訟)

by OGAWA Yoshiyuki 小川　快之

本文作爲考察宋至清的地方社會實際状況，探討中國傳統社會特質的一個環節，主要關注宋代江南西路和两浙東西路農業生産的社會環境，亦即長江中下游地方社會的形成和特性等問題。筆者認爲：宋代長江中下游地方社會的農業生産環境不太安定。這一點正是宋代人屢屢提到的長江中下游地域〈健訟〉現象的社會背景之一。筆者同時也比較留心〈三角洲〉地區和〈河谷平原〉地區的不同之處等問題。作爲今後的課題，打算進一步比較二者的不同之處，考察這一地區的地方社會的状況。

The construction of Lin'an 臨安, the capital of the Southern Song 南宋

by TAKAHASHI Hiroomi 高橋　弘臣

The construction of Linan as the capital of the country proceeded intensively in two periods; one from January of 1132 to September of 1136 when Gaozong 高宗 stayed temporarily in Linan, and the other around 1142 when the reconciliation was established between the Southern Song and the Jin金.

In the former period, such government buildings as the Shinongshi 司農寺, the Guozijian 国子監, the Mishusheng 秘書省 and other structures were built in addition to the Taimiao太廟. Security and fire prevention systems were also arranged in this period.

In the latter period, not only the palaces such as the Chongzhengdian 崇政殿 and the Chuigongdian 垂拱殿 but also religious facilities such as the Jinglinggong 景霊宮, the Jiaotan 郊壇, the Shejitan 社稷壇 and other buildings

were constructed in succession. Regarding the governmental offices, a large number of administrative buildings were newly built, but to a greater extent there were reconstruction and enlargement of buildings. As for finance facilities the Hedichang 和糴場 and then the Shengcang 省倉 were set up. Concurrent with the reconciliation of the two countries, it was the numerous constructions of important government buildings such as palaces and religious service facilities that made Lin'an the capital of the Southern Song.

War advocates, however, consistently insisted on making a capital in Jiankang 建康 and were against the idea of holding Lin'an as the capital. The concept of Lin'an was meant to keep the war advocates in check, to signify that the Southern Song had no intention to take military options against the Jin, and to establish a stronger reconciliation with them.

A study of the various phenomena concerning the copper coins in Southern Song period

(关于南宋时期铜钱的各种现象)

by INOUE Masao 井上　正夫

据至今为止的研究,我们可以得知在南宋时期虽然物价水平很高,但是铜钱的流通量却不是很大。而且我们还可以得知因为铜生产量的急减,而导致铜钱的铸造量减少,以及铜钱的原材料价格超过了它本身的价格,使得铜钱被改铸成铜材等原因,造成铜钱的流通量不足。

但是从南宋时期的物价上涨情况来看,铜钱流通量不足的说法是有出入的。铜钱被改铸成铜材,从中获取利润的行为也只是在限制对铜器保有的影响下,造成铜不足时发生的。也就是说,把铜钱改铸成铜材的现象,不能成为证明铜的原材料一直过高的证据。

关于这个问题,首先从被挖掘出土的铜钱数量来看,南宋初期确实曾经流通

过大量的北宋钱币。而且，南宋的叶适也提出过当时的铜钱数量过剩的看法。

所以，我们可以认为南宋时期的铜钱不是不足，而是过剩。因此物价上涨，阻害了铜钱的铸造，另一方面导致并激化了将铜钱改铸成铜材的现象。在今后的研究中，我们应该在理解这种想法的基础上考虑南宋铜钱的问题。

Trade and Individual Contact between Japan and Yuan China in the Beginning of Their Relationship

by ENOMOTO Wataru 榎本　涉

This paper explores trade and individual dealings between Japan and Yuan China since 1276, when Song surrendered to Yuan, until approximately 1294, the year of Khubilai's death.

After the beginning of ruling over the southern part of China, Yuan Dynasty was willing to trade with foreign countries not only for financial benefits but also intending to subject other lands including Japan. However in 1279, Yuan Dynasty began to plan an attack on Japan again, and sent envoys. A contemporary letter tells us that in those days this period the number of trading ships between Japan and China fell off drastically. After the second raiding of Japan and consequent defeat in 1281, Yuan Dynasty fortified coastal guards, and Kamakura Shogunate ordered Kyushu to prevent foreign captives from escaping and newcomers from landing. This situation made it impossible to make any legal trade between Japan and China.

After Khubilai died and pacifist Temūr succeeded in 1294, Japan relaxed her defense. We can confirm some traffics by shipping in the latter half of 1290s. But after Yuan Dynasty sent envoys in 1299, the traffics were banished for a while. In the fourteenth century, Yuan Dynasty did not intend to subject Japan. Yuan Dynasty made suitable environment for trading with

ships from Japan regarding her as non-subjectve country, and trade got flourish.

Thus, this afticle tries to describe how much impact the influence of the military incidents had on traffics of Buddhist monks. In the first half of 1270s, we can see them going on constantly. But after Song yielded to Yuan, especially in the first half of 1280s, no examples are known. Though there are so few descriptions in the latter half of 1280s, traffics of monks had not increased until Khubilai died.

On the other hand, activities by many Chinese in many areas in Japan are found. Many of their names appeared after 1280s in colophons of sacred books, which tells us that they were engaged in handwriting or publishing. They were presumably captives, who might have brought more chances of communications between Japanese and Chinese.

A study on the serious population development unbalance among Southern and Northern Liao, Song, Jin and Yuan Dynasties, and correlated problems
(辽宋金元时期中国南北人口发展的严重不均衡及其相关问题)

by Wu Songdi 呉 松 弟

本文详细探讨中国的辽宋金元时期南方和北方人口增长速度严重不均衡的现象，这种现象形成的原因，以及对南北方经济增长的影响。在这四百年中，南方的人口增长速度不仅在全国处于战乱时期超过北方，即使在和平时期同样如此。因此，南方在宋朝境内人口中所占的比重，由北宋初的 56.9%，上升到北宋后期的 64.1%，北方则由 43.1%下降到 35.9%。到了南宋和金都处于鼎盛时期的 13 世纪初，在与北宋相同的范围内，南方进一步上升到 64.8%、北方下降到 35.2%。元朝统一中国以后，在相同的范围内南方占总人口的 85.1%，北方只占 14.9%，如与北宋初期相比，南方增长了 2 倍，而北方只相当于宋初的 80%。因此，

辽宋金元时期的人口增长实际上是南方的增长，北方不过是一次又一次重复和平

辽宋金元时期的人口增长实际上是南方的增长，北方不过是一次又一次重复和平

时期恢复、战乱时期锐减的过程。由于人口长期增长，南方的两浙、福建、江西、江东等路人多地少的现象日益严重，许多无地少地的人不得不迁入本路人口较少的山区，或者湖南、湖北、广东、两淮、利州、夔州等人口较少、开发未尽的路，促进了这些路的开发。还有的通过经营工商业和服务业、当和尚和道士、走科举当官之路等方式，来解决自己的生活出路，促进了所在地区工商业和文化的发展。在此同时，北方屡遭战争的破坏，黄河改道、黄土高原水土流失带来的生态环境的恶化也不利于经济和人口的发展。事实上，直到清朝中叶，由于来自美洲的农作物的广泛传播和此后的近代工业、交通、城市兴起带来的生产力大发展，北方才摆脱从东汉以来的人口峰值始终没有超过三千多万的状况，重新成为中国人口密集的地区。